中国艺术研究院基本科研业务费项目
（项目编号：2020-补-3）

新时代文化艺术思想
研究文库

韩子勇·主编

汪晓·编

诗与远方

新时代文化和旅游融合发展研究

新时代文化艺术思想研究文库 Series of Studies on Cultural and Artistic Thought for the New Era

文化艺术出版社
Culture and Art Publishing House

图书在版编目（CIP）数据

诗与远方：新时代文化和旅游融合发展研究 / 汪骁
编．—北京：文化艺术出版社，2021.6
（新时代文化艺术思想研究文库 / 韩子勇主编）
ISBN 978-7-5039-6852-5

Ⅰ．①诗… Ⅱ．①汪… Ⅲ．①文化—旅游业发展—研
究—中国 Ⅳ．① F592.3

中国版本图书馆CIP数据核字（2021）第114539号

诗与远方：新时代文化和旅游融合发展研究
（新时代文化艺术思想研究文库）

主　　编　韩子勇
编　　者　汪　骁
丛书统筹　董良敏　赵　月　贾　茜
责任编辑　原子婷
责任校对　董　斌
书籍设计　赵　矗
出版发行　文化艺术出版社
地　　址　北京市东城区东四八条52号　（100700）
网　　址　www.caaph.com
电子邮箱　s@caaph.com
电　　话　（010）84057666（总编室）　84057667（办公室）
　　　　　84057696—84057699（发行部）
传　　真　（010）84057660（总编室）　84057670（办公室）
　　　　　84057690（发行部）
经　　销　新华书店
印　　刷　国英印务有限公司
版　　次　2021年10月第1版
印　　次　2021年10月第1次印刷
开　　本　710毫米×1000毫米　1/16
印　　张　21.75
字　　数　300千字
书　　号　ISBN 978-7-5039-6852-5
定　　价　78.00元

总 序

文化艺术分期，从根本上说，总是和整个社会的变化紧密联系。文化艺术是社会生活的一部分，和生产力、生产关系、生产方式、经济基础、上层建筑、历史传统等等这些看上去或远或近、重重叠叠的构造，有着千回百结、直接间接的联系。它自身的规律性其实也存在于整个社会系统的规律性之中，它无法彻底地抽身而出、孤立于社会生活之外——文化艺术的道路就是历史走过的道路。

经过改革开放三十多年的持续积累和不断进步，从党的十八大开始，中国特色社会主义进入新时代。以习近平新时代中国特色社会主义思想为指导，中国社会方方面面发生了一系列影响深远的重大变化，中华民族伟大复兴的热切愿望和社会力量，从来没有像今天这样如此鲜明地浮现出来，碰撞着、隆起着、升腾着，塑造着新的格局与境界。我们感受着这一切，真切地触摸到历史发展的脉动，看到了风云激荡的百年变局里，中国人众志成城、奋楫扬帆的星辰大海之路。

从新时期到新时代，中国文化艺术波澜壮阔的发展变化值得梳理、总结和研究。特别是十八大以来，围绕着习近平总书记关于文化艺术的系列重要讲话、论述中的部分核心命题，新时代文化艺术思想研究呈现怎样的面貌？取得了哪些进展？我们编辑出版的这套《新时代文化艺术思想研究文库》，以期做一个在场的总结和描述，并拟随着深入和细化，不断续编，跟踪描述。

今年是党的百年华诞，也是中国艺术研究院建院七十周年。谨以此书献给党的百年华诞，献给中华民族伟大复兴的新时代，献给蓬勃而起的新时代的文化艺术。

韓子勇

2021 年 8 月 10 日

诗与远方：新时代文化和旅游融合发展研究报告

汪　骁

2018 年 3 月，国务院根据机构改革方案组建了新的文化和旅游部，随后各地也相继完成了文化和旅游部门的机构重组。这一系列重大机构改革举措在文化和旅游行业以及相关学术界内引起了热烈反响。人们普遍认为，这标志着我国进入了文化和旅游融合发展的新时代——或者用当时媒体上出现频率最高的一句话来说，“诗和远方”终于走到了一起。

然而，发生质变的前提在于量变的不断积累。应当清醒地认识到，虽然我们大可以将 2018 年组建文化和旅游部这一重大事件作为研究起点，但中国文化和旅游融合发展的历史起点和逻辑起点绝不在此。回顾 40 多年的发展历程，从过去的外事接待、创造旅游外汇收入，到如今的促进产业结构升级和拉动内需，中国旅游业完成了一系列重要转型，已然成为战略性支柱产业。然而，旅游体制改革却仍旧“在路上”。在十九大报告中，习近平总书记强调我国社会的主要矛盾已经发生了深刻变化。对于旅游业来说，这一重大论断既意味着新的挑战，也意味着新的机遇：挑战在于，我国目前的旅游产品质量仍需提高，旅游市场也亟待通过供给侧结构性改革实现旅游供给质量和效益的提升，从而激发和引导民众的旅游消费需求；而机遇也同样在于，中国借此将建成真正意义上的旅游强国，同时通过诸如推进完善旅游公共服务体系建设等多种措施，实现人民对美好生活的向往。[①] 在这样一个关键时刻，人民需要富含文化内涵的高质量旅游产品，更呼唤深层次的管理体制改革。而 2018 年文化和旅游部的组建，打破了长期以来文化和旅游系统之间的行政壁垒，也为新时代文化和旅游融合高质量发展提供了绝佳契机。

文化和旅游部的组建为文化和旅游融合奠定了体制基础。但这并不等同于文化和旅游的实质性融合，二者之间仍旧存在着发展诉求、内容、方式、主体和动力方面的诸多差异，由此引发了学术界探讨研究的热潮。[②] 如果我们在知网上以"文化和旅游融合"进行"篇关摘"（即同时包含篇名、关键词、摘要三个搜索条件）检索，可以发现近 20 年来相关学术期刊上发表的中文文献数量逐年增加，特别是自 2018 年以来相关研究数量急剧增加（见图 1）。

若从知识发生的角度而言，其实自改革开放之初，中国学术界就开始探讨文化与旅游的关系。例如，林洪岱在《论旅游业的文化特性》中提出要正确地认识旅游业的文化特性，使之适应于社会主义制度的本质、服务于广大人民群众的物质文化生活需要[③]；陆立德、郑本法在《社会文化是重要的旅游资源》中列举了艺术、科教、宗教等九种可以转化为旅游资源的社会文化现象[④]；白祖成则在《弘扬民族优秀文化的几个问题》中

① 参见夏杰长《如何把旅游业打造成幸福产业》，《经济日报》2018 年 1 月 25 日。

② 参见曾博伟、安爽《"十四五"时期文化和旅游融合体制机制改革的思考》，《旅游学刊》2020 年第 6 期。

③ 参见林洪岱《论旅游业的文化特性》，《浙江学刊》1983 年第 4 期。

④ 参见陆立德、郑本法《社会文化是重要的旅游资源》，《社会科学》1985 年第 6 期。

批判了当时部分国内旅游景点中传统文化“糟粕混杂甚至把糟粕当精华的现象”[①]。不过从图 1 中可以看到，直到 21 世纪初，我国学术界才开始对文化和旅游融合发展进行较大规模的阐释。这一特征最显著地体现在 2018—2019 年，即文化和旅游部成立的这一年：当年相关论文发表数量（1573 篇）较上一年（即 2017—2018 年的 995 篇）猛增了 58.09%。在大量的文献资料当中，我们选取了一部分紧扣时代主题、突出热点领域、独具创新价值的研究成果以飨读者。尽管这些文章不足以概括当下文化和旅游融合研究的完整面貌，但我们希望通过以下的总结能够抛砖引玉，引发更多思考。

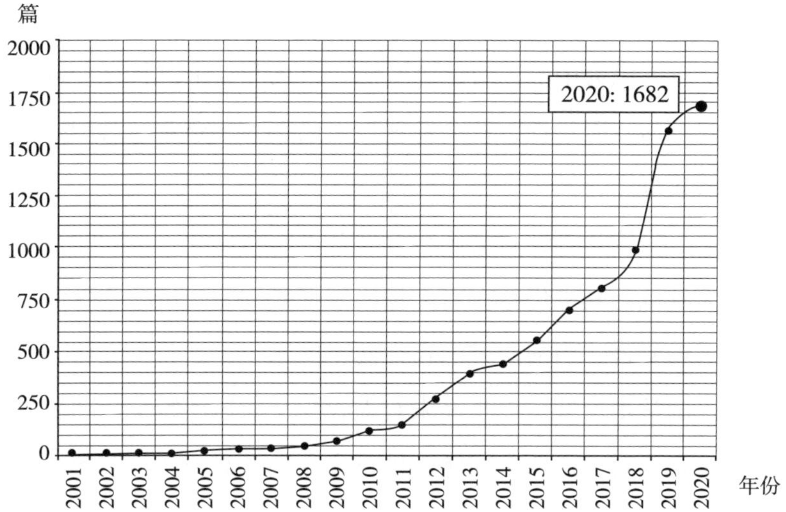

图 1　以“文化和旅游融合”进行“篇关摘”检索所得论文数量年度趋势（检索条件为近 20 年内发表在学术期刊上的中文文献）[②]

---

① 参见白祖成《弘扬民族优秀文化的几个问题》，《民俗研究》1995 年第 1 期。

② 数据来源：中国知网。检索时间：2021 年 1 月 1 日。

一、当前文化和旅游融合发展的研究特点

（一）时代特色鲜明，现实针对性强

旅游学科具有极强的现实指向性，而紧扣新时代机构改革的大背景，也是当前诸多研究成果的共通之处。在文化和旅游部刚刚组建之时，戴斌就旗帜鲜明地提出了“以人民为中心，开创文化和旅游融合发展新时代”。在改革开放的40年间，中国从旅游资源大国成功转变为旅游大国，目前正在向旅游强国的新目标不断迈进。他指出，不同于以往创造外汇收入和拉动经济增长的导向，在新时代背景下，文化和旅游应当共融共生、相互促进，目的都是满足人民对新时代美好生活的向往。而要实现这一目标，就需要坚持以人民为中心，对旅游资源、市场和需求进行充分调研，最终实现市场开发与政府治理、社会发展与人民幸福、企业经营和社区发展等多方面统筹兼顾。①

事实上，尽管学者针对文旅融合展开了热烈讨论，但它却是一个不易破题的研究领域，其中仍存在着大量尚未彻底阐释的概念和悬而未决的问题。正如宋瑞所言，当前研究中存在两个问题：一是关于文化和旅游的关系缺乏严谨的学术论证，二是尚未有人较为全面地回答文化和旅游为何而融、如何融合。对于这两个问题，她首先分别针对“文化”和“旅游”进行了概念界定，认为这两个概念内涵复杂、外延广阔，因此“要做出精准、全面、不同主体一致认同、古今中外皆可通行、所有场合均能适用的界定几无可能，也似无必要”。所以她进一步建议在讨论这两个概念及梳

① 参见戴斌《以人民为中心　开创文化和旅游融合发展新时代》，《中国旅游评论》2018年第1期。

理彼此关系时，必须事先对具体语境和场合加以严格限定。作者接着又分别从本源层面、机理层面、管理层面、发展层面、载体层面、支撑层面和效果层面对文化和旅游融合进行了多维度的阐释。在最后一部分，作者提出在认识和政策层面上需要处理好“四对关系”（即共性与个性、事业与产业、政府与市场、游客与居民），提供“六方面支撑”（即体制机制、法规政策、产业统计、人才教育、资金支持、理论研究），系统而又全面地阐述了文化和旅游融合发展的必要性和重要性。①

许多学者已经指出，文旅融合不仅仅是一项产业政策，更具有社会、文化、民生等宏观层面的战略意义。傅才武便将文旅融合放在更为高远的视角中进行考量，点出了文旅融合在国家文化建构方面的价值。他认为文旅融合的目的不只是实现两个产业的融合，而是要“实现文化和旅游两大主业发展基础上国家文化身份建构的目标”，因此文化和旅游融合的内在逻辑，就不光是寻找个人的身份认同，更是要寻求民族和国家的文化认同。文化旅游的吸引物（作者称之为“文化旅游装置”）是占据了一定地理空间的“人类社会文化记忆的储存和符号价值载体”。通过文化旅游行为，旅游者完成了与旅游装置的交互过程，一方面产生了个体性的情感性体验，另一方面也建立了个人的文化身份认同与国家、族群的身份认同的桥梁。在这一过程中，“旅游者个体找到了对于自我的解释和自我文化身份建构的历史合法性来源”。②

崔凤军和陈旭峰则以文化和旅游两大部门合并为研究起点，从功能、资源、市场、行政、人才五个维度探讨了文旅融合何以可能。在两位作者

① 参见宋瑞《如何真正实现文化与旅游的融合发展》，《人民论坛 · 学术前沿》2019 年第 11 期。

② 参见傅才武《论文化和旅游融合的内在逻辑》，《武汉大学学报（哲学社会科学版）》2020 年第 2 期。

看来，文化和旅游都能够促进人的全面和自由发展，因而在价值和功能方面奠定了文旅融合的基础。在资源维度上，文化和旅游更是具有亲和力，而提高旅游活动的文化内涵，既能够让旅游资源在激烈的市场竞争中脱颖而出，也与当前我国文旅发展从“有没有、缺不缺”到“好不好、精不精”的转变过程相适应。从市场和产业的角度，两位作者认为旅游增加了文化的生命力和影响力，也扩大了其传播范围。在当代社会，文化价值“增殖”的主要途径之一便是旅游。两者融合既有助于文化产业进一步发展，也有助于传统文化的保护、传承和创新，更有助于构建中华优秀文化的传播和交流平台。作者还分析了文化和旅游两大行政管理部门合并后产生的积极效应，同时也提醒人们注意合并后可能引发的问题。最后作者指出，文旅融合有助于解决旅游人才供需脱节的问题，并且对中国旅游学科的未来发展加以展望，建议“如果文创专业与旅游管理专业融合，形成一个文旅学科，这将是中国特色学术研究的原创性贡献”。①

目前文化旅游研究文献数量之多，常常令初涉此领域的学者感到困惑，而张苏秋等人的研究成果填补了这一空白，为研究者们绘制了一张知识地图。作者在分析了知网 CSSCI（1998—2019 年）的数据后，利用文献计量学的共词分析方法和可视化技术构建了关键词知识图谱，形成了较为完整的关于文化旅游融合的研究框架。在分析过程中，作者还提出将文化旅游研究分为“文化朝觐”和“去文化”两大派系的分类方式。作者将“文化朝觐”界定为一种以探访目的地文化内容为主要目的的旅行形式，因此相关研究更侧重于文旅融合；“去文化”则指的是一种现象，即旅游

① 参见崔凤军、陈旭峰《机构改革背景下的文旅融合何以可能——基于五个维度的理论与现实分析》,《浙江学刊》2020 年第 1 期。

者在旅游过程中只关心休闲娱乐或社会交往，不太在意目的地的文化价值和内涵，因而相关研究也更偏向传统的旅游领域。无论是“去文化”还是“文化朝觐”，其实都是“文化旅游融合发展不同演化阶段的策略选择”，不存在优劣之分。但就文旅融合这一主题而言，建议未来研究应当侧重于“文化朝觐”方面，并且围绕增加文化旅游的多样性，文化的私有化和过度商业化，新技术在文化旅游体验中的应用，文化旅游在全域旅游中的角色、地位和发展模式四个问题进一步探讨。①

总而言之，当前文旅融合研究具有突出的时代特征和鲜明的中国特色，研究者皆致力于解决中国文化和旅游发展道路上面临的现实问题。尽管仍存在基本概念不清晰、学科知识谱系不完善等缺憾，但相信随着研究逐步深入，上述问题也会逐一化解。

（二）议题覆盖广泛，热点领域突出

旅游学科的研究范围横跨多个领域，天生便具有综合属性，而广义上的文化研究更是海纳百川，因而文化和旅游融合研究也呈现出多元化的特征。如徐翠荣等所分析的，当下的研究已逐步转向多元主题，各种文化形态均不同程度地受到学者关注，“呈现出从对有形文化转向无形文化，从对传统文化转向大众文化、创意文化关注的研究趋势”。② 从主题分布来看，目前涉及主题主要有产业融合、乡村振兴、文化旅游、全域旅游、文化创意、非物质文化遗产、红色旅游、旅游演艺等领域。其中研究成果较

---

① 参见张苏秋、顾江、王英杰《文化旅游融合发展研究知识图谱分析——基于知网 CSSCI(1998–2019) 数据》,《南京社会科学》2020 年第 4 期。

② 参见徐翠蓉、赵玉宗、高洁《国内外文旅融合研究进展与启示：一个文献综述》,《旅游学刊》2020 年第 8 期。

为突出的有红色旅游、乡村旅游、文化旅游产业、公共文化服务、文旅数字化等几个方面。

作为未来我国文化领域的建设重点，红色旅游和乡村旅游均被列入了《中共中央关于制定国民经济和社会发展第十四个五年规划和二〇三五年远景目标的建议》中。2021 年 5 月，习近平总书记在《求是》上发表署名文章，强调“要把红色资源作为坚定理想信念、加强党性修养的生动教材，讲好党的故事、革命的故事、根据地的故事、英雄和烈士的故事，加强革命传统教育、爱国主义教育、青少年思想道德教育，把红色基因传承好，确保红色江山永不变色”[①]。这充分说明传承红色文化的必要性和促进红色旅游的重要性。进入 21 世纪后，在党中央和各级地方政府的大力倡导下，红色旅游一直保持着强劲的发展势头，而文旅融合无疑又为红色旅游添加了新的发展动力，学界也积极对这一旅游形式背后的社会和文化意义加以阐释。如徐克帅在《红色旅游和社会记忆》中提出，应当重视红色旅游在社会层面上的影响，即“在促进社会群体价值传承与交流上的作用”。作者在文中引入符号系统和社会记忆建构过程理论：历史上发生的红色事件经过适当的编码，形成了一套动态的符号系统，并依托恰当的传播媒介，构成整个社会的红色记忆。在这个过程中，记忆符号的选择、传播以及红色记忆的重演环节至关重要。[②] 张红艳和马肖飞在针对武乡八路军太行纪念馆的实例研究中利用建模进行了实证分析，认为红色旅游可以通过“旅游活动—旅游体验—文化认同”的路径，深刻影响旅游者的国家认同；而不断重复的红色旅游活动能够进一步加深文化和政治记忆，增强

---

① 习近平：《用好红色资源，传承好红色基因，把红色江山世世代代传下去》，《求是》2021 年第 10 期。

② 参见徐克帅《红色旅游和社会记忆》，《旅游学刊》2016 年第 3 期。

国家认同，对中华民族的伟大复兴意义重大。同时，他们还从“产品开发形式”“氛围和仪式感”“真实性的舞台化”“独特性”“解说系统”等方面提出了对策建议，以强化红色旅游在加强国家认同方面的作用。①

在乡村旅游研究方面，一些学者从理论分析的角度入手，尝试建构新时代乡村旅游和文化融合发展的框架和路径。刘玉堂和高睿霞认为，在全面实行乡村振兴战略和文旅融合的背景下，作为乡村经济重要支柱的乡村旅游迎来了升级转型的重大契机。在肯定了当下乡村旅游发展势头良好的基础上，作者归纳了目前乡村旅游所面临的问题，提出解决这些问题的关键在于重拾乡村的文化记忆，打造乡村特色文化空间。作者进一步建议从建立有效的市场需求反馈机制、丰富乡村文化旅游形式、完善乡村公共基础设施建设、健全乡村特色文化创新机制四个角度思考对策，从而真正提高乡村文化的核心竞争力，保障乡村旅游健康持续成长。②赵海荣等则将乡村旅游与创意旅游理念和集群共生理论联系在一起，利用区域（廊道）—节点—要素的乡村创意旅游开发模式，分宏观、中观和微观三个层次提出了古村落群创意旅游开发路径，对乡村旅游建设具有很强的现实指导意义。③另一些学者则从案例分析入手，例如耿松涛和张伸阳以海南岛文化旅游产业开发为例，分析了如何通过文化要素将主题形象、产业发展与产品供给有机统一起来，打造差异化、特色化的乡村文化旅游发展模式，促使乡村旅游和文化产业协同发展，并最终得出结论：“乡村振兴可持续发展，只有让村民在旅游发展中获益，才能让

① 参见张红艳、马肖飞《新格局下基于国家认同的红色旅游发展》，《经济问题》2020 年第 1 期。

② 参见刘玉堂、高睿霞《文旅融合视域下乡村旅游核心竞争力研究》，《理论月刊》2020 年第 1 期。

③ 参见赵海荣、于静、周世菊《创意旅游与集群型古村落再生：模式与路径研究》，《经济问题》2020 年第 9 期。

目的地健康发展，进而更好地促进乡村旅游地转型”。[①]

除了上述主题外，文化产业和旅游业如何在新时代文旅融合的背景下茁壮发展也得到了不少研究者的关注。陈少峰和侯杰耀在《文化旅游产业的最新发展动向》开篇便指出，文化旅游产业具有自身独特的市场运作逻辑，并非两个产业的简单叠合。作者在对文化旅游产业发展的五个驱动力和消费趋势进行分析后，认为未来文化旅游企业应当侧重 IP、品牌形象、互联网平台等轻资产并以此为核心，重视文化旅游产业链开发，开辟出中国文化旅游产业的可持续发展空间。[②]张胜冰同样指出，文旅深度融合绝不等同于文化和旅游的简单叠加。他从文旅融合的内在机理与本质要求入手，强调真正意义上的融合是“通过系统内部的耦合关系促成两者在系统要素上密切关联”。在证明文化和旅游可以通过相互融合实现互赢后，作者论述了文旅融合的基本模式及存在的问题，并指出应当遵守的产业开发逻辑。[③]徐翠蓉等则将文旅融合与“一带一路”倡议两大热点议题联系起来，对“一带一路”沿线省份旅游业与文化产业耦合协调度及相对发展状态进行了分析。作者发现“一带一路”沿线 18 个重点省份的旅游业与文化产业综合发展水平差异较大，旅游业发展水平呈现出“东南高、西北和东北低”的态势，而文化产业发展格局也基本相同。旅游业与文化产业耦合关系明显，但耦合协调性均未达到“优质协调”，部分省份甚至存在严重失调的现象，且“陆上丝绸之路”沿线省份的产业耦合协调度要低于

---

① 参见耿松涛、张伸阳《乡村振兴背景下乡村旅游与文化产业协同发展研究》，《南京农业大学学报（社会科学版）》2021 年第 2 期。

② 参见陈少峰、侯杰耀《文化旅游产业的最新发展动向》，《艺术评论》2018 年第 12 期。

③ 参见张胜冰《文旅深度融合的内在机理、基本模式与产业开发逻辑》，《中国石油大学学报（社会科学版）》2019 年第 5 期。

“海上丝绸之路”沿线省份。在旅游业和文化产业的相对发展状态方面，不少省份存在着相对发展不平衡的问题，阻碍了文化产业和旅游业的进一步融合。作者最后提出，政府应为市场和产业发展提供便利，结合本省优势做好产业规划和政策引导的功能，因地制宜地推动文旅深度融合、协调发展。①

目前，博物馆游、图书馆游等新兴文化旅游形式在全国各地蓬勃发展，到热门文化地点“打卡”成了年轻人热衷的休闲娱乐活动，因此新时代背景下如何打造文旅融合的公共文化服务新模式，让旅游活动与文化保护、传承及开发有机结合，也自然成了学界热议的话题。毕绪龙盘点了关于文化和旅游公共服务融合的探索经验，认为公共文化服务在乡村旅游、红色旅游、旅游演艺、研学旅游、健康旅游、全域旅游等旅游业态和产品中发挥的作用正日益凸显，但也坦言融合过程中还存在着“缺乏文化和旅游双向融合理念、缺乏顶层设计、缺乏融合发展的深度和广度等问题”。作者还特别关注了新冠疫情对于文旅融合的影响，认为这场疫情既是对公共文化服务能力的考验，也给公共文化服务与旅游融合提出了新挑战。新冠疫情期间，各地公共文化服务机构纷纷通过线上办展、全景 VR 展厅等多种途径向公众提供服务，但也暴露出社会服务能力不足、缺乏“互联网 + 公共文化服务”思维、传统服务方式失灵等问题。要解决上述问题，就需要在遵守文旅融合“宜融则融，能融尽融”这一大原则的同时，在实践中积极推进创新举措。②李国新和李阳认为，公共文化服务和旅游公共服务

① 参见徐翠蓉、张广海、卢飞《我国“一带一路”沿线省份旅游业与文化产业的耦合协调发展》，《中国石油大学学报（社会科学版）》2019 年第 4 期。

② 参见毕绪龙《公共文化服务和旅游融合发展的实践探索和路径思考》，《文化艺术研究》2020 年第 4 期。

在概念界定、主要内容等方面既有交集，也有差异，所以应当秉持“宜融则融、能融尽融”的方针，思考两者融合的切入点，最终归纳出6个可以作为公共文化服务和旅游公共服务融合的切入点。[①]苗宾则将目光聚焦于博物馆游方面。他首先梳理了国内外博物馆旅游研究的历史和现状，认为应当加强关于学科建立、规律性研究、发展趋势等方面的理论建设。作者紧接着分析了博物馆游的时代发展机遇，提出通过实施博物馆供给侧（即博物馆展览和文化创意产品开发）结构性改革、举办类型丰富的展览展示、打造“智慧博物馆”、运用现代营销手段等具体措施解决当前博物馆发展不平衡不充分问题，实现公共文化服务和旅游业的双向赋能和价值共享，满足人民群众日益增长的文化需求。[②]

随着5G技术、人工智能、区块链等技术革命的兴起，数字技术为许多传统产业赋予了新的动能。国务院办公厅印发的《关于进一步激发文化和旅游消费潜力的意见》也将文旅数字化列为未来我国文化和旅游工作的重点，提出“促进文化、旅游与现代技术相互融合”。戴斌在《数字时代文旅融合新格局的塑造与建构》中分析了数字化给文化和旅游行业需求端、供给侧、公共服务和行业监管领域带来的改变，同时也指出当前数字文旅活动中存在一定程度的过热倾向和非理性成分。作者最后总结道，需要加强政策支持与学科建设，加大市场导向的研发投入，在文旅数字化过程中坚持以游客为中心，使数字革命真正普惠民众。[③]

综上可以看出，文化和旅游融合研究既给研究者带来了挑战，也产生了机遇：挑战在于，这将给原先的研究范式、理论和方法带来冲击；而机

① 参见李国新、李阳《文化和旅游公共服务融合发展的思考》，《图书馆杂志》2019年第10期。
② 参见苗宾《文旅融合背景下的博物馆旅游发展思考》，《中国博物馆》2020年第2期。
③ 参见戴斌《数字时代文旅融合新格局的塑造与建构》，《人民论坛》2020年第Z1期。

遇也正在于，通过两个研究领域的碰撞，可以衍生出崭新的探索领域，迸发出全新的思维火花。

（三）实证色彩鲜明，成果不乏新意

文化和旅游融合研究处于社会科学和人文学科的交叉领域，因此成果既呈现出浓厚的实证主义色彩，又富有人文研究的深刻洞见。在实证性研究方面，研究者从社会学、地理学等学科中汲取营养，灵活运用实地调研、计量分析、空间分析等多种研究方法。唐晓云分析了发生在广西龙脊平安寨中的旅游行为对当地社会文化的影响。她在借鉴了阿布勒（Ronald Abler）的文化接触态度与行为关系模型的基础上，构建了社区居民对古村落旅游社会文化影响的态度与行为关系模型。作者通过调查问卷的方式分析居民的主体因素（包括居民的文化认同和居民的旅游参与程度）与居民对旅游社会文化影响感知、社区发展满意度及行为倾向之间的关系，并呼吁“从思想上充分认识居民对古村落文化传承的重要作用”，“构筑旅游开发背景下以居民为主体的古村落社会文化生长空间”。[①]

郭文在关于惠山古镇旅游空间生产及其形态转向的研究中运用了田野调查法和访谈法，是一篇逻辑缜密、证据翔实，同时也具有反思精神的成果。他梳理了惠山古镇空间的生产过程，提炼出古镇旅游空间生产的机理，认为资本、权力等要素是推动古镇空间生产和重构的决定性力量，总结了旅游空间生产背景下传统空间形态和特色消亡的原因，最终提出了关于社区性文化古镇旅游空间生产的一条原则：“……古镇空间如何自

① 参见唐晓云《古村落旅游社会文化影响：居民感知、态度与行为的关系——以广西龙脊平安寨为例》，《人文地理》2015 年第 1 期。

洽不取决于消费主义文化，而要看旅游作为古镇日常生活是否包含社会、经济、文化和政治等多维因素，以及能否将其内嵌于古镇空间生产过程之中。”①

自 2016 年习近平总书记在哲学社会科学工作座谈会上提出加快构建中国特色哲学社会科学“三大体系”以来，许多学者都对中国研究和西方理论之间的关系进行了反思。诚如谢伏瞻所言：“构建中国哲学社会科学理论体系和话语体系，不能照搬西方国家的哲学社会科学理论，或跟在西方后面亦步亦趋”②，现实当中中国学者在吸收、移植西方社会理论的同时，也在努力使之“本土化”，取得了不少学术创新，下面几位作者便是这样的例子。

张朝枝和朱敏敏从身份认同的视角出发，分析了文化和旅游关系的多层次内涵，指出了文化和旅游关系各个发展阶段所面临的挑战和践行路径。作者提出，当前虽然涌现出不少关于文旅融合的思考，但“对文化和旅游关系的历时性反思却比较缺乏，进而影响了对文化和旅游关系的完整理解”。在分别对中西方文化语境中文化和旅游关系的认识进行梳理后，作者得出结论：（1）旅游者追求身份认同是文化与旅游关系的起源，而文化具有表征身份的功能，这就为文化向旅游资源的转化提供了初始动力；（2）在文化与旅游的关系逐步发展的过程中，也并不是所有的文化都适合转化为旅游资源，因此，如何恰当地向旅游者展示文化，或者说面向游客的文化可参观性（visitability）生产，就成了关键性议题；（3）在进一步提升文化与旅游的关系时，由于旅游使得文化不断地商品化，因而形成

① 参见郭文《社区型文化遗产地的旅游空间生产与形态转向——基于惠山古镇案例的分析》,《四川师范大学学报（社会科学版）》2019 年第 3 期。

② http://www.qstheory.cn/zhuanqu/bkjx/2020-01/19/c_1125481699.htm.

了文旅产业链。上述三个层次逐级递进，构成了文化和旅游“从资源到产品、从产品到产业”的融合关系。在文章的第三和第四部分，作者还逐一分析了这三个层次分别面临的挑战，并且有针对性地提出应对策略。

近几年，场景理论在城市创意空间、公共文化领域等方面发挥着创新性作用。“场景”（scenescape）这一概念源于20世纪90年代芝加哥大学教授特里·尼科尔斯·克拉克（Terry Nichols Clark）的著作《作为娱乐机器的城市》（*The City as an Entertainment Machine*）。一些国内研究者尝试将场景理论移植到中国的文化旅游领域中，取得了一定的学术创新。如刘东超在对南锣鼓巷的研究从空间、设施、人群、活动、价值观和政策六个角度进行了分析，认为这一地区所代表的正是场景理论致力研究的“工业化和后工业化、生产实践和消费实践、文化追求和功利追求的混合场景”。作者最终得出结论认为该地区内部充满了张力，构成了一幅复杂而又多变的文化场景；而南锣鼓巷本身又可谓是北京城市发展的一个缩影：它一方面说明北京的城市化进程还在不断推进，另一方面又显现出许多后工业城市具有的消费特征和类型（如观念消费、符号消费等），所以“南锣鼓巷当前时空点上的建设和治理表征着北京城市的动力结构”。①

闫丽源从另一个角度对未来中国旅游的文化场景建构进行了思考。她认为，旅游场景在精神性的文化体验和物质性的旅游景点之间充当着枢纽。人们前往某一景点参观并不是为了“确认现场的物质结构”，而是为了获得“对旅游景点的文化象征内涵、历史沿革与眼前旅游场景结构对应关系的体验”。人们在旅游过程中体验符号化的旅游场景，形成了“体验和重构交替并置的文化场域”。这一文化场域并非一成不变，而是会随着

① 参见刘东超《场景理论视角上的南锣鼓巷》，《东岳论丛》2017年第1期。

历史变迁不断演化。作者强调，在当前的历史条件下，中国的旅游文化场域变迁主要取决于两大因素，一是庞大的文化旅游需求，二是日新月异的互联网技术革新。随着我国主要矛盾的转化，旅游场景的建设应当以上述因素为契机，从资源梳理、理论研究、政策制定、技术支持等方面入手，最终形成一套可以激活传统文化旅游资源的中国方案。①

熊海峰和祁吟墨运用“共生理论”分析了当下文化和旅游融合发展的共生条件、共生单元、共生界面、共生模式和共生环境，并以大运河文化带为例，分析了当前文化和旅游融合的现状和面临的问题。作者提出，首先，当前大运河文化带文化和旅游融合发展主体间的共生理念还比较淡薄，尽管大运河沿线文化遗产众多，但文化遗产保护和旅游开发尚存在种种矛盾，致使理念和实践之间存在着很大的张力，阻碍了文旅的深度融合。其次，目前的文旅融合未能催生新的产业和业态，“只是现有业态的简单叠加，未能实现更深层次的、从制度到金融到组织机构的有机融合”；此外，文旅融合也未能与新型城镇建设、乡村振兴、产业升级等领域有机融合。在策略建议方面，作者提出应当构建统一的资源共享平台，提高区域合作质量，积极发掘旅游产品的文化内涵，加强基础设施建设和人才队伍培养，优化市场环境，完善相关政策法规体系，推动文旅与其他领域互促提质、与国家战略对接和国际交流互鉴。②

关于旅游对东道主社区影响研究，早年间学者普遍认为，旅游活动会破坏东道主社区的文化，旅游产业让当地文化失去了本真性，金钱的力量导致了一种“伪文化”的诞生。但人类学家却带来了一种不同的视角。周

---

① 参见闫丽源《虚实之镜：文化体验中的旅游场景建构》，《艺术评论》2018 年第 12 期。

② 参见熊海峰、祁吟墨《基于共生理论的文化和旅游融合发展策略研究——以大运河文化带建设为例》，《同济大学学报（社会科学版）》2020 年第 1 期。

星通过对贵州某苗族村寨的考察，分析了不同文化如何在旅游场景中通过交易商品、提供餐饮或是展示房屋、服饰和劳作等方式进行交流。对人类学家而言，旅游场景为考察东道主社区的文化变迁提供了绝佳机会。以苗族歌舞表演为例，原先村寨里“并没有剧烈地抛甩头发的舞蹈，但为了增加观赏性和视觉冲击力，就把其他地方的一种粗犷豪放的舞蹈也搬到这个村寨演出”。但村里的年轻人并不知晓这一变迁过程：对新一代村民而言，这种外来舞蹈甚至“要不了几年，它们就都是自己村寨值得自豪的传统文化了”。而这种原本只在“非常”时节才会举行的村寨活动，如今也由于游客的频繁光临变成了日常行为。对于这种变化是好是坏，作者并没有匆忙下结论，而是指出游客不仅给当地带来了旅游收入，也带来了外界的文化；不光是旅游者在旅游过程中受到东道主社区文化的感染，当地居民也面临着外来文化带来的影响。而且，外界文化给当地带来的影响是否全然是负面的，这也有待商榷。“因此，旅游场景实质上也是一种异文化相互接触、相互涵化的过程”。作者进一步提出，这种文化变迁其实并非外界强加，而是东道主社区自主选择的结果，他将这种变迁归纳为“文化展演的逻辑”。这一观点为日后的旅游文化研究提供了一条新的阐释途径。而作者在余论部分提出的建议——“在注重旅游者切身感受的同时，也应该关注到那些‘活文化’的承载者亦即旅游目的地社区居民的感受”，也很值得旅游政策制定者进一步考量。①

---

① 参见周星《旅游场景与民俗文化》，《西北民族研究》2013 年第 4 期。

二、存在的问题和缺憾

目前有关文化和旅游融合发展的文献数量不胜枚举，佳作更是比比皆是。然而在《文旅融合四象限模型及其应用》一文中，马波和张越用“三多三少”精练地概括了当前文化和旅游融合发展研究中存在的问题：

> 一是政策解释多，理论探索少，迄今尚未形成指导实践的系统化理论思想；二是旅游学者关注多，文化学者参与少，研究成果多从旅游产业发展的视角切入，带有浓郁的器用色彩；三是概念歧义多，争鸣批评少，人们在不同的尺度上使用文化概念，自说自话，学界与业界缺乏交流与共识。①

“政策解释多，理论探索少”，说明目前的研究成果更多是对已出台政策的分析，而对政策背后的理论支撑认识不足，因此在学理性上不够深入。“旅游学者关注多，文化学者参与少”，则表示目前的文化和旅游融合研究以解决旅游产业中的实际问题为主要目标，文化领域的思考则处于相对次要位置。“概念歧义多，争鸣批评少”或许是最为尖锐的批评意见，它意味着这一领域的学者尚未形成具有自明性的概念，学术界看似众声喧嚷实质上却陷入了“失语”，以至于真正有价值的学术交流都十分罕见，更难以为实践提供有价值的指导。

当下的研究状况是否真如上述两位作者所言？在以下这一部分中，我们将对目前文化和旅游融合发展研究中存在的问题加以初步探讨。我们并

---

① 马波、张越：《文旅融合四象限模型及其应用》，《旅游学刊》2020年第5期。

不妄图在这短短的万余字中彻底解决这些庞大而又繁杂的问题（这实在是超出了作者有限的能力范围之外），而是更希望借这一机会引发更多思考。

旅游活动具有高度综合性的特征，而就文化和旅游融合发展这一研究议题而言，旅游的经济属性和文化属性都显得尤为重要。早在20世纪80年代，于光远就在《旅游与文化》一文中提出了“旅游业是带有很强文化性的经济事业，也是带有很强经济性的文化事业”[①]的论断。旅游研究也在很大程度上因袭了旅游活动所具有的高度综合性特质：随着改革开放后中国旅游业的勃兴，不同研究方向的学者也紧跟这一发展势头，开始了40余年漫长的旅游学科建设和学术探索。在这一过程中，研究者们一方面积极从事译介工作，将当时国外的先进研究成果引入国内，这其中有《旅游与接待业研究手册》（*Travel，Tourism and Hospitality Research：A Handbook for Managers and Research*）、《旅游营销与管理手册》（*Tourism：Marketing and Management Handbook*）、《旅游分析手册》（*Tourism Analysis：A Handbook*）及《休闲与旅游研究方法实用指南》（*Research Methods for Leisure and Tourism：A Practical Guide*）。[②]另一方面中国学人在译介过程中也博采众长，撰写了最早一批国内旅游学科的基础教材。据刘德谦统计，仅20世纪80年代至90年代我国学者就编写出版了18种旅游教材，其中一些（如李天元等的《旅游学概论》、谢彦君的《基础旅游学》、林南枝等的《旅游经济学》、刘振礼的《旅游地理》）更是几经扩充修订，成为当今全国高校公认的经典教材。[③]从以上事实中不难看出，这一时期无论是引入国内的西方经典学术著作，抑或是国内学者编写的基础教材，都

① 于光远：《旅游与文化》，《瞭望周刊》1986年第14期。

② 参见吴必虎、张骁鸣《旅游学科的理论和方法基础》，《旅游学刊》2016年第10期。

③ 参见刘德谦《中国旅游70年：行为、决策与学科发展》，《经济管理》2019年第12期。

集中在旅游市场营销、旅游管理和旅游经济等领域，其用途也更具有实用性，即为旅游经营活动或整个旅游业的发展提供具有实践意义的参考资料。

同一时期，来自社会学和人类学等领域的学者也介入了对旅游文化的探索。单就数量而言，这类研究就与上述应用型研究之间存在不小的差距。[①] 此外，一部分学者也承认旅游文化研究存在理论深度不够、概念使用混乱、研究方法失当等缺陷。徐菊凤认为，20 世纪 80 年代起旅游文化曾是一个受到广泛讨论的概念，并且“用来与‘旅游经济’一词相并列甚至相对立而使用，用来强调旅游活动和旅游业的文化属性一面”，但自 90 年代中期却陷入了低潮。相较之下，同时期旅游规划、旅游产品、旅游市场等方面的研究却层出不穷。[②] 赵红梅在回顾了近 40 年旅游文化的研究历程后也认为，20 世纪 80 年代是旅游文化研究的启蒙阶段，但成果数量有限，而且未能突破过往研究的藩篱，因此没有取得重大的理论进展。从 20 世纪 90 年代直到 2013 年，虽然相关研究成果数量有所增加，也产生了一些理论创新的火花，但很多研究者仍然没能

① 我们如果分别以“旅游经济”“旅游产业”“旅游管理”和“旅游文化”对近 40 年知网中收录的中文期刊文献进行“篇关摘”搜索，便可以发现 20 世纪 80 年代旅游文化研究领域的论文数量稀少，在 1989 年刚刚突破了 20 篇，直到 2000 年才达到 300 篇，而当年旅游经济领域的论文为 660 篇，旅游产业为 483 篇，旅游管理为 191 篇。当然，我们也应当承认这一统计数字无法精确而全面地反映上述几个研究领域的实际情况，只能作为一种不怎么牢靠的直观性证据或者“轶事证据”（anecdotal evidence）看待。另外，在 2013 年，张凌云等人也通过大数据的研究方法，详细列举了这一时期发表论文的主题和聚类分类情况：在 16024 篇论文中，更具有应用性的研究主题，如旅游地理（3032 篇）、旅游公共管理和行业管理（2106 篇）、旅游策划及规划（1265 篇）、旅游营销（1039 篇）、旅游经济（887 篇）等占据了主流。而旅游文化方面的论文（1064 篇）就数量而言并不突出。相关分析可参见张凌云、兰超英、齐飞《近十年我国旅游学术共同体的发展格局与分类评价——基于旅游学术期刊论文大数据的视角》，《旅游学刊》2013 年第 10 期。

② 参见徐菊凤《旅游文化与文化旅游：理论与实践的若干问题》，《旅游学刊》2005 年第 4 期。

正确认识旅游文化的内涵。她甚至直言“国内旅游文化研究已进入了瓶颈阶段”，而究其原因就在于人们没能真正厘清旅游文化的内涵和外延，“甚至连旅游文化学的研究对象都还未达成共识”。① 尽管言辞略显激烈，但却直切要害，道出了多年来旅游文化研究未能取得根本性进步的“病根”。庆幸的是，进入 21 世纪后旅游文化研究领域也产生了不少佳作，而过去我国以单一经济管理为视角的旅游研究，如今也正在“扬起其哲学的触角”，试图建立一个更加完整的旅游知识体系。② 尤其是近些年人类学观点和研究方法的介入和发展，也为中国的旅游文化研究注入了新的动力。③

经过这番对比我们可以发现，相较而言中国旅游学界在应用研究方面起步更早，其知识体系也相对更加完备。那么导致这种现象的原因何在？我们不妨将这种落差放在更长远的视野中，回顾一下国外旅游学科的发展历程，并将其与中国的旅游学科做一番简单比照。

在过去两个世纪中，欧美等国的富裕阶层快速崛起，大量财富催生了富裕阶层旺盛的旅游需求，也带动了交通、住宿和服务等旅游相关行业发展。在这一背景下，无论是产业经营者抑或是政府官员，都意识到旅游业是一个能够带来庞大经济效益的新兴产业。自然，统计学和经济学的研究方法最早介入了旅游研究现场。例如，早期意大利的政府管理者和研究者在缺乏理论指导的情况下，依靠较为直观的统计学数据进行研究。尔后，随着现代西方经济学，特别是数理经济学（Mathematical Economics）逐渐

① 赵红梅：《论旅游文化——文化人类学视野》，《旅游学刊》2014 年第 1 期。

② 参见谢彦君、孙佼佼《科学与哲学：旅游研究中的两种不同路径》，《旅游学刊》2016 年第 4 期。

③ 结合近年来中国旅游研究院发布的文化和旅游部优秀研究成果奖获奖名单公示来看，旅游文化方面的优秀研究成果正在不断涌现，相关论文读者可以在网上自行搜索。

在20世纪成长为一门“显学”，人们在旅游研究中也开始大量使用经济学的研究方法，至今依然如故。根据谢彦君的分析，这段历史形塑了国外旅游学科的整体面貌，乃至也在很大程度上框定了其学术视域：旅游的经济和产业属性被推到了聚光灯之下，旅游活动所带来的经济利益成为众多旅游研究者最关注的（尽管并不是唯一关注的）议题，甚至还造成了一种思维定式：

> 这样，旅游现象就被认为是一种旅游业的经营活动，旅游是一个劳动力密集型的产业。这种思想几乎成了许多人审视旅游现象的一种定式，甚至影响着几代人对旅游现象性质的认识，极大地限制了旅游研究向纵深层次发展的可能。①

现在让我们把视线转回国内。自20世纪70年代末起，中国旅游业先是以吸收旅游外汇为导向，后又以经济利益为主要发展目标之一，因而早期研究也同样多围绕旅游经济、旅游产业和旅游管理等主题展开。但正如上文所展示的，相比于旅游经济和产业研究的火热场景，学者们却较少关注旅游对社会精神和文化方面的影响。尽管在改革开放初期一部分国内研究者也看到了旅游活动具有休养生息、文化交流、拓宽视野等社会和文化功能，但这些研究往往流于经验和感性之谈，缺乏可靠的事实证据和严密的逻辑论证，用今天的眼光来看，很难称之为合格的学术论文。所以我们可以说，至少在中国的旅游学科建立之初，的确存在马波所谓的“旅游学者关注多，文化学者参与少”的现象。

---

① 参见谢彦君《基础旅游学》，商务印书馆2015年版，第4页。

然而，旅游研究中的这一失衡现象还导致了其他问题。中国的旅游学科用短短40多年就匆匆走过了国外旅游学科百余年的发展道路，中国学者们如饥似渴地吸收了国外同行的研究方法和研究成果，在短期内就取得了如此丰硕的成果，确实值得赞许。但也应当看到，中国的旅游学科为了追赶国际学术界的脚步，其发展时间被大大压缩，导致了我们的学科体系在大量汲取西方研究成果时，连同其缺陷和盲区也不同程度地接纳了下来。举例而言，长期以来实证主义研究方法同样是构成中国旅游学科的重要基石：根据吴必虎和张骁鸣的分析，在近些年的研究中“实证研究特别是以数理统计方法为主的研究比重稳定在40%左右，而采用演绎法构造模型进行规律化阐释的研究比重大致在30%，其余研究包括使用描述性和概念性方法的比重从20世纪80年代中期以前的50%降到了不到30%”[①]。实证主义研究方法以其严密性和精确性著称，颇受追求逻辑缜密的研究者欢迎。但在旅游学科内部也并非毫无质疑之声，越来越多的学者开始积极反思实证主义研究方法应用于旅游学科时的局限性。[②]谢彦君提出当前西方旅游研究存在着“重应用研究轻基础理论研究”的倾向，认为现有的案例研究尽管数量庞大、内容翔实，但“缺乏对旅游现象本身的深刻的理论思考”。[③]显然，这种特征也存在于国内旅游研究中。张朝枝和李文静则进一步分析了这一特征在旅游学科内部形成的原因：一方面多元化经济体时代的到来使得理论逐渐“工具化”，

---

① 吴必虎、张骁鸣：《旅游学科的理论和方法基础》，《旅游学刊》2016年第10期。

② 国内这方面的文章和观点，可参见以下几篇文章：李天元《关于旅游科研的几点刍议》，《旅游学刊》2010年第10期；张金山《旅游研究：实证主义大行其道的警惕》，《旅游学刊》2010年第11期；卿前龙《旅游经济研究中数量模型的应用问题》，《旅游学刊》2010年第12期。

③ 参见谢彦君《基础旅游学》，商务印书馆2015年版，第6—7页。

另一方面全球化的视角又让传统理论逐步失去了解释力。因此，目前全球学术研究进入了一个“弱理论时代”：学者们局限于现象描述，做着重复的案例研究，却“为了用理论而用理论，而对问题的实质触及不深”[①]。

回过头来看，马波等人之所以提出“概念歧义多，争鸣批评少”的观点，也正是由于发现了我们身处这样一个“弱理论时代”。部分研究者崇拜分析工具和技术，欣欣然于这些技术手段带来的海量研究成果，殊不知忽视了旅游研究的理论建设，因而最终导致了某种理论性的“大叙事”的缺席。尽管西方后现代思潮风起云涌（在人文研究领域更是如此），重提“大叙事”或是“总体性”似乎显得有些“不合时宜”，而我们在利用理论来阐释千变万化、丰富多样的现象时也常常会感到“力不从心”，因为总是会有例外游离于既有的理论体系和框架之外。但是，假如学术研究因此就全然摒弃了理论构建，便无异于犯下了“倒洗澡水连孩子也倒掉”的错误。即便是福柯，也必须承认知识是“一致（或者不一致）的命题得以立足，相对准确的描述得以发挥，验证得以进行和理论得以展开的基础”[②]。换言之，他不得不在高举“知识考古学”的同时，又不情愿地承认知识的规训功能也具有某种程度的合法性。而作为马克思主义者，我们应当从“运动是绝对的”这一马克思主义运动观中辩证地看到，人类知识的发展总是处在“必然限制”与“自由开放”之间的永恒博弈中——理论尽管具有限制性的必然力量，却也是知识主体

① 张朝枝、李文静：《遗产旅游研究：从遗产地的旅游到遗产旅游》，《旅游科学》2016 年第 1 期。

② ［法］米歇尔 · 福柯：《知识考古学》，谢强、马月译，生活 · 读书 · 新知三联书店 2010 年版，第 202 页。

实现自由的重要途径。[①]

三、结语

“十四五”时期是我国全面建设社会主义现代化国家新征程的起步期，也是世界百年未有之大变局的加速演进期、全球百年未遇之大疫情的持续影响期。此时，唯有坚持以人民为中心的发展思想，推进全面深化改革，方能破解新时代所面临的一系列难题。无须赘言，未来文化和旅游的融合发展，无论是在理论研究还是实践活动中，也同样必须坚持“以人民为中心”的基本原则。但正如习近平总书记所强调过的：“以人民为中心的发展思想，不是一个抽象的、玄奥的概念，不能只停留在口头上、止步于思想环节，而要体现在经济社会发展各个环节。”[②] 而就文化和旅游融合发展而言，我们又应如何真正践行这一思想原则？

对于学者，如今亟须做的应当是加强理论建设，构建一套更加符合中国现实、更加具有中国特色的旅游学科体系。2016 年 5 月 17 日，习近平总书记在哲学社会科学工作座谈会上发表重要讲话，提出加快构建中国特色哲学社会科学这一时代命题，呼吁广大哲学社会科学工作者用实际行动为党和人民述学立论、建言献策，担负起历史赋予的光荣使命。在讲话中，习近平总书记还特别强调了理论建设的重要意义：

历史表明，社会大变革的时代，一定是哲学社会科学大发展的时

① 参见王列生《论知识谱系对学术研究的制约与超越》,《探索与争鸣》2019 年第 2 期。

② 习近平：《在省部级主要领导干部学习贯彻党的十八届五中全会精神专题研讨班上的讲话》,《人民日报》2016 年 5 月 10 日。

代。当代中国正经历着我国历史上最为广泛而深刻的社会变革，也正在进行着人类历史上最为宏大而独特的实践创新。……这是一个需要理论而且一定能够产生理论的时代，这是一个需要思想而且一定能够产生思想的时代。我们不能辜负了这个时代。①

回归到旅游学科本身而言，当前中国旅游学科尽管取得了不少亮眼的成绩，但也面临着双重困境：一方面，中国旅游学科仍与国际先进水平存在差距。我们的旅游学科发展至今只有短短 40 余年的历史，整个学科的研究质量若要得到实质性提升，仍然需要大力培养科学实证的精神。另一方面，经过几十年迅猛的学科发展，一些问题也正在暴露。而这些问题中有些具有普遍性，是西方同行们曾经或正在面临的，但还有很多是在研究和实践过程中从未出现过的。我们应当旗帜鲜明地坚持马克思主义在我国哲学社会科学领域的指导地位，在积极吸收其他国家优秀学术成果和研究工具的同时，也时刻不忘马克思主义最宝贵的批判精神，不拘泥于某一种西方理论和方法。同时，在研究活动中强调民族性，突出中国特色、中国风格和中国气派，提出中国思想、中国主张和中国方案，使研究成果更加符合当代中国和世界的发展需求。

① 习近平：《在哲学社会科学工作座谈会上的讲话》，《人民日报》2016 年 5 月 19 日。

目　录

上编　理论研究

下编 案例精选

上编　理论研究

以人民为中心
开创文化和旅游融合发展新时代

戴　斌

根据中宣部的安排，我就当代旅游发展成就与经验、当前旅游发展面临的主要问题、新时代文化和旅游融合发展的方向与策略，向学习贯彻习近平新时代中国特色社会主义思想、深化文化体制改革培训班的各位领导和同志们汇报一些个人的初步研究结论，不当之处，请批评指正。

一、当代旅游满足了人民日益增长的美好生活需要

虽然旅游活动自古有之，但是世界公认近代旅游业发端于英国人托马斯·库克 1841 年组织的火车禁酒之旅。国人对旅游的认知则来自改革开放后的入境旅游市场的兴起，金发碧眼的欧美人、妆容精致的日韩人、“洋装虽然穿在身，我心依然是中国心”的华侨华人和港澳台同胞，他们不远万里而来，不为工作，不为求学，就是为了登长城、看故宫、游山逛水，面对面地给我们普及了“旅游是人的基本权利和长存的生活

方式”[①]这一理念。从国家层面看，20世纪80年代到90年代中后期，旅游发展主要是以创汇为导向。主要工作重点对外在于招徕外国人、海外华人和港澳台同胞来祖国大陆参观旅游，对内在于建设完善以旅行社、导游、酒店、大巴车、景区、厕所为主的旅游接待体系。类似于奥运体育战略，这个时期的旅游业有明显的国家意志、部门主导和非社会参与的属性。

1999年国庆黄金周，标志着旅游经济进入国民消费为主的新时代，国内旅游和出境旅游同时兴起。旅游业开始走出部门范畴，成为全社会广泛参与的显性话题，产业性质进一步凸显，国有、外资、民营市场主体建设明显加快。国家旅游工作的重点是营造更加有利于旅游发展的宏观环境、调动地方政府的积极性以及旅游市场治理。《旅游法》《旅行社条例》《导游人员管理条例》《国务院关于加快发展旅游业的意见》等都是这个时期起草、修订或颁布的。各省、直辖市和自治区纷纷召开高规格的旅游发展大会，扩市场、上项目和拉动经济增长的同时，努力让广大游客满意逐渐成为旅游系统和社会各界共识。

党的十八大以来，我国开始迎接大众旅游新时代。旅游全面进入国民大众的日常消费，旅游活动空间和消费场景走出了狭义的旅游景区，走向整个目的地空间。我国旅游业对国民经济、社会就业综合贡献均超过10%，对世界旅游经济繁荣发展的支撑作用日益显现，稳步进入经济社会发展和对外交往的中心。争取高层重视和国际国内、社会各界的广泛支持，构建适应全域旅游发展要求的新型管理体制成为旅游工作的重点。

随着决胜全面建成小康社会战略目标的即将实现，旅游越来越成为人

---

① 世界旅游组织：《马尼拉世界旅游宣言》，1980年。

民美好生活的重要内容。2013 年，习近平主席在俄罗斯中国旅游年开幕式致辞中指出："旅游……是人民生活水平提高的一个重要指标，出国旅游更为广大民众所向往。"2018 年李克强总理在政府工作报告中首次提到旅游相关数据"出境旅游人次由 8300 万增加到 1 亿 3 千多万"，是放在五年成就中的民生改善部分提的。事实上，美好生活不仅是新时代旅游发展的根本目标，也是旅游业发展的新型动力。

从国内、入境和出境三大旅游市场来看，未来五年，旅游与文化的深化融合将加速国内旅游特别是都市休闲和乡村旅游的发展，旅游活动更趋日常化、休闲化和品质化。常态化的旅游、文化和休闲活动将成为未来较长一段时间内提升国民尤其是青少年综合素养、传承红色基因、增强文化自信的主要方式。受益于不断恢复的国际经济、持续加大的中国对外开放格局和以"中国梦"为载体的新型国家形象，以及越来越便利化的签证、边检和免税退税购物政策，入境旅游开始进入全面恢复增长新通道。在居民收入稳定增长、签证便利化、航线增加和国际商务活动持续增长等因素的带动下，出境旅游将保持稳定增长态势。

表 1　2017—2022 年主要旅游统计指标预测

指标	2017 年	2020 年规划数	年均增速（%）	2022 年预计数	年均增速（%）
国内旅游人数（亿人次）	50.01	64.00	9.86	80.00	9.9
入境旅游人数（亿人次）	1.39	1.50	2.28	1.56	2.3
出境旅游人数（亿人次）	1.31	1.50	5.09	1.68	5.2
旅游业总收入（万亿元）	5.40	7.00	11.18	9.00	11.0
旅游业综合贡献率（%）	11.04	12.00	—	12.30	—

纵观改革开放四十年来，从旅游资源大国到旅游大国，再到旅游强国的伟大历程，中国旅游业取得了举世瞩目的历史成就：从国家战略要求到社会广泛参与，从完成部门任务到行业主动作为，从少数人的享受到国民大众的日常消费，从少数几家旅行社、星级饭店和A级景区，到涉旅市场主体的创业创新，特别是近年来实施的全域旅游、“旅游+”、厕所革命等新时代旅游发展战略，旅游稳步成为国民经济和社会发展的主战场，进入了国家外交的中心和文化交流最为活跃的舞台。

回顾改革开放四十年来旅游业的改革创新发展，我们可以从四个方面把握历史经验和思想演化的轨迹：始终坚持党对旅游业的领导，贯彻落实习近平新时代中国特色社会主义思想，特别是习近平总书记关于旅游业的系列重要论述；始终围绕国民经济和社会发展战略的现实要求，在创外汇、扩内需、促就业、精准扶贫、供给侧结构性改革、大国外交和港澳台工作等阶段性重点领域，主动担当，积极作为；始终服务国民大众对美好旅游生活的需求，把城乡居民的美好生活作为优质旅游的新动力；始终坚持市场化导向，深化改革、扩大开放，培育充满生机和活力的市场主体，形成大企业主导、中小企业合理分工、小微型企业创意创新的产业格局。

二、城乡居民丰富多彩的文化生活极大地丰富了当代旅游资源和产品体系

过去我们对旅游资源的理解主要是名山大川、江河湖泊、海洋海岛、森林草原、沙漠戈壁等自然资源。黄山、泰山、张家界、九寨沟、长江三峡、桂林山水、宁夏沙坡头、呼伦贝尔大草原、天涯海角、东北的森林和冰雪等都是旅游市场经久不衰的旅游吸引物。不少地方，特别是经济欠发

达地方的领导同志就旅游发展做指示时，喜欢说“旅游资源丰富”这句话，主要就是指这些自然资源，还有一些下面要谈到的历史文化资源。不可否认，这些山山水水是早期旅游业发展的重要资源，也是观光包价旅游团的主打产品，但是过于强调自然资源，很可能会陷入“圈山圈水收门票”的低水平发展陷阱而不能自拔。

过去我们对旅游资源的理解也有文化视角，但主要局限于历史文化、文物古迹，以及交响乐、管弦乐、芭蕾舞、民歌、民族舞、诗歌、小说、美术、电影、电视等艺术方面。有的地方为了某个名人故里而争得不亦乐乎，有的地方跑到深山老林里寻找史前岩画搞景区开发，有的名楼提出会背诵名篇者免门票。后来发现不对，游客好像越来越不买账了，感觉是“这届游客不行”。类似情况不仅体现在国内游客身上，外国游客也是如此。有一次陪海外买家团到访中原某城市，地方晚宴后安排嘉宾看演出，看什么呢?《胡桃夹子》! 可是这么经典的舞蹈，台下居然有人睡着了。倒是第二天看豫剧，尽管语言不通，两侧幕布上的译词也不够信达雅，可是他们整场下来都是兴致勃勃。海外游客到西安，一方面为兵马俑、大雁塔、古城墙而震撼，另一方面又为环境拥挤、不卫生、时尚感不足而抱怨。类似的事情经历多了，我们开始慢慢明白，旅游固然有教育和教化的功能，但毕竟不同于课堂教学，不同于博物馆、美术馆、科技馆、图书馆教育，不能总是一厢情愿地把自以为很高端的东西展示给游客看。旅游是异地生活方式的分享，教育的功能得让人在轻松的状态下不知不觉地接受。所谓“有来学，无往教”，所谓“无文不远”，古人诚不我欺也。

丽江、桂林等地“印象”系列实景演出项目，是早期文化与旅游融合的典型，也是旅游创造文化的代表。之所以能够取得初期的成功，是因为这类项目满足了团队、观光、包价旅游发展模式对山水和民族旅游目的地的文化期待，特别是对夜间娱乐活动的期待。随着人们旅游经验的丰富，游客越来越愿意在传统景区之外分享城乡居民的日常生活，也就是我们常说的旅游目的地的主客共享模式。过去发展旅游做好山山水水的自然资源和历史文物的人文资源就可以，现在必须要关注整个目的地的生活方式和当代文化。游客不仅要去剧场看京剧、听评弹，以获得与传统文化的零距离接触；也要去东方新天地看电影、去工人体育场看明星演唱会、去 798 欣赏现代艺术，以感受都市的时尚与现代；还会去什刹海、南锣鼓巷、大悦城这样的地方和本地市民共同创造新的文化。我还在欧洲等地推广我们独有的广场舞，并邀请海外的朋友一同感受。事实上，京剧、美术、电影是文化，酒吧、KTV、广场舞也是文化啊。对于大多数游客来说，更愿意接受这些根植于当代城乡居民生活的当代文化，日常的、活的文化，可以触摸和感受的文化。借用网络语言来说，就是得让人们“有感”。文化有感了，才能使文化遗产既保护好，又火起来。

传统文化和现代文明是社会主义核心价值观的主要表现形式，是国家软实力的核心组成部分，为旅游发展和目的地建设提供了必不可少的内容。文化是旅游的灵魂，旅游是文化的载体。离开了传统文化与现代文明，只有自然资源，旅游体验肯定是不完善的。离开了社会主义核心价值观的主导，旅游的文化灵魂也无法得到有效的体现。在一个融合发展的时代，城乡居民丰富多彩的当代文化极大地丰富了旅游资源和产品体系；游客对美好生活的需要，对异地生活方式和日常文化消费的分享需要，极大地拓展了文化传承与创新的空间。旅游为文化传承提供了新的空间和新的渠道，也为文化创造注入了新的动力。

三、人民群众的创业创新直接促进了旅游市场主体的发育和产业格局的优化

旅游集团、产业投资机构和创业企业一直注重旅游与文化、创意、科技的融合创新。岭南集团以都市休闲理念为指导，在珠江边上打造深受游客和市民喜爱的岭南五号酒店，既活化了城市记忆和民俗文化，又丰富了旅游住宿供给的类型，取得了经济效益和社会效益双丰收。方兴未艾的民宿酒店，不论是在城市，还是在乡村，无一不打历史活化和文化创意的牌。国际知名的迪士尼、环球影城、杜莎夫人蜡像馆，以及国内的华侨城、欢乐谷、海昌海洋世界、长隆野生动物园、华强方特等主题公园，以及北京的798、上海的田子坊、成都的宽窄巷子、福州的三坊七巷等，本身就是游客喜闻乐见的文化空间。还有几家年轻人创立独角兽企业也很活跃，比如驴妈妈旅行网创始人洪清华先生倡导并实践的“旅游IP”，分享住宿的途家联合创始人兼CEO、斯维登集团董事长罗军先生所倡导的“时尚生活”，海昌海洋世界创始团队所践行的海洋动物保育理念，马蜂窝创始人陈罡先生推动的互联网社区互动文化，都是文化、旅游和互联网融合成长的成功案例。

从旅游市场主体和产业格局来看，以旅行社和线上旅行分销商为代表的旅游服务业，以星级酒店为代表的旅游住宿业，以A级景区为代表的旅游接待业仍然是典型的旅游业态，但是对旅游经济的总体作用在相对下降。全国星级酒店只有1.3万家左右，而旅游住宿业、乡村旅游住宿接待设施和潜在的分享住宿供给单元则分别是30万、180万和6000万。正式注册的旅行社只有2.7万家，但是票务代理、旅游和休闲俱乐部加起来则超过10万家，这还不包括承包、挂靠的旅行社门市部。规模以上的旅游

景区，全国有 2 万家，但是除了故宫等少数热点景区以外，大多数 A 级景区潜在或现实的年接待量并没有明显的增长，而开放性的历史文化街区、城市公园、郊野公园、主题公园则呈持续增长的态势。实际上，旅行俱乐部、民宿、乡村旅游接待场所、主题公园、消费场景重构等新型业态，携程、中旅、锦江等大集团主导，加上社会资本、新兴科技和文化创意的力量，照耀了旅游的星空，重塑了产业格局，旅游正在连接中国，也在改变世界。我国全球最大旅游市场地位将更加稳固，与旅游业发达国家的差距明显缩小，在全球旅游规则制定和国际旅游事务中的话语权和影响力明显提升。

消费主体的需求升级与市场主体的创业创新耦合的结果，极大延展了旅游业的时空观。夜间旅游、度假游、避暑及冰雪旅游等潜在旅游需求已初具规模，将成为未来推动旅游发展的新潜力和新动能。从小尺度的时间单位——“一天”来看，以往我们更多关注于游客的日间活动，忽视了游客的夜需求。基于大数据的调查表明，很多年轻人在网上预订酒店房间的同时会订一张当地的电影票，以满足其夜间游玩需求。无论是观光还是度假，游客的体验都应该是昼夜连续的，但事实上却因为针对夜间需求的产品供给不足，而使游客的夜间体验往往囿于酒店或客房内。游客希望在夜间继续体验异地的别样生活，甚至出现了这样一群青年白领游客群体，他们“上午睡觉、下午溜达、晚上疯玩”。游客对夜间旅游休闲的需求自然就催生出夜间旅游这一新的旅游方式，既包括当前已形成一定规模和影响力的都市夜游，也包括还有待进一步开发的乡村夜游。从中尺度的时间单位——“节假日”来看，节假日出游时间被拉长，为中远程旅游提供了更大的发展潜力，这其中尤其包括要求时间较为充裕的度假旅游。“世界那么大，我想去看看”，拼假被越来越多的年轻游客所推崇。近两年，各种拼假攻略在网上广为流行，通过对“十一”、春节黄金周进行前移后延，原本七天的假期，就可以变成约两周的假期。从更大尺度上的时间——“季节”来看，旅游出游的季节更加均衡，夏季和冬季出游需求不断释放。以往春季和秋季因气候适宜成为人们外出旅游优选的季节，然而伴随着游客收入水平的不断提高和旅游需求的旺盛，越来越多的游客在夏季有了避暑的需求，在冬季有了体验冰天雪地的需求，于是催生了避暑旅游和冰雪旅游新市场。

四、以人民为中心，切实增强游客、企业和社区居民获得感

文化和旅游共融共生，不可分割，都是为了满足人民对新时代美好生活的需要。这次国家机构改革决定组建文化和旅游部，将为文化事业、文化产业和旅游业发展带来重大机遇，社会各界也有很多期待。旅游业发展必须坚持习近平新时代中国特色社会主义思想，贯彻落实习近平总书记关于文化和旅游工作的系列重要论述和工作部署，坚持以人民为中心，以美好生活为新动力，重点解决人民对美好旅游生活的追求与旅游产业发展不平衡、不充分的矛盾。大力发展全域旅游，加快文化和旅游融合，实施优质旅游新战略，稳步提升国家旅游形象和文化软实力，不断增加人民群众的旅游获得感。

新时代要进一步释放大众旅游需求，激活数量巨大、类型多样、丰富多彩的文化资源存量，迈入文化产业化发展新阶段。党的十八大以来，中央关于繁荣发展哲学社会科学、繁荣发展社会主义文艺、中华优秀传统文化传承发展、深化文化体制改革、推动文化大发展大繁荣、建设新时代中

国特色文化软实力等一系列决定和意见，为新时期文化和旅游融合发展指明了方向。养老旅游、研学旅行、房车旅游、邮轮旅游、定制旅游、文化与时尚旅游，面对众多的旅游新需求，特别是目的地生活方式的深度体验需求，文化、旅游、生态等部门和地方政府要有新思维和新动能。博物馆在陈列、展览和教育的功能之外，最好让游客和市民有机会与展品多些亲密接触。我在海外到访过许多博物馆、美术馆和展览馆，印象深者有三：一是纽约大都会博物馆，纽约州立大学在此举办庆典，来宾端着冷餐和酒水在霸王龙的骨架下交流。青年学子一色的黑西装、白衬衣，在清冷的灯光下，打着响指表演无伴奏合唱，那种洋溢的青春对话古老文明的既视感，着实令人终生难以忘记。二是古根海姆，那么有名的当代艺术馆，就建在街边上，随便买张票就进去了。爱看多久就多久，来回看也没关系，累了坐着休息会儿或者去喝杯咖啡，感觉就像逛购物中心似的，就是都市日常生活的有机组成部分。人动起来了，文化就活起来了。三是韩国济州岛的泰迪熊博物馆，三层小楼，陈列的都是各个时期的经典款和创意版本，既有小件单品，也有大场面制作。特别是底层的购物空间，布置和陈列都很讲究，访客多多少少都会购买一些留作纪念。可以说以商业的模式把文化做到了极致，也可以说以文化的名义把商业繁荣了起来。事实上，文物最初都是有功能的，文化是用来教化民众的。如果失去了功能和受众，就像无人居住的老宅子，除了衰败，也就徒留繁华的记忆了。可是游客要的是美好生活，要的是触手可及的温暖啊。从这个意义上说，释放国民大众的旅游需求，就是对文化赋能，以旅游业多年探索、行之有效的市场观念和产业思维来发展文化事业。

全方位、多角度推进“旅游+”，进一步促进全域旅游时代的文化和旅游融合发展战略，为文化和旅游市场主体的发育成长营造更加有利的市场环境。2018 年 3 月 9 日，国务院办公厅印发了《关于促进全域旅游发展的指导意见》，提出八个方面的重点任务，做什么和怎么做都已经明确了。从旅游目的地的角度看，塑造与维护旅游形象、完善旅游基础设施与公共服务、培育市场主体和优化商业环境是关键。从各地旅游发展格局来看，市场主体和商业环境是主要短板。不能一说发展旅游，就是开大会、发文件、做规划、部门分工与检查这套行政动员的老路子，而是要动员社会力量特别是商业机构参与到旅游发展进程中来。面对方兴未艾的大众旅游需求，要想把丰富多彩的资源存量转化为现实的旅游产品，就得有旅行社、线上旅游代理商等旅行服务业态，星级饭店、宾馆、酒店、民宿、汽车旅馆等旅游住宿业态，A 级景区、主题公园、博物馆、美术馆、科技馆、历史文化街区等旅游景区业态，免税店、购物中心、精品店、工厂店、创意坊等旅游购物业态，餐馆、酒吧、茶馆、咖啡馆等旅游餐饮业态，戏剧场、电影院、公园、广场等文化休闲场所，以及地铁、出租车、公交车、共享单车所构成的目的地交通体系。这些目的地接待体系的完善，得有政府的公共投入，更得有成千上万的企事业单位的支持。理论和实践都一再证明，企业有钱可赚的供给才是最有保障的供给，充分竞争的市场才是让消费者有品质获得感的市场。按照中央的部署，进一步营造有利于文化和旅游企业发展的营商环境，坚定不移地走市场化和产业化的发展道路，通过更大力度的财政和金融政策来支持旅游企业的创业创新。

以优质旅游为导向，让文化、艺术、时尚、科技和绿色引领旅游走进新时代，让游客、企业和社区居民在旅游发展中有更多切实的获得感。在基本解决了国民旅游权利普及或者说“有没有”的问题之后，广大游客在旅游经验累积的基础上，进一步提出了旅游品质或者说“好不好”的要求。游客希望目的地是真正意义上“主客共享”的生活空间，最大限度地释放平等、善意与包容；希望旅游资源开发、市场推广、产品和服务更有文化底蕴，游客行为更加文明；希望行前预期与游后感知相一致、质量与价格相符、承诺的要兑现；希望生命、财产和旅游中的合法权益受损时能获得及时的司法救济、行政救济和社会援助。人民对美好生活的向往，就是新时代文化和旅游战线的奋斗目标，就需要以习近平新时代中国特色社会主义思想为指导，不断提升游客满意度和旅游业发展质量。

在强调游客权利的同时，还要综合考虑企业经营和社区发展的权利。早期为了实现创汇、扩大消费、拉动经济增长等国家战略，集行业、地区乃至全国之力办旅游，不计成本地上项目、铺摊子、造声势。现在发展优质旅游不仅要算经济账，还要算社会账：企业有没有回报？导游、酒店服务员、一线演艺人员有没有职业尊严？当地居民有没有通过旅游而获得就业、收入、教育和公共服务的增量？文明旅游有没有提升？红色旅游教育有没有得到充分的落实？对这些问题的探索与实践，都需要文化和旅游部门在习近平新时代中国特色社会主义思想的指引下，以更高的政治站位和更好的治理能力，加强理论建设，形成广泛的社会共识：文化和旅游既不是并列关系，也不是上下级关系，而是共融共生的一体。做好文化和旅游资源普查、市场研究和产业分析工作，明确文化和旅游融合发展的目标、路径与方法。坚持以人民为中心，统筹考虑事业与产业、市场与政府、游客与居民、国际与国内的多重诉求，稳步开启文化和旅游融合发展新时代。

（原载《中国旅游评论》2018 年第 1 辑）

机构改革背景下的文旅融合何以可能*

——基于五个维度的理论与现实分析

崔凤军　陈旭峰

文化与旅游的关系是一个“老话题”。20 世纪 80 年代中国旅游学研究一萌发，就有从历史、文化、地理等学科转行做旅游研究的学者，从旅游资源、旅游活动、旅游产品、旅游服务等多个方面研究文化与旅游的共生关系。[①] 文旅产业融合又是一个“新话题”。进入 21 世纪，旅游业的兼容性特征已经充分显现，对其他产业的依赖也使得旅游业发展进入了一个新的发展阶段，共生共荣的理念开始建立。2008 年金融危机之后，旅游业被国务院定位为“国民经济的战略性支柱产业和人民群众更加满意的现代服务业”[②]，由当时的国家旅游局主导，旅游部门开始与农业、林业、

* 基金项目：本文系 2019 年度浙江省哲学社会科学规划课题“机构改革促进文旅融合：测度、机制和路径研究”（19NDJC134YB）阶段性研究成果。

① 参见周盼、李明德《旅游文化是旅游理论研究的重要课题——旅游文化座谈会纪要》，《旅游学刊》1991 年第 1 期。

② 《国务院关于加快旅游业发展的意见》，《理论参考》2012 年第 9 期。

国土、文化、水利、体育等部门开展合作，旅游业的综合产业特征和带动作用日益显现。

文旅深度融合则是一个“新课题”，2018 年国家决定组建文化和旅游部，由此“文旅融合”从过去多年来的学理性探索开始迈入实践性操作。“文旅融合”随之成为 2019 年度研究领域的“热词”，各类研究层出不穷。但仔细梳理后发现尚有三方面不足：一是概念界定不统一。由于文化具有多元性、多层次性，缺乏精确的边界，学者对“何为文化”这一元概念的理解充满歧义，内涵与外延不统一，导致文化概念极易泛化。从学理层面看，文化的概念、内涵、范畴十分宽泛，可以涵盖人类活动成果的所有内容；从实践层面看，文化行政管理部门理解的文化往往局限于文化设施、文化活动等具体管理服务内容。旅游行政管理部门希望让旅游插上文化的翅膀，从某种意义上讲，这是原先的文化行政管理部门力所不能及的。二是研究视角单一。多数学者是从旅游的功能与产品出发，集中论述旅游资源、旅游产品、旅游服务、旅游设施、旅游活动与文化的关系。这反映出一个重要规律：从资源来看，文化资源往往是旅游资源的上游，“上游不关注下游而下游密切关注上游”是一种独特的“资源占有”的传统思维。三是缺乏文旅行政管理机构整合带来的影响研究。一旦文化与旅游之间的界限打破了，其外溢效应将日益凸显，但从现有文献来看，缺乏文旅行政管理机构的整合对促进文旅产业发展的影响方面的研究。本文从功能、资源、市场、行政、人才五个维度分析探析了文旅融合在理论和现实层面的可能性，以期对在机构改革背景下更好实现文旅融合提供帮助。

一、功能维度：文旅融合是价值和精神的契合

文旅融合在价值和精神层面的契合主要体现在文化和旅游在功能和价值的一致性上。文化是人类的价值创造，是一个民族的精神和灵魂，是国家发展和民族振兴的强大动力，天然具有吸引物属性。旅游是人类追求精神享受、满足对于外部世界好奇心的重要方式，其价值既表现在旅游者追求的精神享受和文化熏陶上，也表现在旅游的文明传播功能、文化交流功能和友谊增进功能中。文化和旅游统一于人的全面和自由发展，两者在功能和价值上是相统一的。

“何为文化”是一个不太明确的概念。或者说，要想给文化下一个准确或精确的定义，确实是一件非常困难的事情。在西方，关于文化一词的概念，学者们一直持有多种非常不同的观点，例如，英美学者将文化理解为既定事实的各种形态的总和，即将文化视为人类创造的物质和精神成果的总和，常常将 civilisation 指代为文化；德国学者则将文化理解为一种以生命或生活为本位的活的东西，或者说是生活的样态，常用 culture 指代文化。[①] 国内关于文化概念的界定也是处于一种“百花齐放、百家争鸣”的状态，哲学、社会学、人类学、历史学和语言学等学科都试图从各自学科的角度来界定文化的概念，但各个学科之间并没有在文化概念上达成一种共识。同时，文化又是一个很容易被泛化的概念。人的身份不同，出身不同，职业不同，对文化的理解也不同。不管“文化”有多少定义，有一点还是很明确的，即文化概念的核心是人。文化既包括“由内而外”的“以人化文”的过程，这反映出了人创造文化、改造文化的特性；也包括

① 参见张岱年、程宜山《中国文化与文化论争》，中国人民大学出版社 1990 年版，第 1 页。

“由外而内”的“以文化人”的过程，这反映出了人享受文化、受制于文化的特性。文化概念以人为核心的特征决定了文化的最终目标是追求人的全面和自由发展。

“何为旅游”则是一个明确的概念。究其本质，当前大家普遍认可的观点是“体验”。根据发生学原理，旅游起源于人们对全面发展的追求，促进人在认知、能力、社会关系等方面实现自由和全面发展。旅游促进人的全面发展有着坚定的进化论基础，是一个科学的命题。人类史的演进过程，可以看作一个不断从物质束缚中解放出来，逐步实现人的自由的过程。社会发展的终极目标是人的全面发展，这是马克思唯物历史观的基本观点，人类旅游活动的发展也是如此。在生产力低下、人与人之间是一种依附关系的时代，人们为了政治和生产的目的迁移、奔走，如战国时苏秦、张仪游走列国，合纵连横，严格来讲是不能称为旅行或者旅游活动的。随着生产力的发展，人的社会关系从人身依附走向人对物的依附，人们有了一定的闲暇，有了一定外出活动的自由时，真正的旅游活动才发生。北宋张择端的《清明上河图》就是当时节日旅游盛况的一个缩影。但是，这一时期人们的旅游活动是有局限的，没有形成较大规模的旅游产业。究其原因，一是生产消费能力普遍不足；二是农耕经济背景下社会的分工分化程度较低，人的能力处于低水平但较全面的状态，旅游的内驱动力不强。直到生产力高度发达，进入了社会高度分化的时代，人的社会关系脱离了对土地的依附，这时真正的旅游产业才开始形成。

当代旅游业的发展与社会分工的发展有着本质的联系。旅游作为一种当代文化现象，随着消费社会的崛起而日益大众化，其背后存在着一种基于人为了逃离技术理性规训的生命冲动。研究表明，旅游起源于人类进步的手段所造成的片面化和人的全面发展的本质力量之间的矛盾。[①] 马斯洛需求理论告诉我们，只有当人的生理需要、安全需要、交往需要得到满足以后，才会产生尊重、自我实现的需要。旅游的功能，正是帮助人们实现开阔视野、感受自然社会风情之美、愉悦身心的目的。因此，旅游的需要属于尊重、自我实现层面的需要，它必然建立在一定的生产力和生产关系的基础上。社会的分工越片面，从事的工作越单一，休闲的需求就越强烈，旅游业发展潜力就越大。可见，旅游活动本质上是一种对自身全面发展的追求。

如果说人的全面发展包括个人能力发展、社会关系发展和个性发展等若干方面，那么文化既是人类自身的创造成果，又反过来影响人类的自身成长。而旅游在满足人的好奇心、丰富个性提升主体性、寻找栖息地增进归属感、改善和增强人际交往关系等方面，具有十分重要的价值，就如同《马尼拉世界旅游宣言》中指出的："旅游是人类实现自我精神解放的重要途径。旅游的本质就是要让人们通过观光、休闲、度假等开阔视野、增长见识、陶冶情操，实现精神愉悦。"[②] 由此可见，文化与旅游在价值层面尤其是精神层面具有"同一性"，就是满足人追求自由的本性，实现人的全面发展。

二、资源维度：文旅融合是内容和形式的结合

文旅资源维度的融合主要体现在文化对旅游的贡献上。文化让旅游的

---

① 曹国新、宋修建《旅游的发生、发展及其本质——一种基于发生学的考察》，《华东师范大学学报（哲学社会科学版）》2004 年第 3 期。

② 参见于文兰编译《国际旅游机构指南》，旅游教育出版社 1996 年版，第 217 页。

内涵更加丰富、更富魅力。从资源和产品角度分析，文化和旅游似乎从来就没有分开过。历史上无论是皇帝“巡游”还是官僚“宦游”，抑或是文人雅士“游学”，以及僧侣“游方”，文化和旅游就是一对孪生兄弟，你中有我、我中有你，两者有强大的融合力、天然的亲和力。传统的文化资源并不天然是旅游资源，但文化遗产天然具有吸引物属性。文化是一个包含多层次、多方面内容的统一体系，诸如哲学、宗教、政治、科学、文学、历史、艺术、风俗等。这些内容并不天然具有吸引物特性，也不见得对普通旅游者有吸引力。与旅游资源直接发生关联的是作为文化的“物”。一个具有独特文化特征并可识别的文化区域，或者更大尺度的文化泛区，因为存在大量的不同于游客惯常生活环境的文化细节即文化特质，从而具有了某种吸引力，进而随着旅游业的诞生而成为旅游目的地。例如，博物馆是典型的文化资源，但英国把博物馆变成了非常重要的旅游观光产品。作为世界博物馆的发源地，英国博物馆业十分发达。反观中国，多数博物馆因为博物馆的可看性、趣味性比较差，展陈方式陈旧，互动性严重不足，难以进入旅游市场。博物馆停留在“文化事业”身份上，长期以来收入维持以财政拨款为主、服务对象以当地居民为主。但可以预期的是，随着我国地方政府财政实力的增强，尤其是文旅融合对于传统文化系统理念的冲击，以及展示技术的提高，将会出现更多的可圈可点的博物馆旅游产品。2019 年春节在北京和上海的带动下，博物馆旅游就成为热门旅游景点，“博物馆里过大年”正在成为一个“新年俗”。

赋予风景资源以文化内涵，使得自然旅游资源与其他同类型资源区分开来，增强显示度、区分度，才能在激烈的市场竞争中杀出重围。泰山、黄山、庐山、武夷山等都是山岳型风景区，风景虽有不同，但文化是标签，是吸引顾客、宣传营销的“卖点”。位于美国和加拿大交界的尼亚加拉大瀑布，是世界上最壮观的瀑布美景之一，但不可思议的是，在旅游市场上尼亚加拉却意味着“蜜月之都”。[①]原来，在尼亚加拉出名之前，法国皇帝拿破仑的兄弟吉罗姆，带着自己的新娘，不远万里从新奥尔良搭乘马车来到尼亚加拉瀑布度蜜月后，在尼亚加拉瀑布就兴起了蜜月狂潮，欧洲人都希望在这里度过婚后的甜蜜时光。蜜月产业至今依然兴旺，美丽风光加上蜜月文化，成为尼亚加拉大瀑布的核心竞争力。文化创意在某种程度上可以成为旅游 IP，文艺是一种复杂的精神劳动，艺术家个人的创造精神一旦与旅游市场相结合，便会迸发出惊人的力量。例如，宋城集团推出的“宋城千古情”系列演出，成为这个民营旅游企业的核心竞争力；故宫推出乾隆系列微信表情包，让故宫成为“网红”；哈尔滨常年推出哈尔滨国际冰雪节，将“冰天雪地”打造成金山银山。

旅游服务环节同样需要文化的积淀。例如，饭店行业是典型的服务领域，不仅需要技术和态度，还需要文化这个最高标准。魏小安 20 年前曾经总结过旅游星级饭店的基本要求：一星级要求是卫生、二星级要求是亲切、三星级要求是舒适、四星级要求是豪华、五星级要求则是文化。[②]文化是旅游服务的最高境界。总台、大堂副理、餐饮服务、客房服务等各个环节岗位都需要有文化、有技能、有情操。再如餐饮服务，消费者对于色、香、味、形的要求也是文化，所谓“食不厌精、脍不厌细”。海底捞开一家火一家、经久不衰，拼的就是舒心、全面的服务，海底捞已经形成了独具魅力的餐饮火锅店文化。

从文旅高质量发展的角度分析，现在人民群众对文化和旅游的需求已

---

① 参见［英］约翰·厄里、［丹麦］乔纳斯·拉森《游客的凝视》(第三版)，黄宛瑜译，格致出版社、上海人民出版社 2016 年版，第 77 页。

② 参见魏小安《目击中国旅游》，河北教育出版社 2001 年版，第 71—78 页。

经从“有没有、缺不缺”的阶段发展到了“好不好、精不精”的阶段，为适应文化和旅游供给主要矛盾的变化，必须从追求数量转到质量和品质的提升上来。[①]当前，中国虽然是旅游大国，但还远算不上是旅游强国，一个显而易见的问题在于旅游产品的质量不高、游客体验质量不佳。在全国的景区中，一方面，很多景区面临严重的“同质化”现象，运营非常困难，处于亏损状态。另一方面，景区的中高端产品又严重供给不足。例如，在最具中国特色的古镇之中，无论是商业化开发比较久的丽江、凤凰等古城，还是新崛起的旅游特色小镇，街区业态大同小异，充斥着一样的非洲手鼓、酒吧、银饰店，还有来自义乌的雷同的旅游纪念品。走过一家就等于全走过了，游客体验感不佳、重游率低在情理之中。

如果就此认为“文化是旅游的灵魂”，似乎也简单粗暴了点。张朝枝等人针对“文化是旅游的灵魂”做了反思，认为：文化元素在旅游活动中非常重要，但只有经过充分解说与合理展示、让文化不断“活化”、能够让游客真正感受到的文化，才能发挥“灵魂”的作用。[②]其实，文化内涵并不是旅游景区提升吸引力的必然途径。很多旅游景区文化厚重却门可罗雀，不来后悔，来了更后悔，走了绝不会再回头。对于休闲型游客而言，景区的文化越厚重，带来的压力就越大，越不符合游客的旅游心理需求。可以说，文化只是解决了一个“想来看”的卖点问题，如果内容形式表达不到位，好看、耐看、回头看的后续问题没有解决，可欣赏、可享受、可回味的问题没有解决，“文化是旅游的灵魂”也只是一句空话，自然风光型景区的重游率远远高于纯文化景区就是明证。

① 参见雒树刚《文化和旅游融合发展让文化更富活力　旅游更富魅力》,《社会治理》2019 年第 4 期。

② 参见张朝枝、孙晓静、卢玉平《“文化是旅游的灵魂”：误解与反思——武夷山案例研究》,《旅游科学》2010 年第 1 期。

三、市场维度：文旅融合是产业和行业的共生

文旅市场维度的融合主要体现在旅游对文化的贡献上。旅游让文化插上了市场的翅膀，飞得更高，看得更远，影响更深，活力更强。旅游是文化传播、传承、交流的载体和平台，更是推向市场、展现经济和社会效益的检验台。文化要实现更大价值，必须借助更多渠道。从文化的核心价值出发，文旅融合发展可以成为推进社会主义文化建设和文化强国建设的重要路径。

文旅产业融合的作用主要体现在三个方面：一是文旅产业融合可以更好地推动文化产业上规模、上层次，构建现代文化产业体系。旅游业是全球最大的产业，市场需求巨大，对文化的带动作用绝对不可轻视。文化一旦经过新的开发和包装进入旅游市场，随即便从对于本地居民的内在意义（tacit meaning）转换成了对于游客的外在意义（explicit meaning），其市场价值开始显现。尤其是全域旅游理念深入人心，各地区将全要素、全过程、全方位推出活着的文化旅游产品，势必促进文化产业规模的快速扩大。当然，旅游市场上容易出现的一个常见现象是：一旦文化全部或者绝大多数展现给游客，文化的内容便开始异化，往往从真实文化（authentic culture）变为“表演型文化”或者“假的真文化”[①]，将游客与当地文化、当地居民隔离开来。

二是文旅产业融合可以更好地推动传统文化的保护和传承创新。一旦进入旅游市场，文化就必须从虚拟化、抽象化、书本化走出来，走向实

---

① 参见［英］约翰·厄里、［丹麦］乔纳斯·拉森《游客的凝视》(第三版)，黄宛瑜译，格致出版社、上海人民出版社 2016 年版，第 71 页。

体化、景观化、具象化；从冷冰冰的物态，走向可亲可近可互动的“活态”；从传统的文化事业“静态”消费走向新的“动态”消费。实现这种转化的重要途径就是文化创意。英国是世界上第一个提出“创意产业”概念的国家，也是第一个提出创意产业政策推动创意产业发展的国家，首先在促进创意产业与旅游产业的融合中尝到了甜头：依托园艺文化推出园艺旅游，依托遗产文化推出工业遗产旅游，依托乡村文化推出田园乡村旅游。在这方面，中国也进行了很多实践和探索，例如，依托民宿文化发展民宿旅游，让更多的民间工艺、民俗节庆增强生命力；依托乡村文化发展乡村旅游、乡村度假，进一步激发乡风乡愁乡情；依托革命文化发展红色旅游，进一步弘扬爱国热情；依托丰富的民族文化，推出各具特色的民族风情旅游；依托中华传统文化发展研学旅游，促进优秀传统文化的挖掘、整理、普及和传播[①]；依托文化遗产资源，发展遗产旅游，让更多的物质文化遗产、非物质文化遗产，诸如国家文物保护单位、考古遗址公园、工业遗产地、历史文化名城名村等通过旅游市场进入寻常百姓视野。文化和旅游的边界一旦打通，也就打通了文旅产业的内在脉络。

三是文旅产业融合可以真正实现“文化搭台、旅游唱戏”，并可通过旅游交流平台，促进文化的交流交融，互鉴互学。20 世纪 90 年代，“文化搭台、旅游唱戏”是一种非常好的文旅融合经验，全国各地开展了一系列如火如荼的实践探索。但后来，众多专家学者批评“文化搭台、旅游唱戏”是“挂羊头卖狗肉”，加上文化和旅游部门的界河效应，使得文旅产业融合的尝试胎死腹中。现在我们又看到了新的机会：文化是一个地区的

---

① 一个案例是：位于浙江省的天台县作为浙东唐诗之路重要目的地，过去因为唐诗之路品牌很难产生旅游经济引力，旅游主管部门和行业的积极性不高，但自从教育部推出研学旅游项目之后，天台县看到了前景，各级各部门的积极性空前高涨。

特色竞争力，文化搭台，不但旅游可以唱戏，经贸也可以唱戏，教育、工业、招商引资都可以借机登上舞台。电影《魔戒》在全球引起巨大反响，新西兰抓住机会推介旅游，《〈魔戒〉摄影场景旅游指南》游客人手一份，新西兰旅游趁机唱了一出好戏。

中国是东方文明古国，文化就是最普遍的旅游资源，而旅游必将成为最广泛的文化市场。所谓“以旅彰文”，作为文化传承、传播、交流的载体和平台，旅游使得传统文化具备了市场吸引力，提升了文化的受众面，即从传统的市民扩展到了游客。文旅融合的核心目标是促进两大产业的共生共荣。从行业角度分析，文化产业与旅游产业具有天然交融的基因、互为因果的需求。文化促进旅游特色化、品质化，旅游提升文化的市场竞争力和影响力。可以预计的是，随着机构改革的持续推进，新组建的文旅部门持续发力，文化产业和旅游产业两大产业体系最终会形成一个全新的文旅产业体系。

四、行政维度：文旅融合是保护和利用的共赢

鉴于旅游业的综合性和兼容性特征，地方旅游部门与不同部门多有交集。近年来，地方旅游管理体制的改革实践一直没有停止过。根据旅游资源的突出特征，各地旅游部门与林业、农业、文化、风景园林、文物、商贸、外事、会展等部门都有过合署办公的尝试，但整体效果不佳。现代旅游产业自诞生始，就与文化联系紧密，但是长期以来，旅游与文化“只恋爱不结婚”，甚至为了一种理念而多年互相“仇视”、互不来往的现象一直存在，其原因就在于部门分割、利益分割、体系分割。文化和旅游部门之争主要集中在专家层面，文化专家和旅游专家在风景区索道该不该建、资

源如何利用、文化和历史遗产如何开发等问题上争论不止。旅游部门专家反对文化部门在文物文化保护中采取的极端保护主张，认为不能过于强调简单化、教条化的保护，其结果是文化变成了玻璃罩中的标本，让人无法充分亲近和感受，没有充分发挥其应有的社会价值，因而是一种“文化保守主义”；而文化部门专家反对旅游部门打着开发的名义不断破坏真文物、制造假文物。这种争论在一段时间内甚至是势不两立，影响了部门之间的感情，妨碍了部门之间的关系。现在回想起来，双方都有理由但缺乏理性，问题的关键不是理念问题而是能力和技术问题，当时限于条件并没有完备的技术能在不破坏文物价值的情况下实现保护与开发的协调发展。随着文化和旅游两大部门的合并、保护利用技术的提高，“相逢一笑”的局面在不远的将来就会实现。

在国家层面，旅游部门以一种特殊的方式实现了从副部级升格为正部级的多年梦想，旅游业的行业管理权威和部门协调能力大大增强。在省级层面，文化和旅游部门整合是强强联手，可以发挥“1+1 ＞ 2”的效应。在市县层面，文化和旅游部门融合之后的行政叠加效应，让原文化部门发现了旅游这个新战场，行政积极性大大增强。文化和旅游部门的整合可以带来很多的积极效应，主要包括：可以实现文化发展政策与旅游发展政策的叠加，让老百姓有更多的获得感，提升其作为幸福产业的覆盖面；[①] 各地政府的旅游发展资金、文化发展基金可以在一个部门内实现整合，更好地服务文旅产品的打造；文化用地政策与旅游用地政策叠加，可以更好地保障文旅项目用地；文旅招商、政府营销等市场推广，可以实现文化和旅游资源整合，形成新的合力；将原有的文化市场执法与旅游市场监管整合

① 五大幸福产业分别是旅游、文化、体育、健康和养老产业。

组建文化市场综合执法队伍，统一行使文化、文物、出版、广播电视、电影、旅游市场行政执法职责，对于形成良性互动的旅游文化市场是一个大利好。

但是，如果认为文化和旅游部门合并就万事大吉，文旅产业自然就融合了，这种想法同样是天真的、有害的。如前所述，文化并不是一个范畴十分明确的概念，文化与文化行政管理部门之间是存在很大差异的：原来的文化行政管理部门统筹管理包括图书馆、文化馆、艺术馆、博物馆等文化事业，而属于哲学、政治、制度、精神、价值观等领域的文化，分属于宣传、统战、发改、城乡建设、农业农村、民族宗教、广电体育等多个部门，需要党委政府进一步统筹协调。与此同时，我们也要充分认识到，文化和旅游部门的合并在带来正面效应的同时，也会产生一些负面效应。在机构改革之前，保护和利用的矛盾主要表现在文化部门与旅游部门之间，文化部门对保护工作和旅游部门对利用工作都是高度重视的，只是部门之间表现出了工作侧重点的不一致，这是由部门工作职责的不同造成的。而在机构改革之后，保护和利用工作进入了同一个政府行政部门，原来在“门外打架”演变成了在“门内打架”，这种矛盾的张力和冲突性会更加凸显。因此，在机构改革之后，如何处理好保护和利用的关系同样需要引起我们高度关注。

五、人才维度：文旅融合是供给和需求的匹配

人才是第一资源，培养造就一支高素质的文化旅游人才队伍是旅游与文化融合发展、文旅产业可持续高质量发展面临的首要任务。当前，旅游行业人才匮乏的局面依然十分严峻，主要表现在两点：一是旅游管理专业

毕业生大面积流失，旅游行业留不住人已经成为业内共识；二是新的旅游产业类型快速兴起，如民宿、特色小镇、乡村旅游等，对旅游经营管理人才需求大幅增加。根据中国旅游发展的历史进程分析，产生这种尴尬现象的主要原因在于两个方面：一方面是旅游职业地位的尴尬。改革开放以来，中国旅游业的发展经过了三个阶段。第一阶段，改革开放初期，中国旅游业的主要任务是“创造更多的外汇”；第二阶段，旅游业的定位从“外事接待”逐步过渡到“国民经济新的增长点”；第三阶段，大众旅游正式进入视野，旅游产业规模不断攀升。但尴尬的是，随着旅游行业规模不断扩大，旅游业地位不断上升，职业地位却急剧下降，旅游从业者的职业吸引力不断下降。据最近的职业市场调查，旅游业在所有行业中平均收入排在倒数第二位。另一方面是旅游学科定位的尴尬。20 世纪 80 年代旅游业快速发展，对人才需求十分强烈，各地各高校迅速响应，兴办了大批旅游专业，建院建系，但旅游专业的学科人才非常匮乏，不得不从相关学科转入教师。这致使旅游学术研究长期停留在“嫁接”和“交叉”上，杂乱无章、东拼西凑的问题较为突出，旅游学科自身的学术体系、知识体系、人才培养体系一直处于非体系化、非学科化的状态。旅游学科想“顶天”，却没有理论，无法指导学术探索。旅游学科想“立地”，却没有技术，无法让旅游专业毕业生掌握核心技能，对职业的信心严重不足，导致旅游专业毕业生普遍缺乏归属感。

文化人才的培养同样不乐观，很少有高校设置文化产业、文化创意等文化类专业，其原因在于三个方面：一是国务院学科目录中没有设置文化学科。有的学校把文化产业、文化创意等专业放在文艺学，有的放在管理学，致使文化的学科地位非常尴尬。二是对教师队伍要求很高。没有哪个二级学科能依靠自身力量解决包括艺术设计、文化鉴赏、产业经济等跨学科的专业教师队伍。三是学生就业指向不清晰。文化专业毕业生虽然知识面广，但是专业性不足，人才适应性不强，从而导致就业困难。

随着国家对文化产业的投入不断增加，产业规模、人才需求不断增强，人才供需脱节的问题可望通过文旅结合方式来解决。如果文创专业与旅游管理专业融合，形成一个文旅学科，这将是中国特色学术研究的原创性贡献。可以预计的是，文旅融合将为新型人才的培养带来革命性变化。文旅专业招生将为行业培养既懂文化又懂旅游的专业化人才队伍，解决人才培养与市场需求脱节的结构性失衡问题，新兴的文旅学科专业建设将进入快车道。中国文旅专业人才培养体系问题有望在文旅部门和高等院校、文旅企业的共同努力之下得到破解，将有越来越多的优秀文旅人才脱颖而出。

（原载《浙江学刊》2020 年第 1 期）

论文化和旅游融合的内在逻辑*

傅才武

2018年3月，中国文化部和国家旅游局合并设立国家文化和旅游部，这就提出了文化和旅游融合的理论命题。王韬钦认为，文化与旅游的关系并不必然是融合关系，在发展阶段和功能性质上都存在差异性，在看到文旅互补性的同时不能忽视二者在特殊阶段的差异性。[①]张朝枝从身份认同的视角探讨了文化与旅游的关系，认为寻找文化身份认同是旅游与文化关系的起点。[②]这一观点要比"文化是旅游的基础和主要内容，旅游是传播和宣传文化的载体和媒介"这种将文化视为旅游内涵开掘和外延拓展的观点前进了一步，但仍然没有从逻辑体系上说明文化与旅游融合的内在规律。国外学者的研究中，Palmer C. 以温斯顿·丘吉尔爵士（Sir Winston Churchill）故居为案例，探讨了物品作为身份标识的作用。[③]还有

* 基金项目：中央财政国家重点研发计划（2017YFB1400400）。

① 参见王韬钦《文化振兴视阈下乡村文化旅游融合发展的内生逻辑及路径选择》，《科技促进发展》2018年第12期。

② 参见张朝枝《文化与旅游何以融合：基于身份认同的视角》，《南京社会科学》2018年第12期。

③ Palmer C., "Touring Churchill's England: Rituals of Kinship and Belonging", *Annals of Tourism Research*, No.2, 2003, pp.426-445.

论者认为，旅游导致的文化遗产损害、文化真实性流失、文化被过度商品化等，会引发“代际公平”问题，如文化遗产地免费开放问题就引发了学界激烈的讨论。[①] 西方学界在20世纪90年代就提出了文化与旅游之间“合作伙伴还是竞争对手”的命题，认为“对保护有益的未必对旅游有益，对旅游有益的却极少是对保护有益的”[②]。加拿大学者鲍勃·麦克切尔（Bob Mckercher）等人认为，尽管旅游能够带来振兴当地传统文化、改善当地基础设施和对文化遗产的重视等六大好处，但也存在文化资源被过度使用、地方对旅游经济的过度依赖、旅游者行为不当引发文化冲突、对文化财产失去控制、文化资产的实质性恶化等七大风险。[③] 在埃及，随着每天成千上万的游客涌入，“就连看起来坚不可摧的吉萨金字塔也在遭受苦难”，“大众旅游的文化影响是众所周知的，如果一个地区持续有粗鲁和懵然不知的游客涌入，其不仅会对遗产地造成大量的物理压力和破坏，还有可能摧毁当地社会的文化价值观”。[④] 如果文化遗产保护者与旅游从业者之间互不认同对方的价值，就会存在明显的角色冲突。

从技术性层面看，文化可以作为旅游的吸引物，因此文化与旅游在项目和市场上可以实现无缝对接；但从哲学层面上看，文化和旅游是人类社会中两种不同的行为方式，都具有其特定的发展轨迹，二者没有必然的因

---

① 在2007年的博物馆纪念馆免费开放政策研究和2018年文物资源资产管理制度研究中，笔者就参与了学界对于有关概念、范围和标准的讨论。学界存在较大的分歧，争论激烈。

② [加]鲍勃·麦克切尔、[澳]希拉里·迪克罗斯:《文化旅游与文化遗产管理》，朱路平译，南开大学出版社2006年版，第13—14页。

③ 参见[加]鲍勃·麦克切尔、[澳]希拉里·迪克罗斯《文化旅游与文化遗产管理》，朱路平译，南开大学出版社2006年版，第67—68页。

④ [比]维克托·A.金斯伯格、[澳]戴维·思罗斯比:《艺术与文化经济学手册》，王家新等译，东北财经大学出版社2018年版，第285页。

果关系与依存关系，所以两者的融合并无必然性。因此，追溯文旅融合背后的价值生成机制和相关政策的理论来源，必须深入讨论文旅融合的内在逻辑。

一、从文旅消费行为到个体文化身份认同：一个解释模型

如果仅仅从文旅融合的商业价值着眼，既无法解释文化和旅游行业为什么要作为一个相对独立的社会部门存在，也难以说明文化和旅游融合的必要性。文化和旅游融合，不是为融合而融合，而是要实现文化和旅游两大主业发展基础上国家文化身份建构的目标，因此，梳理文旅融合的内在逻辑，需要追寻到个体文化身份和民族文化认同之间的深层关系。

（一）文旅融合：文化行业和旅游行业在主体发展基础上相交于“身份认同”

文化和旅游融合并不是要消除两大行业赖以确立的行业领域边界，抹平文化和旅游部门的行业属性。事实上，文化行业和旅游行业各有自身所依赖的技术类型、管理规范和政策逻辑，因此存在明确的行业边界。如果不承认文化和旅游的行业性质差异，所谓文化和旅游融合的命题就不能成立。因此，文化和旅游的融合，是承认差异、尊重行业主体特质基础上的“有限融合”。文化与旅游的融合，既不能理解为“文化 + 旅游”的简单连接，也不能理解为文化和旅游行业的“全体合并”，而应是旅游者主体与文化旅游的客体（旅游目的地、吸引物等）之间的互动关系建构。文化行业和旅游行业作为人类社会两种形式的需求类型和社会组织系统，对应着人类社会不同的管理技术系统，它们在社会分工的“山脚下”分开，而

在文化身份和文化认同的“山顶上”汇合。

何为文化认同?“文化认同是人类对于文化的倾向性共识与认可”，“这种共识与认可是人类对自然认知的升华，并形成支配人类行为的思维准则与价值取向”。[①] 笔者以为，文化认同就是处于不同族群中的社会成员对于某种文化共同体的一种肯定性心态和一种稳定的心理结构。

人作为价值动物，其文化行为既是日常生活意义又是“自我”建构的路径。而旅游作为一种人的基本权利，是一种通过对社会和自然界的体验实现自我认识的方式，旅游的过程也是“自我”发现的过程。在现代高度物质化的社会中，日益原子化的个体出于对“自我”身份认同的需求，通过旅游来寻找个人与自然、个体与族群之间的联系，从而完成自我身份的建构，因此，旅游过程中个体的情感性体验即是个体文化认同过程。在旅游过程中，文化形式变化为旅游体裁的价值符号，形成个体旅游者与旅游体裁之间的价值连接，这就是文化与旅游融合的外在形式。

伯德·施密特的战略体验模块理论认为：旅游体验由感官、情感、思考、行动和关联五个体验模块构成。其中，感官体验、情感体验和思维体验可视为个人体验，基于个体的生活经验；但情感体验、思维体验同时与行动体验和关联体验又是共享体验，必须与相关群体互动才会产生，因而是一种文化体验，必须在文化共同体中才能完成。在当代中国，在人民生活水平日益提高的大背景下，文化和旅游行为逐渐成为社会成员特别是日益壮大的中产阶级进行自我完善、定位身份、表达诉求的标签性活动。一方面，文化让旅游具备了身份标签的符号意义，另一方面，旅游又为旅游者建立个人的文化身份认同与国家、族群的身份连接提供了平台和实践通

① 郑晓云:《文化认同论》，中国社会科学出版社 2008 年版，第 4 页。

道，旅游不仅能使游客获得知识体验，还能激起游客的怀旧、想象等情感体验。特别是承载着国家记忆和族群记忆的文化遗产和社会生活场景，能够使游客超越时空切实感受到集体（族群）归属感，进而创造民族身份和国家认同。这一过程既对旅游意义的生成产生积极的作用，又对旅游者的身份定位和文化身份的构建产生引导作用。文化成为旅游者的身份符号，不仅满足了旅游者生理体验的需求，而且满足并强化了旅游者对符号象征意义的心理需求。

文化旅游作为旅游者自我表达的中介，也是标识个体身份的标签，在这一意义上，文旅消费具有符号意义。消费类型选择、消费对象和方式都在诉说着旅游者自我意识或身份认同的内涵，标明个人的社会地位、声望以及与某个群体的归属。文旅消费行为不仅仅是经济行为，更重要的是文化体验行为，是消费者用以进行“自我建构、个人经历叙述、成就表达、人际关系表征、文化价值表现、社会地位展现”的基本路径：“文化成为明码标价商品可以满足消费市场需求，而消费者从中获取的不仅仅是满足某种生理体验的功能，其实还有心理层面的符号象征意义。从需求市场来看，人们从事消费活动是为了某种功能利益，也可能是为了某种象征属性，所以产品的价值除了其功能意义外，还有重要的社会和心理意义。”①

（二）文旅消费：连通文化旅游吸引物与个体文化体验的中介功能

在旅游者文化身份建构的过程中，文旅消费具有重要的通道价值，承担了意义传递的中介功能。文化和旅游消费以人类的共同情感（如归属

---

① 张朝枝：《文化与旅游何以融合：基于身份认同的视角》，《南京社会科学》2018 年第 12 期。

感、价值感等）为基础，依靠社会大众之间的思想和意义分享而运行。鲍德里亚认为："在消费体制的引导下，人们对物品符号性追求远超过了对物品本身功能的需求。消费系统并非建立在对需求和享受的迫切要求之上，而是建立在某种符号（物品 / 符号）和区分的编码之上。"① 鲍德里亚引用热尔瓦齐的观点："选择不是偶然的行为，从社会角度看，是受控制的，而且反映了它所处的文化模式。不管什么财富都要生产与消费的：它必须在价值体系里具有某种意义"并且"需求瞄准的不是物，而是价值。需求的满足首先具有附着这些价值的意义。消费者基本的、无意识的、自动的选择就是接受了一个特殊社会的生活风尚"。②

在文化和旅游行业融合的过程中，文旅消费行为将文化旅游吸引物与个人文化需求进行连通对接。文旅消费行为为什么能够把个体与旅游吸引物结合起来？其背后的原因就是有形的物质商品和无形的服务都在旅游过程中被转换成一种特殊的商品形态——旅游者的"文化体验"，"文化体验"能够成为商品出售。"现在，商品制造的其他方面已经从属于形成的所谓的'风格''感觉''氛围'，渐渐地，不能离开物质约束的纯体验，也像商品一样被创造和出售。"③

"文化体验"是理解文旅消费行为的关键词。"所有的旅游吸引物都是文化体验。"按照美国学者迪恩·麦坎内尔（Dean MacCannell）的说法，"文化体验"由"模式"和"影响"两个部分构成。所谓"模式"，是指在舞台、电影里面出现的生活中的某个具有代表性的方面。"影响"是指在

---

① ［法］让·鲍德里亚：《消费社会》，刘成富、全志钢译，南京大学出版社 2000 年版，第 14 页。

② ［法］让·鲍德里亚：《消费社会》，刘成富、全志钢译，南京大学出版社 2000 年版，第 59 页。

③ ［美］Dean MacCannell：《旅游者休闲阶层新论》，张晓萍等译，广西师范大学出版社 2008 年版，第 23 页。

“模式”之上被改造、被创造或被增强了的信仰或情感。[①]“体验”作为商品消费的属性，具有了连接旅游者的物质消费需求和精神消费需求的功能，成为从商品的物质使用价值到象征意义的实现路径。“现代性的规划、旅行、课程、报告、文章、演出、会议、游行、观点、事件、景点、景区、风景和情境，其价值不是由生产它们所需要的劳动时间来决定的。它们的价值是它们期待体验的数量和质量的一种功能。甚至严格意义上的物质产品的价值也同样越来越多地是由它们在多大程度上构成我们现代体验的一部分来决定的。”[②]

与一般商品消费体验相比，文化体验对消费者存在门槛要求。文化经济学家思罗斯比总结了文化商品的三大特征，即生产过程中（尤其）包含创造性，关注象征意义的生成与交流，潜在的知识财产。[③]文化旅游商品包含有特定的象征意义，要求消费者具有一定的消费技能，即个人的专业知识、习性品味和审美能力等，“必须具备复杂生成规划的特定领域知识（及消费者自身的创造性），才能充分欣赏创造性产品”[④]。20世纪50年代，提勃尔·西托夫斯基在《无快乐的经济》中提出了消费技能价值，认为消费技能是主观价值的源泉，它依靠个人的实践，习得的

---

① 参见［美］Dean MacCannell《旅游者休闲阶层新论》，张晓萍等译，广西师范大学出版社 2008 年版，第 26 页。

② ［美］Dean MacCannell：《旅游者休闲阶层新论》，张晓萍等译，广西师范大学出版社 2008 年版，第 25 页。

③ 参见［比］维克托 · A. 金斯伯格、［澳］戴维 · 思罗斯比《艺术与文化经济学手册》，王家新等译，东北财经大学出版社 2018 年版，第 114 页。

④ ［比］维克托 · A. 金斯伯格、［澳］戴维 · 思罗斯比：《艺术与文化经济学手册》，王家新等译，东北财经大学出版社 2018 年版，第 120 页。

品位和谨慎的判断。①

在文化旅游过程中，旅游吸引物的价值的实现，并不仅仅在于吸引物本身的价值大小或者高低，而且在于旅游者本身的解读能力和参与（卷入）程度。文化经济学家不仅认为创制艺术品的艺术家具有“创造性”，而且也认为消费者的消费过程（解读过程）具有创造性。“对于艺术品来说，它不只蕴含了艺术家的创造性。作为一名艺术观众或者消费者（解读者），需具备与艺术家本人同样特征的技能和心理过程，尽管程度肯定弱些。”② 艺术的创造和消费将艺术家和消费者联结成一个相互作用和创意行为统一体。这种共享经验的联结，依赖于艺术家和解读者这种联合创新所创造的东西，这些东西可能是一种情绪、一种感官兴奋、一个意象、一个故事等，它们将艺术家和消费者联结成一个行为统一体。

文化体验要求在消费过程中主体的深度参与：“由于解读变得如此重要，有人认为解读本身就是艺术作品。”③“思想从创作者向消费者的传播不是直接的，而是会受到创作过程和解读过程中的种种干扰。而且解读通常取决于消费者的努力。”④

因此，文化与旅游融合的形态，本质上应该是通过旅游者的消费行为连接起来的主客体关系的新模式。文旅消费行为同时还是一种与社会交往

① 参见［比］维克托 · A. 金斯伯格、［澳］戴维 · 思罗斯比《艺术与文化经济学手册》，王家新等译，东北财经大学出版社 2018 年版，第 142 页。

② ［比］维克托 · A. 金斯伯格、［澳］戴维 · 思罗斯比：《艺术与文化经济学手册》，王家新等译，东北财经大学出版社 2018 年版，第 118 页。

③ ［比］维克托 · A. 金斯伯格、［澳］戴维 · 思罗斯比：《艺术与文化经济学手册》，王家新等译，东北财经大学出版社 2018 年版，第 214 页。

④ ［比］维克托 · A. 金斯伯格、［澳］戴维 · 思罗斯比：《艺术与文化经济学手册》，王家新等译，东北财经大学出版社 2018 年版，第 214 页。

网络相连接的有效渠道，旅游者通过文旅消费途径建立了与社会集体的联系，形成“自我”与集体（社会）关系模式：“商品交换的意义在于将人拉进了一个由社会依赖性、对他人的关照和责任所组成的系统中。”[①]这样，借助于文旅消费过程，原本那些隐藏于日常中的规范和价值都会暴露出来，变成个体能够体会、能够被个体编码的观念和行为准则。文旅消费在文化和旅游融合的过程中的意义，体现为文旅消费行为对于两个层面价值连接的作用：一是借助旅游者的消费行为连通文化旅游吸引物与日常生活场景，通过消费者的主体参与行为形成商业与旅游吸引物之间“相互赋值”的过程；二是旅游消费行为连接起族群文化记忆与个体文化身份建构，实现“主体的客体化”与“客体的主体化”之间相互转化。在这一基础上，个体的身份认同就与集体（族群）共同的价值观念相联系，一种社会文化意义上的集体（族群）认同得以不断重复与巩固。

二、文化旅游装置：基于文化记忆的象征意义（符号）系统

旅游离不开旅游目标吸引物，它是旅游者体验的对象和客体，我们将这种目标吸引物称为文化旅游装置：它是由民族历史文化遗产和现代生活场景组成的文化空间及其象征符号系统集合而成的特定文化场域。文化旅游装置作为旅游目标吸引物，包含了一定的地理空间位置；作为人类社会文化记忆的储存和符号价值载体，是一种文化传承和创新转化的符号系统。（见图 1）

---

① ［德］扬·阿斯曼：《文化记忆：早期高级文化中的文字、回忆和政治身份》，金寿福、黄晓晨译，北京大学出版社 2015 年版，第 147 页。

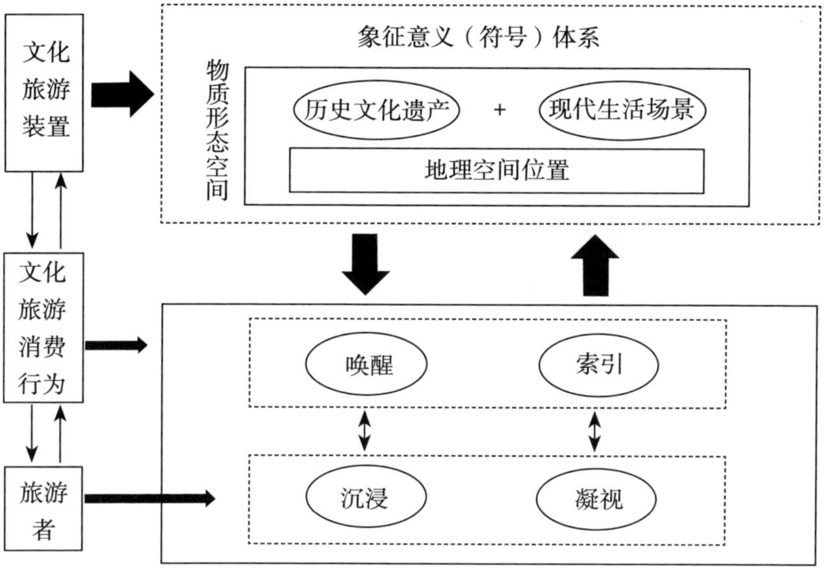

图1　文化旅游融合的内在逻辑

文化旅游装置包含了承载人类价值理性、历史记忆和生活方式的遗产地、科技工程、城乡聚居地等，它们是区别于纯自然物的人类创造物。文化旅游装置既是一种具有文化（审美）形态的文化、艺术和科学项目，又是历史与现实相连的记忆共享空间，既与一定的地理位置相关，又与历史文化和科学事件相连，像一面巨大的历史镜子，将一个民族和一个国家的历史进程投射于某一地点或者项目上，体现为一种区域性的价值高地。

（一）文化旅游装置体现为特定时空地点之上的象征意义系统

任何文化旅游装置都必须与一定的时空地点相连。特定地理空间不仅仅是物质文化资产如考古遗址公园、历史建筑和可移动文物的物理空间容器，也是民间传说、历史事件和民族民间技艺等非物质文化遗产的构成要件；是文化遗产和历史事件的基础载体，还是人类社会现代生活场景的时间和空间的统一体；既包括时空地点、商品服务，也包括基于物理空间和物质商品之上的象征意义系统。物质、商品和服务不仅仅是物、商品（服务）的使用价值和交换价值的载体，而且是符号价值和意义的载体。文化旅游装置作为一种综合性艺术品，具有人性的“共通感”（康德语）。如，澳大利亚文化经济学家思罗斯比认为，文化遗产的价值具有六个方面的内涵：“美学价值：美丽、和谐；精神价值：理解、启蒙、洞见；社会价值：与他人的关系，认同感；历史价值：与过去的连接关系；象征价值：遗产作为某种象征意义的载体和传递者；真实性价值：完整性，唯一性。”[①]文化遗产具有声望价值，是指一个普通人从国家或地区的文化遗产遗迹中所获得的一种有助于识别和维护国家或地域认同感和自豪感的价值。[②]

在文化旅游装置中，由各种活动、发布会、表演和内容介绍等软件氛围组成的传播渠道是连接旅游者与符号系统的中介。旅游装置中的时空地点（地理空间+遗产）和被商业化设计增强了的符号意义，通过旅游者的文化消费行为（文化体验）呈现出来，基于时空地点的符号（如仪式、节日、品牌），建立起象征符号和意义系统。“马克思第一个发现了商品的象征性或者商品崇拜的特征：它能够构成意义，能使我们想到满足物质之外的需要的东西。”[③]“正如马克思自己说：‘价值……将每种产品都转化成了社会的象征符号……我们尝试着去解读这些象征符号……去找出我们社

① [比]维克托·A.金斯伯格、[澳]戴维·思罗斯比：《艺术与文化经济学手册》，王家新等译，东北财经大学出版社2018年版，第720页。

② 参见[加]鲍勃·麦克切尔、[澳]希拉里·迪克罗斯《文化旅游与文化遗产管理》，朱路平译，南开大学出版社2006年版，第772页。

③ [美]Dean MacCannell：《旅游者休闲阶层新论》，张晓萍等译，广西师范大学出版社2008年版，第22页。

会产品背后的秘密。因为如果赋予一个具有实用的物品以价值，它就是一种社会产品，正如语言一样。’”“一旦一种物品或者态度的语言性或者表意能力被揭露出来，它就会在意义系统、宗教启示的深度、法律、审美以及其他价值之间，伴随着经济的运转开始不停地运作。”①它能够让旅游者超越自身的生活常态和日常经验的限制，与个体的心理需要和心理归属建立联系，形成个体文化消费中的价值存储和价值积累，让·鲍德里亚将这一过程表述为“吸收符号及被符号吸收的过程”②。在居伊·德波看来，只有符号价值和意义才是现代消费社会的“纯粹表征”：“在现代生产条件蔓延的社会中，其整个的生活都表现为一种巨大的奇观（景观）积累。曾经直接地存在着的所有一切，现在都变成了纯粹的表征。”③

文化旅游装置营造了一种意义场域。鲍德里亚在其《消费社会》中用杂货店概念来解释这种意义场域的特别之处：“不把同类的商品并置在一起，而是采取符号混放，把各种资料都视为全部消费符号的部分领域。文化中心成了商业中心的组成部分。”“它的整个‘艺术’就在于要弄商品符号的模糊性，在于把商品与使用地位升华为‘氛围’游戏。”④“工作、娱乐、自然和文化……所有这一切最终被混杂、搅拌、调节并一致性地展现在同一次连续的购物和消闲之中。”⑤如当下风靡全球的迪士尼主题公园等，旅客愿意选择沉浸在其氛围中找寻童心、获得愉悦的体验，愿意为其周边产品与服务付费，它的多样性价值组合为旅游者提供了一种有别于日

---

① [美] Dean MacCannell:《旅游者休闲阶层新论》，张晓萍等译，广西师范大学出版社 2008 年版，第 21—22 页。

② [法] 让·鲍德里亚:《消费社会》，刘成富、全志钢译，南京大学出版社 2000 年版，第 225 页。

③ [法] 居伊·德波:《景观社会》，王昭凤译，南京大学出版社 2005 年版，第 5 页。

④ [法] 让·鲍德里亚:《消费社会》，刘成富、全志钢译，南京大学出版社 2000 年版，第 5 页。

⑤ [法] 让·鲍德里亚:《消费社会》，刘成富、全志钢译，南京大学出版社 2000 年版，第 8 页。

常生活的、能够直接满足内心需求的愉悦体验，这种体验价值作为审美形式具有沟通设计者（企业家、艺术家、创意者）与旅游者的情感和认知的独特力量，文化旅游装置所固有的情感内涵、愉悦感和联想体验等文化体验品质，对旅游者产生了渗透性的感染力，形成了简单、快速和广泛的交流和同化。

文化旅游装置是包含着历史文化遗产与现代生活场景的特定空间，体现了旅游体验过程中的时间和空间的辩证统一。由象征意义系统（形而上）和物理形态空间（形而下）共同构成的文化空间，体现为一个由现在、过去和未来三种时间维度构成的意义空间。对所处文化空间中的人来说，这种文化空间具有价值同化的作用，“基于构建意义空间的过去与未来的时间维度指向，当下的事物在主体的经验活动中被消融、改造，变成经验主体的意义世界的有机组成部分”[①]。它使得集体成员置身于充溢着情感和价值观的社会交往模式中，影响成员的自我认知和群体归属感。在这一过程中，成员个体有意或无意识地依据集体共同的价值观塑造同一性，修正自身与集体共同特征之间的差异，形成特定的文化身份意识。

（二）文化旅游装置的核心内涵是由历史文化遗产和生活场景所承载的文化记忆

任何族群或区域性亚群体有意识地创造一些公共空间（如庙宇、祠堂、广场、庙会等），使这些公共空间承担起群体成员间相互交流的功能；同时，也有意识地创造特殊性的公共文化活动，使这些公共活动承担起集体记忆。这些公共空间与公共活动落实到具体的时空场景，就使得集体成

---

① 王茜：《杜威审美经验理论的现象学解释》，《社会科学辑刊》2016 年第 1 期。

员在社会交往模式中，形成自我认知和群体归属感。不论是个体还是群体，都一样要栖居在自己或族群的过去（历史）中，并从中汲取塑造自身独特性（即文化身份）的养分。

“记忆是构成所谓的个人或集体身份的一个基本因素，寻求身份也是当今社会以及个体们的一项基本活动，人们或为之狂热或为之焦虑。但是，集体记忆不仅是一种征服，它也是权力的一个工具和目标。”[①] 现代民族国家都传承于特定的王朝和历史上的民族（族群），历史文化记忆是其核心的合法性资源（所谓“欲灭其国，先灭其史”）。因此，几乎所有的国家都要涉及“族群记忆”“历史记忆”和“宗教记忆”等文化身份问题，但这些文化记忆既存在于文字典籍中，也存在于特定的地点即回忆空间中，这些文化记忆大都与一定的地点（物理空间）相连接。“它们同时也标志了一个回忆的可能性，回忆将在记忆的维度里重新唤醒被时间撕裂和消灭的东西，并且把它们组合在一起，使之获得生命。”[②] 回忆空间促进了文化记忆的重建，而特定的文化记忆又成为社会成员文化身份构建的先决条件。正是借助于文化与旅游的融合，文化旅游装置阐释了隐藏在回忆空间中的象征意义，“让地点作为过去的沉默的证人开口说话，重新赋予它们失去的声音”[③]。值得注意的是，作为旅游者文化记忆中的地点，文化记忆空间既与某个固定的地点相连（如希腊、罗马、雅典、西安、开封等），但从其象征意义上说又与其来源地是相分离的，地点被抽象成一种概念、

---

① [法] 雅克 · 勒高夫:《历史与记忆》，方仁杰、倪复生译，中国人民大学出版社 2010 年版，第 111 页。

② [德] 阿莱达 · 阿斯曼:《回忆空间：文化记忆的形式与变迁》，潘璐译，北京大学出版社 2016 年版，第 361 页。

③ [德] 阿莱达 · 阿斯曼:《回忆空间：文化记忆的形式与变迁》，潘璐译，北京大学出版社 2016 年版，第 360 页。

理论和价值的图像，在旅游者的心中变成了一种记忆框架，而形成文化神圣性或合法性的基础。

文化旅游装置作为旅游者的吸收物和体验物，它的优势就在于文化旅游装置具有具象性和实体性的特征。它通过某人、某事、某物与族群记忆（集体认同）关联，因而使族群共同体的概念、象征和历史时间实现物质化和对象化。“思想只有变得具体可感知才能进入记忆，成为记忆的对象，概念与图像在这个过程中融为一体。”“真理如果被保留在群体的记忆中，那么它必须具有一个具体的形式，这种形式或是具体的人，或是具体的事或具体的地点。”[①]“回忆形象需要一个特定的空间使其被物质化，需要一个特定的时间使其被现时化，所以回忆形象在空间上和时间上总是具体的。”房屋、村庄、城市和大遗址地等，“它们是回忆的空间框架，即使当它们或者说尤其是当它们不在场时，便会被当作‘故乡’在回忆里扎根”，“各种类型的集体都倾向于将回忆空间化”[②]。不论是个体还是群体，都一样要栖居在自己或族群的历史之中，与某个具体的空间位置相关联。借助于文化旅游装置（空间），个人的体验与集体（族群）共同记忆之间建立了有机的连接，莫里斯·哈布瓦赫认为，“每个人和每个历史的事件都在它们进入到这个（指社会的——作者注）记忆时被兑换成了一个学说、一个概念、一个象征。它获得了一个意义，成为社会的思想系统的一个成分”[③]。

① ［德］扬·阿斯曼：《文化记忆：早期高级文化中的文字、回忆和政治身份》，金寿福、黄晓晨译，北京大学出版社 2015 年版，第 30 页。

② ［德］扬·阿斯曼：《文化记忆：早期高级文化中的文字、回忆和政治身份》，金寿福、黄晓晨译，北京大学出版社 2015 年版，第 31 页。

③ ［德］阿莱达·阿斯曼：《回忆空间：文化记忆的形式与变迁》，潘璐译，北京大学出版社 2016 年版，第 290 页。

文化遗产及其民族语言文字、舞蹈、音乐、图案与雕塑、装饰与服饰、图像与景观等生活场景，都会被民族核心价值观体系或者意识形态框架转变为意义符号，“用以对一种共同性进行编码”[①]。“在这个过程中起关键作用的不是媒介本身，而是其背后的象征性意义和符号系统。我们可以将这种由象征意义促成的综合体称之为‘文化’或者更准确地说是‘文化形态’。”“我们将文化定义为一个集体的免疫系统和认同系统。”[②]由“共同的语言、共同的知识和共同的回忆”编码形成“文化意义”，即共同的价值、经验、期望和理解形成了一种文化积累，进而制造出一个社会的象征意义体系。

（三）地点是人类文化记忆的砖石，具有族群记忆索引功能

族群的文化记忆离不开一定的地理空间。“在地点里居住的回忆的力量是巨大的”（西塞罗语），特定的地点（地理空间）在文化学上具有象征意义。中西文化史都涉及记忆之地的族群记忆命题。它通过将一个具体地点（城市、山峰、村庄、庙宇和节日等）符号化和命名过程，赋予其神圣性、不可替代性和独一性的特征，从而将这些地点（空间）嵌入族群的记忆之中，如西方文化中的耶路撒冷、罗马等，“这些地点固定了对这些历史事件的记忆，成为回忆之地，在这里上帝与他的臣民的历史得到了空间上的具体化和印证”[③]。

---

① [德]扬·阿斯曼：《文化记忆：早期高级文化中的文字、回忆和政治身份》，金寿福、黄晓晨译，北京大学出版社2015年版，第144页。

② [德]扬·阿斯曼：《文化记忆：早期高级文化中的文字、回忆和政治身份》，金寿福、黄晓晨译，北京大学出版社2015年版，第145页。

③ [德]阿莱达·阿斯曼：《回忆空间：文化记忆的形式与变迁》，潘璐译，北京大学出版社2016年版，第352页。

尽管地点本身并不具有主体性的记忆，但它们对于作为主体的旅游者的文化回忆空间却具有索引或指示坐标的意义。地点可以成为回忆的载体，“不仅因为它们能够通过把回忆固定在某一地点的土地之上，使其得到固定和证实。它们还体现了一种持久的延续，这种持久性比起个人的和甚至以人造物为具体形态的时代的文化的短暂回忆来说都更加长久”①。

文化旅游地点之所以具有巩固集体认同（族群认同）的功能，就在于它包含了引发成员文化记忆的索引——附着历史故事、神话或节日的象征物。它们在特定的空间（地点）特定的时间（节日等）得以重现，就为解释当下的现象提供了依据。如旅游者在红色旅游目的地，其所体验到的场景就是一个神圣化的文化记忆。个体借助于对红色革命历史的回忆，对奠基式的过去在表演文本、图像和舞蹈等中的重现，实现了红色文化形象的现时化，个体得以确认自己的身份认同。因此，红色旅游“拥有了可持续的规范性和定型性力量”②。“大众记忆”比历史真相更鲜活，但它不能自我书写。较之博物馆、图书馆和重大节日庆典等文化记忆体裁而言，文化旅游装置对大众记忆的再编码是一种更为有效的方式，更容易通过唤起观众的快感对记忆所包含的知识进行重新构架，因而具有记忆重组功能。

与此相关的是，中华传统文化作为“象征意义体系”，连同它所包含的所有价值规范、世界观、人生观和文化组织形态，对于集体成员来说，并不是显性的、可以触摸的，而是一种在某一地点所隐含的集体性潜意识，是一种“约定俗成性”，是浸润于“地点”上难以体察的却是客观存

---

① ［德］阿莱达·阿斯曼：《回忆空间：文化记忆的形式与变迁》，潘璐译，北京大学出版社 2016 年版，第 344 页。

② ［德］扬·阿斯曼：《文化记忆：早期高级文化中的文字、回忆和政治身份》，金寿福、黄晓晨译，北京大学出版社 2015 年版，第 47 页。

在的关于族群共同价值观的本质。文化与旅游项目体裁（具体地点）能够将象征物所承载的意义激发出来，并加以阐述。

文化旅游装置的特殊价值在于：文化与旅游融合的最终体现，是能够使不同的人得以汇聚在某个文化地理空间，并与某种文化价值或者符号维系着特定的联系与交流。在某个具体的地域空间里，大量的个体消费者聚集，并不是出于一个预设的特定目标的共同行动，可能彼此不熟悉也不直接打交道，但却作为相互展示、相互作为镜像的功能性价值而存在，即通过他人（旁观者）赋予消费行为以特殊的意义。他人即我之镜像，在这一个特殊的场域，历史文化遗产和现代生活场景的融合，形成了一个象征意义（符号）系统。

三、文化旅游者："沉浸""凝视"和"认同"的主体能动性

文化和旅游的融合不能离开旅游者个体对于旅游装置（体裁）的能动性，离不开主体对于客观的能动创造。正如刘勰《文心雕龙·神思》所言"登山则情满于山，观海则意溢于海"，旅游本质上是个体感情与旅游体裁之间的交互过程。旅游者个体通过"沉浸""凝视"和"认同"体验，借助于旅游装置，深度参与到文旅融合的过程中。

（一）旅游者的沉浸体验、凝视体验和文化认同体验

1. 沉浸体验

芝加哥大学心理学博士米哈里·契克森米哈（Mihaly Csikszentmihalyi）于 1975 年提出，他将沉浸体验视为一种深度需求被挖掘与认知、人们全

身心投入而产生愉悦的感觉，他将其定义为“快乐的关键组成部分”和“人们认为他们完全投入的整体感觉”[①]。一般认为，沉浸体验由“目标明确、即时反馈、技能与挑战平衡、知行合一、全神贯注、潜在的控制感、意识丧失、时间感扭曲、有目的的体验”九大维度构成。沉浸体验在文化旅游过程中普遍存在，构成“旅游沉浸体验”，即旅游者在旅游过程中，自觉和不自觉地进入沉浸的状态且身心愉悦的心理活动过程。在文化旅游的消费过程中，旅游者的目标明确，日程安排和路径清晰；旅游者全神贯注于旅游活动，对其他事情往往会无暇顾及，注意力高度集中，行动与意识相融合。由于专注于旅游目标吸引物，自我意识与环境氛围相融合，会出现暂时的自我意识的弱化或消失；旅游者个人对旅游活动能够进行明确的安排，能够掌控旅游活动的环节和流程；在没有任何外部奖赏（刺激）的情况下，旅游活动本身能够提供内在激励，使旅游者个人得以身心满足。在旅游过程中旅游者的沉浸体验表现为一个非常复杂的心理过程，体现为旅游者与旅游对象（文化旅游装置）之间的相互作用机制。

2. 凝视体验

“凝视”不仅指一种专注的、审慎的、长时间的观看，而且包含着对观看者与被观看者个人身份的洞悉和二者关系的探察，是一种主体的反思。凝视是自带价值观的社会成员观察社会和体认世界的方式，是主体对客体的审视方式。它源于黑格尔的主奴辩证法思想、科杰夫的凝视理论、拉康的镜像阶段理论、萨特的注视及偷窥理论。

“旅游凝视”是指携带着身份意识和思维定式的观看方法，是作为看

① M. Csikszentmihalyi，“Play and Intrinsic Rewards”，*Humanistic Psychology*，Vol.15，No.3，1975，pp.41-63.

的主体的旅游者，与被看的文化旅游装置（体裁）之间的主客体关系的建构过程，体现的是主客体相互依存和相互影响的关系。约翰·厄里（John Urry）认为，旅游凝视是在旅游场域中，在凝视主体和凝视对象中通过两者的互动而完成的想象性关联，是同现代性相联系的、社会组织和系统化了的观察世界的方式，是现代与文化实践“培训”和建构的产物。在旅游凝视中，旅游者既见证了景观，又确认了自我，既探触到了日常生活之外的消费体验，又强化了自我建构、自我的文化欲望。“凝视是旅游体验中最根本的视觉特性，凝视与文化实践模式相关，凝视透过符号的消费和收集而得以建构，游客凝视的重点则是将他们从日常生活中的经验分离出来之后到旅游景点追寻的符码，因而这样的符号化的凝视，是浪漫的，是大众的，亦是多元的和流动的，而且通过各种各样的非旅游的东西加以维持（如电影、电视、文学作品等）。”①

3. 文化认同体验

对旅游者来说，族群文化传统在社会交往和文化象征层面上以“文化体验”的形式实现“现时化”和对象化，这客观上将文旅活动上升到国家文化和族群文化建构的层面上。旅游者的文化认同体验就是旅游者借助于旅游吸引物（文化旅游装置），实现对吸引物所表征的族群文化或国家文化共同体的肯定性情感和同一化心理活动过程。

在旅游装置和环境氛围所营造的情景中，旅游者除了获得事实性的知识之外，还会在知识所产生的特定情境中来进行思维与行动，并在实践参与的集体行动中调整自己的态度和价值观，由此旅游者在不同的旅游情境中通过不断的经验累积深化对知识的理解。特别是在旅游者个体并不完全

① ［英］John Urry：《游客凝视》，杨慧等译，广西师范大学出版社 2009 年版，“译序”，第 6 页。

察觉自己的情感下，情感体验被诱发出来，通过无意识的情感启动来实现个体对族群文化的认同或者规避行为。

从主客体互动的角度看，文化旅游活动的本质是游客主体的文化体验与目的地客体的吸引力之间的互动性符号消费。对于中国人来说，这种文化消费过程也是个体经验与中华文化的“象征意义体系”的连接过程，而这一过程也构成了旅游者自我文化身份的建构过程。对旅游者来说，对族群历史和民族文化传统的体验必须落实到文化旅游载体上，借助旅游项目，将自己放置到历史场景中，完成个体意识与历史事件或者历史场景的“共振”。在个体的文化旅游行为中，族群集体的文化记忆进入到旅游者的个人经验之中，个体完成对族群文化记忆的二度创作，由此个体实现自我文化身份的建构。

（二）文化旅游装置对象化过程的内在机理

旅游者本身具有通过文化旅游装置解读符号意义的能力，这是旅游者之所以能够实现主体性参与的前提，文旅融合体现为主客体双向互动、相互影响的结果。

1.“唤醒”—“沉浸”相互渲染

文化和旅游可以“唤醒”当地族群的认同感和自尊，格林纳达前总理毛里斯·毕晓普（Maurice Bishop）观察到白人游客到访所导致的民族自尊问题：“我们要面对这一事实，大多数来我们国家的是白人游客，这种白人与特权之间的明确关联，是刚刚摆脱种族主义殖民历史的加勒比人面临的一个重大问题。”① 相对于加勒比的有色人种来说，来自异域的白人旅游者具有文化认同上的镜像作用，可能激发出在地族群的历史文化记忆和基于这些记忆之上的民族认同感。

文化旅游行为存在这种“唤醒”功能。20世纪60年代英国行为主义心理学家丹尼尔·贝里尼通过对人的心理感觉的新奇性进行研究发现，在日常心理活动中，随着刺激的重复出现和时间的不断延长，心理表象的新奇性呈逐渐下降的趋势。如何激发、唤醒接受者的审美欲望、审美情感，达到心理的审美愉悦，是文艺审美心理活动的一个重要环节。他将其分为“渐进式唤醒”和“亢奋式唤醒”。前者通过人们熟悉的方式，主要依照既成规范或样式来唤起接受者的审美反应，它采取步步登高、渐进强化的心理样式，使情绪逐步紧张起来，最终唤起审美激情，达到情感的高潮。后者则采取高度奇异、令人惊诧的、复杂的心理样式，使情感迸发，快速达到高潮，然后在唤醒下退时获得一种解除或释放的愉悦。②

当消费者进入文化旅游装置时，个体受到渐进式唤醒或者亢奋式唤醒的激发，开始进入沉浸体验，个体的审美活动将会升华为一种人文价值观，人类的创造之美将会唤醒消费者审视人类社会的历史、现在和未来。文化旅游装置既能利用空间与时间的交错和叠合承载历史文化符号和现代生活的图像，又能够借此创造一种情感绵延和时空想象。当旅游消费与其连接时，“唤醒”这种机制也就隐秘地开始运行了。

对于中国的文化消费者来说，因为个体的中华文化底色，文化旅游装

① [比]维克托·A. 金斯伯格、[澳]戴维·思罗斯比：《艺术与文化经济学手册》，王家新等译，东北财经大学出版社2018年版，第285页。

② 参见《金元浦谈美学接受的预备审美情绪、审美阈与心理唤醒》，“元浦说文”微信公众号，2018年10月4日，https://mp.weixin.qq.com/s/xaMiU033NDLpM2jdB—XYIA，2019年9月23日。

置往往会激发消费者的沉浸体验，唤醒消费者对自身文化身份或自我意识的自觉和把握。其中，具有同一文化性质的文化旅游装置（如故宫、长城、中餐馆等），唤醒了个体意识上的自身文化身份的确认和强化；具有差异性的文化旅游装置（如基督教堂、希腊罗马遗址、西餐馆等），通过镜像作用赋予消费者的差异化的文化身份符号与身份标识。对于文化和旅游消费者来说，欧阳康在《华中科技大学学报（社会科学版）》2011 年第 6 期发表的《多元化进程中的文化认同与文化选择》一文中认为，“唤醒”的过程也是个体沉浸体验或凝视体验的过程，是个体文化身份确定和同一化的过程，它从低到高分为三个环节：“首先是承认，‘承认’一种文化的合理性、合法性。这种‘承认’本身即包含了对特定文化价值指向的认可；其次是接受，‘接受’表明了个体与某一种文化价值之间的同一性；再次是融入，‘融入’是文化认同的最高境界，为此而做出必要的文化改变，甚至是发挥积极的作用去创造。”

特别需要说明的是，异质性的文化旅游装置因为带有“沉浸”和“凝视”功能，其唤醒能力更强。异质性文化旅游装置能够提供异质文化或者他民族文化的比较，形成了“他族不同于我族”“我族文化不同于他族文化”“东亚民族不同于西方民族”的现实对比，从而确立自己的族群定位和文化身份归属。2019 年 5 月，习近平主席在《亚洲文明对话大会》开幕式上提出：“激发人们创新创造活力，最直接的方法莫过于走入不同文明，发现别人的优长，启发自己的思维。”不同文明体之间通过文化的交流（其大众化的渠道就是文化旅游）进行文化比较，形成文明互鉴，这就是“沉浸”和“凝视”对文化认同的促进作用。

实现“唤醒”与“沉浸”相互渲染的前提，是旅游者个体所具有的对于文化、艺术、历史和科学价值的认知水平和审美能力。当一个民族或者亚文化群体（如贫困地区的居民、文盲群体）不具备将文化、艺术、历史和科学意识升华为人文价值的认知能力时，一些特定的文化旅游装置（如遗址、乡村聚落等）就难以激发这些旅游者的情感、态度和价值观，这些文化旅游装置的“唤醒”功能就较弱。葛承雍在《西北民族大学学报（哲学社会科学版）》2015 年第 2 期上发表的《唤醒大遗址废墟中的审美记忆》一文中认为：“比如甘肃河西走廊上的玉门关遗址，很多游客看到一片砂砾戈壁滩，孤秃秃的环境，竖立着几座新盖的仿古建筑，顿时会觉得兴趣索然。又例如废弃于清初的湖南永顺土司城遗址，其处于桃花源之外的穷乡僻壤，没有当地民俗和历史常识的游人，经常是乘兴而去，败兴而归，无法理解这类废墟的文化涵义。”

依据费希纳在《美学导论》中提出的审美阀原则，在一般心理意识活动中，审美的刺激只有达到一定的强度，持续一定的时段，才能打开接受者审美心理的“闸门”，获得快乐、愉悦、惊惧或痛苦的感觉。换言之，审美对象的刺激，尤其是视听觉的刺激，必须达到或超过接受者的审美阈限，艺术的接受活动才会发生，接受者也才会引起审美愉悦。

“唤醒”和“沉浸”互动的意义在于，客体对主体的作用导致主体不但深入客体的象征意义层面上更深入地理解客体，而且在理解客体的过程中实现了主体的自我理解，并且这种理解往往通向由民族性与时代性所决定的共通感，正如刘旭光在《首都师范大学学报（社会科学版）》2018 年第 3 期所刊《什么是“审美”——当今时代的回答》一文中指出的，“每一个民族都有自己的精神愉悦之处，每一种文化都会去营造某种心灵归宿之地，这种愉悦被他们的形而上学决定着，是他们的文化的共同心理，这种愉悦只能通过反思获得。”

2.“索引”—“凝视”相互渲染

在文旅消费过程中，基于自身的人生经历、知识水平、联想能力、心情喜好、审美态度等，对文化旅游装置所包含的丰富的符号意义，不同的旅游者会选择并链接其中的部分意义。索引即符号（价值）引导主体移情于客体的过程。

承载人类艺术精神和科技创造的文化旅游装置也承载着人类的理性世界，具有激发人类审美的“触发器”功能，发挥着意义发生和指示的作用：“其主要不在于说出的东西，而在于说出的言词对未说出的东西所启发、所想象的空间之广度和深度。”[①] 如文化遗产（如北京故宫）所承载的中国民族农耕文明高峰的历史记忆，科技工程（如三峡大坝）承载的人类科技能力表征，人类聚居地（如上海、东京、纽约等）承载的人类生活方式等，都镌刻着人类社会的特有的象征意义，它们不仅是人类理性创造的文化符号，蕴藏着国家或者民族的文化生命体的密码，而且还是引导消费者（旅游者）进入文化体验的“指示标”。文化旅游装置之所以带有“索引”功能，源于其意义的建构能力。文化旅游活动实际上是“自我与客体和事件的世界的完全相互渗透”[②]，即人与世界通过积极交流从而建立生命机体与环境之间的协调关系。人类历史的过程是寻求意义最大化的过程（如较之“房子”，“家”就有了安身立命的意义）。对于旅游者个体而言，文化旅游即“意义发生”，体现为旅游者追求的意义最大化、经验最大化与情绪最大化。文化与旅游在融合中成为互驱动力，在人类社会综合现场产生了新的结合点和意义源。此时文化旅游形成了一个“场域”，旅游者

---

① 曹诗图、孙天胜、周德清：《旅游审美是诗意的对话——兼论中西哲学思想中的审美观》，《旅游论坛》2011 年第 2 期。

② ［美］杜威：《艺术即经验》，高建平译，商务印书馆 2005 年版，第 19 页。

在空间上进入了一个随机的“在场”，在场域中的旅客成为一个意义的共同体，共同参与一种意义的建构或者交往活动。同一场域是以其中所有人对一些信息的“互通”与“自明”为前提的，虽然每个旅游者是一个相对独立的主体，但当他们一旦进入一个共同话题，就能够对一个问题发生互动，就将导向文化身份认同的共识：“包含着目的性、情感倾向以及既往经验的知觉意义结构使知觉对象获得了被主体接纳的可能性，一个知觉经验的完成就意味着这个对象在主体的生存世界中找到了恰当的位置，参与了主体生存世界的构成。”①

文化旅游装置一方面能够引发旅游者的“凝视体验”，另一方面其所蕴含的价值必须依赖旅游者的主体性参与而展现，萨特将这一主体性参与创造的过程定义为见证，这就是对旅游凝视独特作用的另一种表达：“这个风景，如果我们弃之不顾，它就失去见证者，停滞在永恒的默默无闻的状态中，至少它将停滞在那里，没有那么疯狂的人会相信它将要消失，将要消失的是我们自己，而大地停留在麻痹状态中直至有另一个意识来唤醒它。”②

3.“凝视”—“沉浸”相互渲染

“凝视”与“沉浸”也是一组相互渲染的文化体验形式。主体对客体有“凝视”的欲望，经过设计的客体有引发主体“沉浸”的能力，“凝视”与“沉浸”的有机统一，形成了主客体交融的互动化。

凝视与沉浸作为旅游者的认知体验和情感体验，在旅游审美的层次上实现了有机的统一。所谓审美，即“凭借完全无利害观念的快感和不快感对某一对象或其表现方法的一种判断力”③，旅游审美是凝视主体和沉浸主

① [美] 杜威：《艺术即经验》，高建平译，商务印书馆 2005 年版，第 22 页。

② 柳鸣九：《萨特研究》，中国社会科学出版社 1981 年版，第 3 页。

③ [德] 康德：《判断力批判：上卷》，宗白华译，商务印书馆 1964 年版，第 47 页。

体在旅游过程中的本质追求。旅游者对于文化旅游装置的主体性参与，体现为凝视体验和沉浸体验中的主体能动性特质，其本质即旅游审美，正如刘旭光在《什么是“审美”——当今时代的回答》一文中所说，“是一种肯定式的、交流性的、以愉悦为目的的感知世界的方式，是通过全部感性能力对对象进行感知、直观，并以生命体验为基础，通过交感反思获得反思愉悦的过程”。“人们又在社会实践中改变着人自身，使得自己具备审美的感知能力和相应的心理机制，人们在此实践中逐渐成为审美主体。与此同时，审美客体也在社会实践中成为确证和实现自己本质力量的载体，从一定程度上可以说审美对象成为主体自身，主体对于审美对象的观照其实也是对于主体自身的观照。”①

正是在这种审美过程中，旅游者的沉浸体验和凝视体验，促进了审美主体的感知能力和相应的心理机制的不断成熟，文化旅游装置成为主体（旅游者）对象化的存在，旅游者在对文化旅游装置的凝视过程中，也完成了对自身身份的观照。

四、简要结论

21 世纪以来，持续深入的全球化进程导致了不同民族国家间的博弈。物质商品之上的文化符号系统逐渐与民族文化特征和国家形象相连。正如美国人类学家葛登・马特维斯所说的，全球各国的文化集中在一个全球性文化超级市场中供消费者选择，文化的概念已从“人的生活方式”转变为

① 吴海伦：《旅游审美观照发生条件的哲学分析》，《旅游科学》2016 年第 6 期。

"可以从文化超市中获得信息和认同"[①]。一方面，全球性文化超市所固有的商品竞争机制，导致了全球性比较下后发国家文化认同的迷失；另一方面，全球竞争和西方霸权主义的压力，反过来又强化了后发国家通过增进文化认同以增强国家文化软实力的内在动机，通过不断强化以民族性和历史性为基础的民族文化认同，获得各自族群参与全球化蛋糕分配的比较优势。因此，全球化进程不仅不会减弱一些国家建构民族和国家文化认同的动力，反而会强化其在全球化中重新定位自己的文化战略，寻找新的有利位置，会通过强化民族文化特质来构建现代国家认同，以防范其他文化体对族群核心价值观的侵蚀。这既构成了文旅融合的世界经济政治大背景，也在一定程度上规范了文旅融合发展的内在逻辑。

正是在这一时代背景下，文化和旅游行业以及国家文化旅游融合发展不仅体现为经济效益，而且更多地体现为国家文化的建构价值，它推动了个体的文化身份与族群文化共同体之间的同构。正如德国学者扬·阿斯曼所言："集体构建了一种自我形象，其成员与这个形象进行身份认同。集体的认同是参与到集体之中的个人来进行身份认同的问题，它并不是'理所当然'存在着，而是取决于特定的个体在何种程度上承认它。它的强大与否，取决于它在集体成员的意识中的活跃程度以及它如何促成集体成员的思考和行为。"[②]通过文化旅游装置这种可以回溯到时间深处的索引，族群身份归属感被植入个体的意识中，个体意识到这种身份归属感的存在。由此，旅游者个体找到了对于自我的解释和自我文化身份建构的历史合法性来源。但文化研究的成果表明，这种结果的出现并不是一个自然的成长

① 郑晓云：《文化认同论》，中国社会科学出版社 2008 年版，第 14 页。

② ［德］扬·阿斯曼：《文化记忆：早期高级文化中的文字、回忆和政治身份》，金寿福、黄晓晨译，北京大学出版社 2015 年版，第 136 页。

过程，而是需要国家和社会投入极大的资源，进行持续不断的努力。新时代国家主导的文化与旅游融合战略，正是中国回应当前世界文化和旅游行业发展趋势的国家自觉。

[原载《武汉大学学报（哲学社会科学版）》2020 年第 2 期]

文化旅游融合发展研究知识图谱分析

——基于知网 CSSCI（1998—2019）数据

张苏秋　顾　江　王英杰

一、引言

2018 年初，中国文化部和国家旅游局合并为文化和旅游部，从职能和机制层面实现了文化产业与旅游业的融合。文化旅游作为新兴产业，能够很好地弥补第一产业和第二产业增长乏力而导致的经济困境，并替代它们成为经济增长新的驱动力。联合国世界旅游组织报告指出，文化旅游是旅游消费的重要组成，占旅游业总收入的 39%［理查兹（Richards），2018］①。文化与旅游有互利共赢的合作基础：对旅游而言，融合文化相关内容有助于获取广博知识、悠远体验和浓厚关怀；对文化而言，有助于文化资源保护与传承、形象塑造与传播。文化与旅游的融合是“诗与远方”

① Richards G.,“Cultural Tourism: A Review of Recent Research and Trends”, *Journal of Hospitality and Tourism Management*, No.36, 2018, pp.12-21.

的亲密接触，是从供给侧出发满足人们美好生活的需要。据统计，中国全年接待境外游客最多的20座城市中，有15座是历史文化名城[①]，并且入境国际游客数量越来越多，从2012年的1.32亿人次增加到2017年的1.43亿人次，旅游收入从500.28亿美元增加到1260亿美元。《“十三五”旅游业发展规划纲要》明确提出要促进旅游业与文化融合发展。2015年，全国旅游总收入达到4.13万亿元，出境旅游人数为1.2亿人次，出境消费达1.1万亿元。旅游市场的繁荣为文化旅游的发展提供了广阔的市场空间。

近来，“朝觐”一词常常被应用到文化旅游研究中，解释文化旅游融合的契机。与它的宗教用法一致，“朝觐”不仅仅指观念，还指通过在空间中旅行而表现出的形式。“文化朝觐”关键在于选择、探访一个重要的地方，目的地的文化内容一定对游客具有重要性和吸引力，这源于当代社会被不均衡地笼罩在多层共享的叙事中，与此相关的研究侧重于文化和旅游的融合；而“去文化”是一种社会现象，在文化旅游中往往表现为人们在参与社会活动（包括旅游）时，只关心活动本身带来的社交或休闲功能，而对旅游目的地的文化内容甚少关心，相关研究则侧重于传统旅游领域。国内学术界有关文化旅游的研究大致便可分为“去文化”和“文化朝觐”两个派系。为从宏观视角描绘其研究全貌，本文借鉴文献计量学的共词分析方法和可视化技术，以知识图谱的形式展示近20年来知网CSSCI数据库收录的文化旅游领域的研究，概括出相关研究热点，为把握后续研究重点及趋势提供借鉴。

---

① 参见邵骥顺编著《中国旅游历史文化概论》，上海三联出版社1998年版，第79页。

二、文化旅游研究的演变：动机和融合逻辑

许多研究试图通过对旅游动机和诸如满意度与忠诚度之类的相关因素的分析，来理解为什么民众会热衷于文化旅游，认为大多数是出于与学习有关的文化动机且强调在文化旅游中学习的重要性。[①] 国外的研究在此方面更加成熟，如加里·埃斯佩尔（Galí -Espelt）指出两类文化旅游者：以消费文化为主要动机的人和文化只是第二选择的人[②]；奥泽尔（Özel）和科扎克（Kozak）通过聚类分析划分了五种不同文化旅游动机的群体，分别是放松的信息搜索者、运动者、面向家庭的人、逃避者和自我成就者[③]。

有关文化旅游动机的研究往往还和满意度和收益有关。一些学者在研究游客满意度的影响因素时发现，文化旅游动机主要包括学习特殊文化和对新奇事物探索的内在欲望，如梁雪松等和董建英等。[④] 其中，高立慧和李洪波研究了文化参与对吸引游客的影响，发现文化动机与游客目的地忠诚度之间存在显著相关性。[⑤] 也有一些学者认为，世界遗产

---

① 参见李德山、韩春鲜、杨玲《丝绸之路外国旅游者旅游动机及旅游行为特征——基于跨文化比较的视角》,《旅游科学》2010 年第 5 期。

② Galí-Espelt N., "Identifying Cultural Tourism: A Theoretical Methodological Proposal", *Journal of Heritage Tourism*, Vol.7, No.1, 2012, pp. 45-58.

③ Özel Ç. H. and Kozak N., "Motive Based Segmentation of the Cultural Tourism Market: A Study of Turkish Domestic Tourists", *Journal of Quality Assurance in Hospitality & Tourism*, Vol.13, No.3, 2012, pp.165-186.

④ 参见梁雪松、马耀峰、李天顺《"文化边际域"中东西方旅游者行为比较研究》,《旅游学刊》2006 年第 1 期；董建英《宗教旅游者的需求动机与偏好——以关公信仰者为例》,《山西大学学报（哲学社会科学版）》2012 年第 2 期。

⑤ 参见高立慧、李洪波《基于游客参与的文化创意旅游街区游客忠诚影响研究——基于福州三坊七巷的实证研究》,《资源开发与市场》2019 年第 6 期。

名录之类的品牌效应能够影响游客选择目的地。[①] 文化遗产，尤其是建筑遗产和有形遗产是文化旅游的基础之一，其范围很广，包括建筑遗产、生产方式、古代人工制品和现代艺术文化。文化旅游越来越多地向着非物质遗产和当代文化方向发展，出现了更多旅游和创意经济融合有关的研究，多数是围绕创意经济为旅游提供了许多潜在的创意内容、创新经验，帮助其变得更多样化和具有吸引力等方面展开。因此，越来越多的研究聚焦于旅游和旅游中的创意经济、创意经济政策、特定的创意部门和活动、文化资本、社交网络以及“创意旅游”体验的增长。[②]

综上，如图 1 所示，文化旅游研究的演化可以分为两个阶段。在初级阶段，“去文化”特征较为凸显。经过读码文化资源、收集文化资本、识别旅游目的地文化，游客被吸引从而向文化资源集聚，逐渐形成文化旅游的雏形。这一阶段，文化旅游更多表现为偶然性和观光性，游客参与文化旅游的主要动机是旅游体验。在高级阶段，“文化朝觐”的特征更加凸显。经过解码文化资源、增加文化资本、开发文化路线，游客自觉地向文化资源集聚，文化旅游融合更加紧密。这一阶段，文化旅游表现出目标性，游客参与文化旅游的主要动机就是文化朝觐，包括学习、叙事和文化身份的获得。在整个融合发展过程中，文化资源和旅游资源不断地相互作用，既在保护中开发，又在开发中保护，循环有序地融合。

---

① 参见刘瑞明等《景点评选、政府公共服务供给与地区旅游经济发展》，《中国工业经济》2018 年第 2 期。

② 参见石美玉、孙梦阳《非物质遗产旅游利用中的三大环节探论——以北京为节点的实证研究》，《旅游学刊》2010 年第 6 期；吴启焰、王兆杰《布尔迪厄的文化资本理论在旅游规划中的应用》，《人文地理》2011 年第 1 期；王兆峰《基于产业集群的民族文化旅游产业竞争优势研究》，《贵州民族研究》2011 年第 2 期。

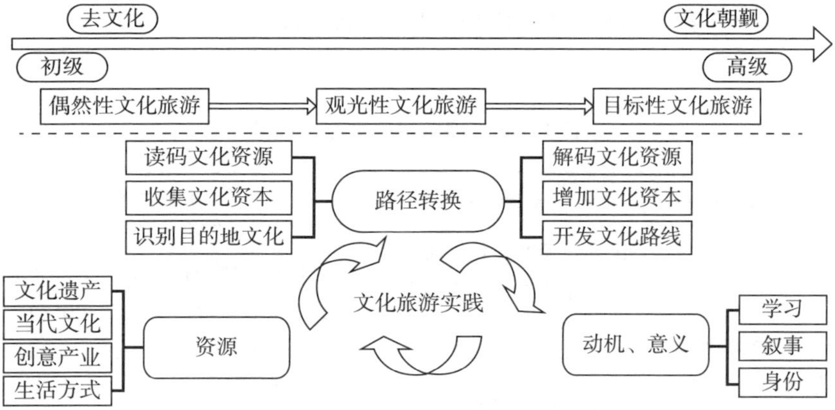

图 1　文化旅游实践演化逻辑

三、文化旅游融合发展理论基础的研究

文化旅游是在文化和旅游融合发展中演化出的概念，兼具旅游业和文化内容的双重特质。就研究方法而言，囿于文化旅游跨学科内涵和多样化特征，描述性方法是国内文化旅游相关研究最常用的方法，如在观察或访谈的基础上对文化旅游现象进行描述和判断，以揭示其内在逻辑关系。[①]就研究内容而言，多数研究集中于文化旅游的特定领域[②]，如民族与遗产文化旅游[③]、乡村文化旅游[④]等。通过对相关理论的回顾，梳理出文化旅游研究发展的脉络，进而通过实践演变对应的理论模型，可以为旅游业、文

① 参见朱梅、魏向东《国内外文化旅游研究比较与展望》,《地理科学进展》2014 年第 9 期。

② 参见朱梅、魏向东《国内外文化旅游研究比较与展望》,《地理科学进展》2014 年第 9 期。

③ 参见于秋阳、冯学钢《文化创意助推新时代乡村旅游转型升级之路》,《旅游学刊》2018 年第 7 期。

④ 参见吕海莲、邹忠全、黄承凤《"一带一路"背景下北海文化旅游产业发展研究》,《当代经济》2017 年第 28 期。

化产业以及二者的有机融合指明方向（见表 1）。

表 1　文化旅游相关文献的归纳

研究方向	主要内容	代表文献
文化旅游发展现状、问题建议等相关描述性和概念性研究	民族与遗产文化旅游、乡村文化旅游、城市商业文化旅游	于秋阳和冯学钢（2018）[T]，吕海莲等（2017）[C]，朱梅和魏向东（2014）[C]
	竞争力评价分析	程乾和方琳（2015）[SC]，侯兵和周晓倩（2015）[SC]
	文化旅游融合耦合分析	方忠和张华荣（2018）[SC]，周锦和张苏秋（2017）[SC]
文化旅游对宏观经济增长贡献的实证研究	文化景点、符号对地区旅游经济增长的影响	王英杰和张苏秋（2017）[EC]，刘瑞明等（2018）[EC]，王子超等（2016）[EC]
文化旅游理论建构	文化产业	黄炜等（2018）[TSC①]，张春香和刘志学（2007）[GC②]，王兆峰（2012）[TC]
	文化符号、文化维度、文化接近性	高立慧和李洪波（2019）[TC]，周永博等（2010）[SC③]
	文化景观、资源基础理论	宋立中和谭申（2012）[SC④]
	循环经济理论	朱鹏（2014）[TC]

注：T 代表理论分析，S 代表数理统计分析，E 代表计量经济方法，G 代表经济地理方法，C 代表来自中国的证据。

① 黄炜等：《旅游演艺产业内生发展动力的实证研究——以张家界为例》，《旅游学刊》2018 年第 6 期。

② 张春香、刘志学：《基于系统动力学的河南省文化旅游产业分析》，《管理世界》2007 年第 5 期。

③ 周永博、沈敏、余子萍：《吴文化旅游景观“史诗式”主题公园开发》，《经济地理》2010 年第 11 期。

④ 宋立中、谭申：《复合型文化遗产旅游产品开发路径分析—— 以福建马尾船政文化为例》，《旅游学刊》2012 年第 10 期。

更多有关文化旅游融合理论或动机的研究集中在文化旅游“二分法”上，即文化和旅游本身就具有多样性和开放性的特征，导致对文化旅游的定义一直没有达成共识，在意义和测量、供给和需求方面出现了二分法。从游客选择旅游的动机或需求看，张国洪认为文化旅游的游客是想要了解目的地人们的生活和思想，文化旅游以某些具体的载体供游客鉴赏、体验和感受目的地文化的深厚内涵。[①] 文化旅游也就被定义为游客参观这些地方，了解其文化，体验民俗风情、自然景观和历史地标[②]，在旅游活动中学习、探索、体验和消费有形或无形的文化景点和产品[③]。从产业链分工或供给看，文化产业占据着产业价值链的高端，具有强产业渗透性和辐射力，将文化有机融入旅游既能够提高旅游目的地的吸引力，又能够推动传统文化资源的保护和开发，带来文化资源价值的增值和延伸创新。[④] 从朱鹏提出的生态文化旅游价值流循环模式（见图 2）[⑤] 可以清晰地发现，文化资源和旅游产业的融合是一个互利互补的共赢的经济发展模式。

① 参见张国洪编著《中国文化旅游理论 · 战略 · 实践》，南开大学出版社 2001 年版。

② 参见王英杰、张苏秋《文化符号对城市经济增长影响的实证研究》，《经济与管理研究》2017 年第 5 期。

③ 参见刘瑞明等《景点评选、政府公共服务供给与地区旅游经济发展》，《中国工业经济》2018 年第 2 期。

④ 参见侯兵、周晓倩《长三角地区文化产业与旅游产业融合态势测度与评价》，《经济地理》2015 年第 11 期；周锦、张苏秋《耦合视角下文化产业与旅游业的融合创新发展》，《艺术学界》2017 年第 1 期；方忠、张华荣《文化产业与旅游产业耦合发展的实证研究——以福建省为例》，《福建师范大学学报（哲学社会科学版）》2018 年第 1 期。

⑤ 参见朱鹏《基于循环经济理论框架的生态文化旅游发展机制研究——以大湘西区域为例》，《管理世界》2014 年第 6 期。

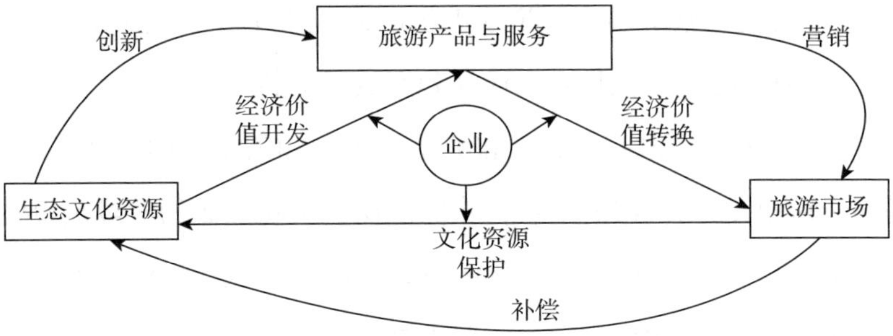

图 2　生态文化旅游价值流循环模式

此外，传媒经济中的媒介朝觐理论是有关文化旅游研究的最新成果，但国内研究还较少。媒介朝觐特指到媒介叙事中重要的地点去旅行[①]，文化朝觐就是指到文化叙事中的重要地点去旅行。通过文化朝觐，不仅文化生产系统的抽象特质被再镶嵌于偶遇之中，比如经过电影拍摄地点或者碰到文化名人，而且这些文化媒介里的地点的重要性被更普遍地确认了。电影《指环王》和《泰囧》是促进文化旅游很好的案例，2013 年《泰囧》引致 400 多万中国游客去泰国。[②] 文化朝觐在空间地理上表现为文化旅游，是在“普通世界”和“文化世界”之间被建构的距离空间中的表演。从这个意义上说，文化旅游是为了打破或消除客观存在的文化距离和文化边界而进行的文化朝觐。国内明确提出文化朝觐相关概念的研究还较少，雷霞的研究发现，媒介朝觐的前提是通过乡村影像再现，建构乡村文化，经过创新、认同和区分来发展乡村文化旅游，从而将媒介朝觐理论应用到文化旅游领域。[③]

---

① Couldry Nick, *The Place of Media Power*, London: Routledge, 2000.

② Connell J., “Film Tourism—Evolution, Progress and Prospects”, *Tourism Management*, Vol.33, No.5, 2012, pp.1007–1029; UNWTO, *Report on Tourism and Culture Synergies*, Madrid: UNWTO, 2018.

③ 参见雷霞《民间与官方的博弈：“非遗”文化中的仪式传播——基于西和乞巧节个案》，《新闻与传播研究》2018 年第 6 期。

四、文化旅游研究的主要发现

（一）经济效应

文化旅游的经济效应是相关研究的首要发现。文化旅游既属于旅游经济，又属于文化产业，是实现文化价值向经济价值转化的重要路径。文化旅游被普遍视为一个增长型市场，提供了许多工作和收入来源，很多国家和地区将文化旅游作为经济发展的工具。①

一方面，在旅游目的地举办文化活动的目的是吸引游客和注入消费②，文化旅游的游客比其他类型的游客消费更多。旺宗在对藏族节庆文化的研究中指出，节庆文化在刺激当地消费的同时，还能够扩大知名度，吸引大量外地游客，促进旅游业发展，并进一步带动交通、住宿、饮食等相关产业发展。③另一方面，文化产业的发展嵌入到文化旅游研究中，也可以为其经济效应的研究提供大量新的佐证。张建和吴文智认为，文化产业的历史积淀必将成为当地旅游经济发展的重要支点，在区域旅游经济发展的过程中应重视文化产业和旅游产业的融合。④需要指出的是，此类研究中基于事实数据的实证研究较多。比如，肖博华和李忠斌以我国少数民族八省区文化旅游产业为对象，对其竞争力进行评估测算，发现公共文化

---

① Richards G., "What is Cultural Tourism?", in A.van Maaren, ed. *Erfgoed voor Toerisme*, Weesp: Nationaal Contact Monumenten, 2003.

② 参见李沛新《壮族节庆文化开发路径创新探析》，《广西民族大学学报（哲学社会科学版）》2017年第2期。

③ 参见旺宗《藏族节庆文化产业化的意义及其途径研究——以西藏节庆文化为例》，《西藏大学学报（社会科学版）》2010年第3期。

④ 参见张建、吴文智《文化产业驱动旅游经济的模式与国际经验》，《旅游学刊》2015年第8期。

旅游资源、文化旅游产业的经济和人力资源等要素对于少数民族地区文化旅游产业的竞争力具有显著的正向决定作用①；王子超等基于1994—2014年的中国陆地边疆九省份的面板数据，对以旅游收入和游客人数为指标的旅游发展与区域经济增长之间的互动效应进行了计量经济分析，发现旅游对经济增长的显著拉动作用②。

（二）协同效应

文化旅游的协同效应是相关研究的关键效应。根据世界旅游组织的报告，文化旅游协同效应是文化产业和旅游业融合发展的一个重点。文化旅游一直以来被公认为对文化和旅游均有益，既可以为文化产业提供支持，又可以增强旅游业的吸引力。欧洲委员会2002年一项关于欧洲人文化消费习惯的研究显示，人们几乎同在国内一样频繁地到国外参观博物馆和画廊，意味着文化旅游是文化消费的一个重要来源。国内许多有关区域文化旅游资源开发和以民族文化旅游为主题的研究倾向于关注文化软实力建设与传播和区域旅游、民族旅游协同发展。例如，程乾和方琳指出，区域文化创意旅游路线有助于实现与周边城市的联动效应和区域整体效益最大化③；荣浩和王纯阳提出，创新民族文化旅游资源开发利用和扩大国家文

① 参见肖博华、李忠斌《民族地区文化旅游产业竞争力评估体系及测算》，《统计与决策》2016年第15期。

② 参见王子超、熊灵、王子岚《陆地边疆省份旅游发展与经济增长的互动效应研究：基于面板数据的Granger因果检验》，《中国软科学》2016年第12期。

③ 参见程乾、方琳《生态位视角下长三角文化旅游创意产业竞争力评价模型构建及实证》，《经济地理》2015年第7期。

化软实力等民族文化旅游协同发展的思路对策[①]；刘军明和徐晶晶在分析甘泉宫遗址与其所在的陕西省淳化县协同发展现状的基础上，提出了欠发达地区遗址保护利用和区域发展的协同策略[②]；曹晓鲜基于协同的视角提出了调整政绩考核、建立文化生态旅游品牌资产管理委员会和民族文化旅游发展利益共享机制等建议[③]。

（三）文化认同效应

文化认同效应是相关研究的又一重要发现。同经济效应和协同效应相比，关于文化认同效应的研究较少，未来有关发展文化旅游文化认同效应的进一步验证有助于消除文化距离，促进全球化。游客参与国内文化经济活动会带来巨大的社会外部性利益，因为文化艺术活动能促进社会自我反省和进步。[④]

相关研究将文化认同作为促进文化旅游融合发展的重要机制来分析。怀旧情结和地方的文化认同对文化景点的供给产生了巨大影响，几乎每个地方都有可供开发的文化内容。国外文化旅游不仅包括古迹、历史建筑、博物馆等物质形式，还包括民族习俗、社会习惯、文化庆典等非物质形式。黑色旅游、流行音乐、地方烹饪、影视旅游甚至迪士尼乐园，都成为

---

① 参见荣浩、王纯阳《国家文化软实力视阈下民族文化旅游业协同发展探析》，《贵州民族研究》2015年第9期。

② 参见刘军明、徐晶晶《大遗址保护利用与区域发展的协同性研究——以西部欠发达地区为例》，《城市问题》2014年第12期。

③ 参见曹晓鲜《基于协同的湖南西部民族文化生态旅游品牌资产研究》，《湖南师范大学社会科学学报》2010年第1期。

④ Wilkinson C, "Divestment Push a Pain in the Arts", *The Weekend Australian*, No.11, 2014, pp.1-2.

文化旅游的重要主题。① 在国内，一些学者也较早地从影视文化旅游、文化遗产保护、红色旅游和宗教文化旅游等不同视角研究了文化旅游发展的状况与特点。②

研究还发现，旅游目的地所属国家、地区的经济文化发展水平与游客所属国家、地区的经济文化发展水平差距越大，对游客的吸引力会越大。这种主客之间的文化差距构成了吸引游客的文化资源，同时也产生文化示范效应，促使当地居民与游客在行为举止、态度和消费方式等方面相互借鉴、吸收和接受。③ 在旅游过程中，处于弱势文化的一方会有意或无意地模仿强势文化一方的语言、表情、手势、衣着、仪表、价值观、审美观等特征。这种行为萌发于个体并逐渐扩展到一个群体，形成一种社会意识。当然，弱势一方社会文化的转变并非总是有益的，可能会对当地的传统文化产生一定程度的损害。④

五、研究热点与发展趋势可视化分析

（一）总体发文统计

以“文化旅游”为主题，本文对中国知网 CSSCI 中文社会科学引文索引数据库收录的 1998—2019 年的题录数据进行检索，共得到文化旅游

---

① 参见李志勇、郭雅琪《国内外文化旅游研究进展及其比较》，《金融经济》2014 年第 22 期。

② 参见刘滨谊、刘琴《中国影视旅游发展的现状及趋势》，《旅游学刊》2004 年第 6 期；杨丽霞、喻学才《中国文化遗产保护利用研究综述》，《旅游学刊》2004 年第 4 期；尹晓颖、朱竑、甘萌雨《红色旅游产品特点和发展模式研究》，《人文地理》2005 年第 2 期。

③ 参见王妙、孙亚平《旅游对接待地的社会文化影响》，《天津商学院学报》2001 年第 4 期。

④ 参见刘燕《旅游业的发展对丽江古城社会文化的影响》，《云南地理环境研究》2005 年第 S1 期。

领域的文章2172篇，时间截至2019年6月。

从发文数量看，整体数量偏低，2008年以前相关研究少之又少，说明研究队伍规模较小。主要原因如下：（1）CSSCI中文社会科学引文索引数据库在1998年开始收录文献，初创阶段收录的期刊和论文数量均较少；（2）文化旅游属于新兴课题，相关研究整体发展相对较缓；（3）文化旅游学科归属不清晰，属于跨学科研究，也就意味着缺乏学科依托。没有专业对口的研究团队、相关主题的研究具有不确定性、发文数量难以保障，这一特征从2018年原文化部和国家旅游局合并后更加明显。2017年以后，相关主题的发文数量较前几年有所下降，意味着合并前的大多数研究可以归属于“文化”或“旅游”学科，合并之后“文化旅游”反而变得不清晰，发文数量也随之减少，详见图3。

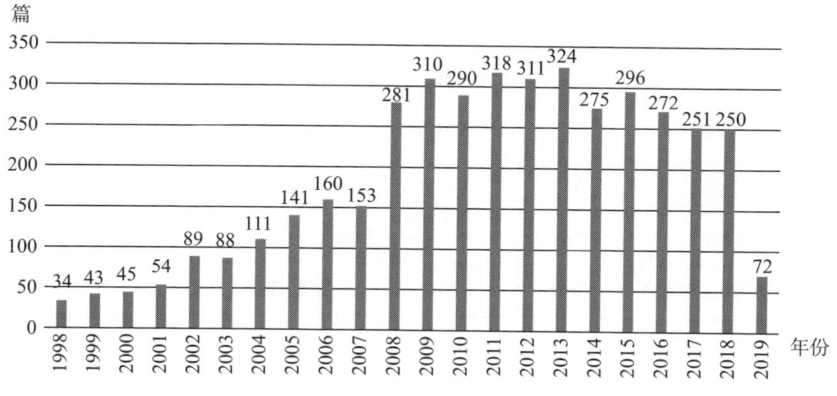

图3 论文年度数量分布

学术期刊作为研究的重要载体，对于推动我国文化旅游相关主题学术研究的繁荣发展起到了重要作用。据统计，2172篇论文共分布于433个期刊，平均每个期刊载文约5篇，载文量超过平均数的期刊为134个，超过20篇的期刊，即平均每年刊载一篇的期刊为43个，期刊分布比较集中。为了统计更具代表性，选取载文量30篇以上的26个期刊进行分析，见表2。

表2 刊载论文30篇以上的期刊分布

期刊名称	载文量	期刊名称	载文量
《旅游学刊》	295	《旅游论坛》	59
《贵州民族研究》	241	《中南民族大学学报（人文社会科学版）》	53
《资源开发与市场》	177	《西南民族大学学报（人文社科版）》	46
《经济地理》	151	《经济问题探索》	43
《人文地理》	133	《云南民族大学学报（哲学社会科学版）》	39
《社会科学家》	120	《生产力研究》	39
《黑龙江民族丛刊》	88	《西南民族大学学报（人文社会科学版）》	38
《旅游科学》	84	《广西社会科学》	37
《地域研究与开发》	80	《湖北民族学院学报（哲学社会科学版）》	37
《广西民族研究》	79	《广西民族大学学报（哲学社会科学版）》	36
《生态经济》	77	《学术交流》	35
《思想战线》	76	《体育文化导刊》	34
《干旱区资源与环境》	65	《商业研究》	31

从表2可见，《旅游学刊》是刊载相关论文数量最多的期刊，共为295篇，平均每期都有相关主题的论文刊出，这与其在旅游领域的权威期刊办刊宗旨相符。这也意味着，在文化旅游相关研究中侧重于"旅游"的研究较多，而侧重于"文化"的较少。而《经济地理》《生态经济》《经济问题探索》等期刊能够上榜，意味着"文化产业""旅游经济"相关的研

究也较多；类似地，《贵州民族研究》《黑龙江民族丛刊》等刊物上榜，表明“民族旅游”“民族文化”类的研究也很受学者欢迎。

（二）共现图谱分析

关键词共现分析表明，文化旅游相关研究集中在“去文化”和“文化朝觐”两部分。选取出现频次为 30 次以上的关键词作为高频关键词，进行共词分析并绘制知识图谱。从关键词共现图谱看，文化旅游领域研究所涉及的选题范围较广，有“旅游”“文化旅游”“生态旅游”“乡村旅游”“少数民族”“遗产旅游”“文化旅游产业”等。从各个关键词之间连线的密集度可以发现，旅游、文化旅游、旅游开发、民族旅游和乡村旅游与其他关键词之间的关联较强，研究的热度较高（见图 4）。

进一步对图谱的网络密度、点与图的中心性等指标进行测算。网络密度反映的是知识网络中各节点之间的关联紧密程度，取值越接近 1，说明网络节点间联系越紧密。计算结果显示，图 4 共词网络密度为 0.761，密度水平较高，说明高频关键词之间联系紧密，研究具有一定的整体性和系统性。中心度是衡量个体在网络中权力大小的指标，表现为共词网络中某个节点与其他节点直接相连的数量。据统计，中心度排名前五的关键词分别是“旅游”“旅游开发”“文化旅游”“旅游资源”和“旅游业”，而“创新”“融合发展”等关键词排在 50 名以外。这再一次表明，文化旅游相关研究更偏向于传统旅游领域，尤其是旅游资源开发等选题，倾向于“去文化”的特征，对文化和旅游融合发展的研究还属于蓝海。在体现“文化朝觐”的研究方面，中心度排名前十的只有“非物质文化遗产”和“民族文化”。

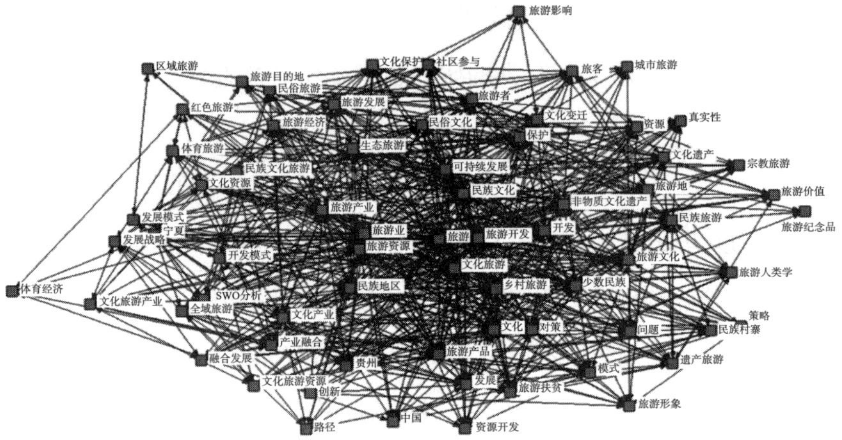

图 4　论文关键词共现图谱（1998—2019）

（三）未来研究展望

文化与旅游融合的发展模式是当下文化产业和旅游业转型升级和经济高质量发展新的突破点，“去文化”和“文化朝觐”正是文化旅游不同发展和研究阶段所表现出的侧重点。本文从文化旅游相关研究的理论基础、动机、主要发现和关键词知识图谱分析等方面对文化旅游融合问题加以研究，并对文化旅游研究的最新文献加以梳理和归纳。这些研究结果对于开展文化旅游实践的指导意义在于：文化旅游管理“去文化”还是“文化朝觐”的角色转换，并不是一种非此即彼、孰优孰劣的互斥方案，而是在文化旅游融合发展不同阶段的策略选择。文化旅游由“去文化”向“文化朝觐”不断发展演化的过程中，有利于“文旅融合发展”战略的实施，从真正意义上实现文化和旅游的互利共赢。本文的分析脉络如图 5 所示：

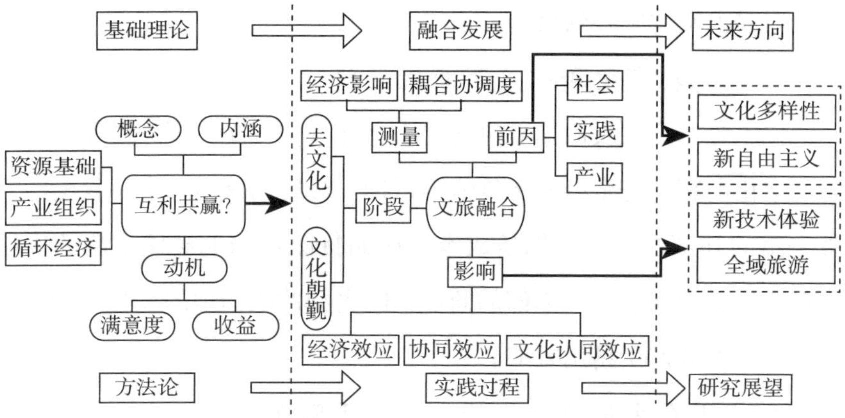

图 5　文化旅游融合研究框架

在上文构建的文化旅游融合发展研究框架的基础上，现有相关研究仍然较多集中于传统旅游领域，属于“去文化”的范畴，未来的研究应当更多地关注文化旅游融合领域，加强“文化朝觐”内容的研究。具体而言，可以从以下四个方面进一步深化和拓展。

1. 增加文化旅游多样性问题

文化旅游利基市场逐渐向软文化基础设施和非物质文化遗产转变。目前国内对文化旅游资源的开发、保护与研究主要集中在物质形式层面，着重于主题公园、文化艺术园区建设，对非物质文化遗产的开发、保护远远不够。文化旅游还面临定位不明确、发展模式单一、文化资源开发与保护不当等问题。[①] 李永乐认为，相较于传统的物质文化遗产和现代工业文明，京剧、昆曲、武术、刺绣等非物质文化遗产能够更好地展现中华文化的内

① 参见吴丽慧、马达、王诗龙《国内外文化旅游研究进展概述及启示》,《当代经济》2017 年第 22 期。

涵，理应成为文化旅游的核心。[①]

2. 文化的私有化和过度商业化问题

文化旅游融合发展面临着再度“去文化”的风险，即旅游业的发展再度脱离文化内容，完全以经济价值为目标。过度的旅游开发不仅会给目的地带来负的外部性，产生拥挤成本，比如打破目的地居民平静的生活氛围，对其生活造成不便。浓郁的商业氛围也会冲淡当地的文化氛围，对文化的传承和发展产生挤出效应。

3. 新技术在文化旅游体验中的应用问题

包括如何将大数据、虚拟现实、增强现实等高新技术应用到“智慧旅行”中，以提高文化旅游的娱乐性；现代科学技术如何在文物保护、活化、传播等方面提供帮助，为文化旅游提供源源不断的文化资源；等等。此外，融媒体环境下，新媒体技术对文化旅游的宣传和推广作用也值得研究，尤其是如何促进移动互联时代“媒介朝觐”的比例，借助媒介力量增强游客的文化认同。

4. 文化旅游在全域旅游中角色、地位和发展模式问题

包括旅游业供给侧结构性改革，景点旅游发展模式逐渐向区域资源整合、产业融合、共建共享的全域旅游发展模式转变[②]等问题。在此机遇和挑战面前，如何调整文化旅游发展模式，适应全域旅游发展的需要就变得十分重要。未来的研究应当立足全域旅游，加强文化旅游角色、地位和发展模式的研究，从制度供给和区域协同两个方面来探索文化旅游新形态和新模式。

（原载《南京社会科学》2020 年第 4 期）

---

① 参见李永乐《非物质文化遗产与中国目的地营销》，《旅游学刊》2009 年第 4 期。

② 参见周永博等《迈向优质旅游：全域旅游供需错配及其治理——苏州吴江案例研究》，《旅游学刊》2018 年第 6 期。

文化和旅游公共服务融合发展的思考

李国新　李　阳

当前，深化文旅融合成为新时代文旅事业发展的重点任务。文旅融合，主战场是文化产业和旅游产业的全面及深度融合，所谓文化要素成为旅游的灵魂，旅游为文化传播插上翅膀。文化和旅游公共服务——公共文化服务和旅游公共服务的融合发展，也是文旅融合发展的一个重要方面。宜融则融、能融尽融同样是文旅公共服务融合发展的指导方针和基本原则，因此，搞清楚公共文化服务和旅游公共服务哪些宜融、哪些不宜融，找准公共文化服务和旅游公共服务融合的切入点，才谈得上二者从形式到内容的全面及深度融合。

一、什么是文化和旅游公共服务

近十年来，公共文化服务是我国社会生活中的高频词，是快速发展的由政府主导的公共服务事业。《中华人民共和国公共文化服务保障法》对“公共文化服务”作出了明确界定，是指“由政府主导、社会力量参与，以满足公民基本文化需求为主要目的而提供的公共文化设施、文化产品、文化活动以及其他相关服务”（第二条），从法律层面明确了公共文化服务的责任主体、服务目的和提供内容。

关于旅游公共服务，目前在法律层面还没有专指性界定。《中华人民共和国旅游法》提出了“完善旅游公共服务”的发展方针（第三条），法律中涉及的旅游公共服务事项主要包括建立旅游公共信息和咨询平台、设置旅游咨询中心、设置旅游指示标识、建立游客中转站（以上第二十六条）、建立旅游突发事件应对机制（第七十八条）。现行政策层面关于旅游公共服务的表述不尽一致。2006 年中央提出“建设服务型政府，强化社会管理和公共服务职能”[①]之后，国内学术界开始了对旅游公共服务的研究。目前较有影响的说法是：旅游公共服务是指由政府或其他社会组织提供的，以满足旅游者共同需求为核心、不以营利为目的、具有明显公共性的产品和服务的总称。[②]这一说法大致明确了旅游公共服务的基本内涵：旅游公共服务的提供主体是政府或其他社会组织，目的是满足旅游者共同需求，特点是不以营利为目的，提供内容是公共性产品和服务。简单地理解，政府主导、共同需求、公益属性三大要素，是旅游公共服务与其他旅游服务的主要区别。

公共文化服务和旅游公共服务有共同点：它们都是政府为满足老百姓的基本需求而提供的基本公共服务，都是主要由公共财政支持的公益性服务，所提供的服务都需要有基本范围和基本尺度，都需要随着经济社会的发展而动态调整。这些共同点构成了公共文化服务和旅游公共服务可以而且能够融合发展的理论基础。

---

① 《中共中央关于构建社会主义和谐社会的若干重大问题的决定》，2019 年 8 月 15 日，http://www.gov.cn/govweb/gongbao/content/2006/content_453176.htm。

② 参见李爽《旅游公共服务：内涵、特征与分类框架》，《理论参考》2012 年第 9 期。

二、公共文化服务和旅游公共服务的主要内容

从 2011 年党的十七届六中全会提出基本公共文化服务的“六大任务”（保障人民群众读书、看报、听广播、看电视、进行公共文化鉴赏、参与公共文化活动），到 2015 年初中办、国办印发《国家基本公共文化服务指导标准（2015—2020 年）》，将基本公共文化服务调整为 3 大类 14 项 22 条，再到截至 2016 年底，全国所有省级人民政府出台本省的基本公共文化实施标准对国家指导标准加以细化、深化、具体化，直到 2017 年 3 月施行的《中华人民共和国公共文化服务保障法》建立起我国的基本公共文化服务标准法律制度，经过 10 多年来持续的研究和实践，我国基本公共文化服务的内容、种类、数量和水平已经大体上清楚，基本公共文化服务标准指标体系处于不断完善过程中。

旅游公共服务的主要内容包括什么？ 2010 年 12 月出台的《中国旅游公共服务“十二五”专项规划》指出，主要包括旅游公共信息服务、旅游安全保障、旅游交通便捷服务、旅游惠民便民服务、旅游行政服务等内容。[①]2016 年 12 月国家旅游局印发《“十三五”全国旅游公共服务规划》，所提到的旅游公共服务体系内容包括旅游公共服务基础设施、旅游信息咨询、旅游交通集散、厕所革命、旅游便民惠民、旅游安全保障等。[②]两相比较，旅游公共服务基础设施、厕所革命在“十三五”时期被纳入旅游公共服务范畴。2018 年 4 月，国家统计局发布了《国家旅游及相关产

① 参见《国家旅游局办公室关于印发中国旅游公共服务“十二五”专项规划的通知》，2019 年 8 月 1 日，http://www.pkulaw.cn/fulltext_form.aspx？Gid=b0ec12adabe07cc0。

② 参见《国家旅游局办公室关于印发“十三五”全国旅游公共服务规划的通知》，2019 年 8 月 8 日，http://www.cac.gov.cn/2017-03/07/c_1120585018.htm。

业统计分类（2018）》，将直接为游客提供出行、住宿、餐饮、游览、购物、娱乐等服务活动的旅游业分为 7 个大类 21 个中类 46 个小类，将为游客出行提供旅游辅助服务和政府旅游管理服务等活动的旅游相关产业分为 2 个大类 6 个中类 19 个小类。[①] 综合考察分析国家“十三五”旅游公共服务规划和《国家旅游及相关产业统计分类（2018）》所涉及的内容，大致说来，旅游公共服务主要涉及四个方面：一是旅游公共服务基础设施，如公共景观、特色街区、休闲绿地、旅游厕所、游客集散中心、旅游指示标识等；二是旅游公共信息服务，如旅游咨询服务平台 / 中心、网络信息服务、旅游解说服务等；三是旅游便民惠民服务，如面向公众的旅游消费优惠卡 / 券、旅游年票套票、特殊群体优惠等；四是旅游安全保障服务，如旅游安全监测、旅游应急值守和服务等。

从公共文化服务和旅游公共服务的具体内容来看，二者既有联系，也有区别。比如，公共服务基础设施、公共信息服务、全域旅游环境中的文体活动等，公共文化服务和旅游公共服务就大有相互借力、融合发展、互促共赢的空间。相反，有些方面就很难找到有机融合的衔接点，如旅游公共服务中的重要内容厕所革命、旅游安全保障、应急机制等，就看不到与公共文化服务的有机结合点。把握好公共文化服务和旅游公共服务的本质和规律，才能让宜融则融、能融尽融的方针真正落地。

① 参见《国家旅游及相关产业统计分类（2018）》，2019 年 8 月 15 日，http://www.stats.gov.cn/statsinfo/auto2073/201805/t20180530_1601168.html。

三、公共文化服务和旅游公共服务融合发展的切入点

考察近年来我国文化和旅游融合发展的实践，立足当前的现实需要，公共文化服务与旅游公共服务融合发展的切入点主要是以下几个方面。

（一）公共文化服务设施嵌入旅游景区、线路、住地、交通服务区域等

长期以来，由于行政体制方面的障碍，公共文化设施的布局和建设很少考虑旅游需求，旅游景点、服务点建设也很少考虑公共文化服务。文旅融合发展为打通这一阻滞创造了条件。目前各地已经涌现出一些公共文化设施嵌入旅游景区、服务点的成功案例。如北京市海淀区实施“书香进景区、进宾馆工程”，计划三年内在辖区 100 个景区和星级宾馆配置 5 万册图书和 60 台数字阅读终端，以“一步书香”阅读送达的方式，让阅读在宾馆景区等随处可见、随手可得。福建省图书馆在推进图书馆总分制建设进程中，在全省文化景区、旅游景点打造了以“清新书苑”为统一标识的公共阅读场所，配备“文化一点通”数字服务设备，方便游客下载电子书、了解景区的人文和自然知识。浙江省图书馆探索“图书馆 + 民宿”模式，把公共阅读服务延伸到游客住地，打造出一批独具文化特色的民宿。上海博物馆、南京博物院、广东省博物馆在城市机场航站区设立文创体验馆、文创展示销售馆，把非遗体验、文创展示嵌入到人流密集的机场。但总体来看，目前我国大多数的旅游景区景点休憩场所、旅游交通服务区域、慢游绿道等还很少能见到公共阅读、文化展示和体验等设施设备，公共文化设施“嵌入”的空间还很大。

当然，公共文化设施“嵌入”，不是简单地把城市的设施搬进旅游景

区就算了事，而是需要从形式到内容进行有针对性的改造。比如，游客利用公共文化设施，往往具有利用时间短、以休闲性利用为主的特点，很难想象游客进景区、住宾馆是为了在那里看书，因此，设施的空间设计、资源配置就不能照搬城市设施的做法。在自驾游营地、民宿集中区域嵌入的公共文化设施和服务，与旅游交通服务区域、旅游景点中的公共文化设施在形式、内容上又应该有所不同。深入研究需求、准确把握规律、有的放矢提供，才能防止嵌入的公共文化设施沦为“摆设”。

（二）基层综合性文化服务中心和乡村旅游服务中心融合

一方面，适应乡村旅游蓬勃发展的需要，近年来不少旅游资源富集的乡村建设了乡村旅游服务中心。但是另一方面，乡村旅游服务中心建设在不少地方特别是中西部经济欠发达地区，也还存在不少困难，如用地紧张、资金不足、内容单薄、人员短缺等。在一个地域范围不大的乡村，乡镇文化站、村文化中心和旅游服务中心融合，是解决问题的有效办法：对于乡村旅游服务中心来说，不需要另起炉灶新建设施，服务空间和内容增加了文化含量；对于乡村文化中心来说，依托旅游人流和服务，一定程度上可以改变“不开门、不见人”的困境。设施、资金、人员、组织体系和服务的全面融合，带来了乡村旅游服务和乡村文化服务双赢的局面。2018年底，宁波市象山县墙头镇溪里方村依托文化礼堂建立了文旅服务中心，内设游客服务站、文史展示厅、乡创工作坊、艺普讲习所 4 大板块内容，游客服务站提供旅游信息发布、咨询接待、休闲服务等；文史展示厅常年展示村史村貌、民风民俗、乡村特色等内容；乡创工作坊为乡村文创特色产品或项目提供展示、孵化及销售平台；艺普讲习所借助“一人一艺”云平台的数字设备和资源，定期开展艺术培训、文化讲座、文化活动等。[①]溪里方村的文旅服务中心拥有文化和旅游双重服务功能，为乡村文化服务和旅游服务的融合发展作出了有益探索。

（三）公共图书馆开展旅游公共信息服务

前些年考察日本的公共图书馆时曾发现一个现象：日本许多基层公共图书馆一进门最显眼的位置摆放的往往是旅游指南文献，当时对此还颇有不解。如今在文旅融合发展的背景下回想此事，体会到了公共图书馆主动适应老百姓日常生活需求的服务自觉。如今，我国的全民旅游井喷式爆发，老百姓对旅游信息的需求随之增加，公共图书馆发挥自身专业优势，为公众提供丰富多彩、便捷适用的旅游指南性信息服务，成为公共图书馆服务的一个新的增长点。目前我国已有一些旅游热点地区的公共图书馆开始了这项工作。如海南省图书馆在报刊阅览室设立了旅游地图专架，上海市黄浦区图书馆设立了旅游文化博览室，深圳市宝安区图书馆设置了旅游专题图书馆等，也有一些公共图书馆将旅游推介纳入日常展览、讲座、活动等，但总体来看，这方面的服务仍处于初步的、零星的、偶发的状态，没有成为普遍性、常态性的服务。在文旅融合发展的背景下，各级公共图书馆应该迅速加强大众旅游信息服务，这也是公共图书馆以职业精神推动文旅融合发展的专业实践。

目前，面向大城市、著名旅游景点的一般性旅游指南信息并不缺乏，人们获取的渠道很多，缺的是面向全域旅游、乡村旅游的针对性强、指

---

① 参见《宁波首个乡村文旅中心成立》，2019 年 8 月 15 日，http://difang.gmw.cn/nb/2018-11/26/content_32046009.htm。

引精准、无缝对接的旅游指南信息。比如，如果是到北京、上海、西安这样的大城市旅游，获取吃住行游购娱信息都不成问题，但如果是到一个知名度不高或是地域比较偏僻的乡村旅游呢？到达目的地后有什么接驳交通工具？什么地点什么时间可以转乘？什么地方可以住宿？费用如何？有什么可以旅游观光休闲的“打卡点”？诸如此类的问题，是一个对旅游目的地陌生的旅游者首先关心也必须解决的问题，从旅游公共信息提供的角度看，目前最缺乏的就是这类精准指引、无缝对接的针对性、适用性强的指南信息。公共图书馆在信息的挖掘、整序、开发、传播上有专业优势，公共图书馆的信息服务应该向这方面拓展，在这方面下功夫，把丰富、精准、适用的旅游信息以多种方式特别是依托互联网的移动端传递给旅游者，这样才能彰显出公共图书馆旅游信息服务的专业性和不可替代性。

（四）博物馆、非遗传习场所与研学旅行相融合

研学旅行是我国大力倡导的素质教育、通识教育的重要内容、创新形式和有效载体。自 2013 年《国家休闲旅游纲要》提出逐步推行中小学生研学旅行以后，有关部门已经出台了 10 多个政策性文件，包括教育部要求将研学旅行纳入中小学教学计划。[①] 据统计，2018 年国内研学旅行人数达到 400 多万，市场规模达到 125 亿[②]，研学旅行需求旺盛、市场广阔、内容丰富、产品多样，其中文化研学游是重要产品之一，依托优秀传统文化资源和大型公共文化设施建设研学旅行基地，是发展文化研学游的重要

① 参见《教育部、发改委等 11 部门关于推进中小学生研学旅行的意见》，2019 年 8 月 5 日，http://www.moe.gov.cn/srcsite/A06/s3325/201612/t20161219_292354.html。

② 参见《一起来看研学旅行大数据》，2019 年 8 月 15 日，http://www.sohu.com/a/311839092_760974。

方式，博物馆、非遗传习基地就是最有条件成为文化研学旅行基地的公共文化设施。2017 年末大型文博探索节目《国家宝藏》在央视播出后，通过"博物馆"搜索国内旅游目的地的数据上升了 50%，"为一座博物馆赴一座城"成为旅游项目新卖点。[①] 教育部 2018 年公布的 377 个全国中小学生研学实践教育基地中，博物馆就有 60 个。[②] 南京博物院于 2013 年设立非遗馆，定期邀请金陵剪纸、秦淮灯彩、南京金箔等非遗传承人现场展示，并配以木偶剧、南京白局、苏州评弹等展演活动，用静态和动态相结合的形式展示当地特色非遗技艺。福州汇聚了大量非遗项目和传习场所的三坊七巷旅游景区 2017 年入选"港澳青少年游学基地"。博物馆、非遗传习场所与研学旅行相结合，显示了公共文化服务与旅游服务融合发展的强劲势头。

博物馆、非遗传习场所的研学旅行服务，不能仅限于提供一个"游"的场所，更需要在"学"和"研"上动脑筋、想办法、出创意、见实效。研学旅行如何促进学生社会主义核心价值观确立、激发爱国热情和文化自信、培养实践意识和创新精神；如何促进书本知识和生活经验深度融合的作用，都需要在活动设计、呈现方式、内容挖掘、与学校教育有机结合等方面探索创新，增强吸引力和有效性，这是博物馆、非遗传习场所等公共文化机构在文旅融合背景下面临的新问题、新挑战。

---

① 参见中国旅游研究院文化旅游研究基地河南文化旅游研究院《中国文化旅游发展报告》，中国旅游出版社 2019 年版，第 29—32 页。

② 参见《教育部办公厅关于公布 2018 年全国中小学生研学实践教育基地、营地名单的通知》，2019 年 8 月 8 日，http://www.moe.gov.cn/srcsite/A06/s3321/201811/t20181106_353772.html。

（五）群众文化活动营造城市文化氛围，提升城市文化品位

全域旅游强调旅游的全景化、高品质、全覆盖。一座城市文化元素无处不在、文化设施星罗棋布、文化活动随处可见、文化氛围笼罩全域，游客漫步其间时时处处能感受到文化的熏陶和滋润，这是高质量全域旅游对城市文化品位的内在要求。群众文化活动在营造城市文化氛围、提升城市文化品位上不仅有独特作用，还有巨大空间。近年来成都市文化馆组织和推动“街头艺术表演”，短短两三年，已经在全市街头巷尾部署了 60 多个表演点位，吸引了来自全国各地的 150 多组 260 多位年轻艺人参与，创造了一整套街头艺人遴选、考核、管理制度和机制。其他像深圳的“街头艺术四季 FUN”、哈尔滨的“街角文艺”，也都属于这类活动。有专家认为，街头艺术表演是现代城市文化活动的重要组成部分，是展示城市文化形象、激发城市文化创造活力的重要途径，也是丰富市民和游客生活体验、促进文旅融合的重要抓手。[①] 街头艺术表演本身并不是旅游项目，但它营造了城市文化氛围、展现了城市文化品位，间接实现了服务全域旅游的目的。这一项目带给我们的启发是多方面的：公共文化服务与旅游融合有的是直接的，更多的是间接的；文旅融合发展的新形势也在倒逼公共文化服务转变观念、拓宽思路、创新服务；不能把文旅融合简单地理解为公共文化设施变为旅游景点、公共文化服务变成游客服务，公共文化服务与旅游融合应建立在遵循规律、发挥专长、有机结合、相互促进的基础上。

---

① 参见《“成都街头艺术表演”项目亮相“2019 中国文化馆年会”获赞誉》，2019 年 8 月 15 日，https://cbgc.scol.com.cn/custom/157187。

（六）串联标志性文化设施，打造旅游路径

近年来，各地涌现了为数不少的堪称城市标志性建筑的公共文化设施，成为“网红”建筑，尤其是年轻人旅游的“打卡地”。如天津市滨海新区图书馆以其极具视觉冲击力的设计迅速“走红”，秦皇岛的阿那亚图书馆独自伫立在空旷的沙滩，被称为“孤独图书馆”，吸引了大量的游客预约参观。即将开馆的苏州图书馆二馆的智慧书库系统，将互联网、大数据、机器人、人工智能用于图书的分拣、存储、传输，身临其境观赏极具视觉冲力和心灵震撼力。博物馆更是早早地进入游客的视野，成为人文旅游的热门目的地。目前，我国又有一批设计前卫、功能一流，完全可以和芬兰赫尔辛基“颂歌图书馆”媲美的公共文化设施正在建设中，不远的将来会相继面世。在农村，伴随着乡村振兴战略的实施，也出现了一大批设计新颖、乡土气息浓郁的镇街博物馆、村史馆、乡贤馆，展现了独具特色的地域文化，见证了乡村经济社会文化变迁。将这些具有一定显示度、标志性、特色鲜明的公共文化设施连点成线，就是独具魅力的人文旅游路径，是公共文化与旅游融合的又一有机结合点。当然，公共文化设施毕竟不是旅游设施，公共文化服务不等同于旅游公共服务，公共文化设施成为旅游“打卡点”，串联公共文化设施形成新的旅游路径，需要研究解决区域动静隔离、功能相互区别、服务守正创新的问题，要防止把文旅融合发展背景下的公共文化服务异化为公共文化设施和服务的“旅游化”。

（原载《图书馆杂志》2019 年第 38 卷第 10 期）

公共文化服务和旅游融合发展的实践探索和路径思考

毕绪龙

协同推进公共文化服务和旅游公共服务、为居民服务和为游客服务，是深化文化和旅游融合发展的重要内容。相比于产业领域的文化和旅游融合发展高歌猛进，公共服务领域的文化和旅游融合发展虽然也在逐步推进，但整体上进展比较缓慢。在新冠肺炎疫情影响下，公共文化服务和旅游融合发展的必要性更加突出，通过公共服务融合发展促进文化和旅游高质量发展的重要性更加突出。本文拟在分析近年来公共文化服务领域相关政策和实践的基础上，对公共文化服务和旅游融合发展的实践探索和具体路径作出思考和研究，为相关部门和业界提供参考。

一、融合发展基础

经过十几年的稳步发展，公共文化服务的概念、范围、标准、财权、事权等已经清晰，并且有专门的法律予以保障，具备了和相关行业融合发展的行政基础和法律保障。进入 21 世纪特别是“十二五”时期以来，我国国家基本公共服务制度体系建设加快了步伐，围绕从出生到死亡各个阶段和不同领域，一整套涵盖教育、劳动就业创业、社会保险、医疗卫生、社会服务、住房保障、文化体育等领域的基本公共服务体系基本建立，支撑起政府保障全民基本生存发展需求的制度性安排。公共文化服务体系建设早在 2005 年中央关于文化体制改革的文件中就已提出，2007 年中共中央办公厅印发《关于加快构建公共文化服务体系建设的意见》，对公共文化服务体系建设作出部署。党的十八届三中全会之后，为落实会议精神，中共中央办公厅、国务院办公厅印发《关于加快构建现代公共文化服务体系的意见》，连同其他公共文化服务政策的出台，标志着国家公共文化服务体系建设政策体系基本完善。2017 年 3 月 1 日，《中华人民共和国公共文化服务保障法》正式施行，对公共文化服务概念作出法律界定[①]，明确公共文化服务以满足公民基本文化需求为主要目的，由政府主导、社会力量参与，把向公民提供公共文化设施、文化产品、文化活动以及其他相关服务纳入法律规定范围，对公共文化设施建设与管理、公共文化服务供给与保障等作出具体规定，形成保障和推进公共文化服务体系建设标准化、均等化、社会化、数字化等特征。党的十六大以来，公共文化服务体系建设列入党的重要会议文件、文化建设部署重要内容和每年政府工作报告。进入"十二五"时期以来，公共文化服务体系建设列入国家公共服务均等化发展规划。近 10 年来，文化惠民工程成为国家重要工程项目，中央转移支付资金持续支持公共文化场馆免费开放，中央和地方在公共文化领域的财权事权划分更加清晰科学，公共文化服务及其体系建设已经比较完备。2018 年

---

① 参见《中华人民共和国公共文化服务保障法》，2016 年 12 月 15 日（2020 年 4 月 25 日），http://zwgk.mct.gov.cn/auto255/201612/t20161226_474962.html。

4月，文化和旅游部组建，根据《文化和旅游部职能配置、内设机构和人员编制规定》设立公共服务司，其职责中有“拟订文化和旅游公共服务政策”“承担全国公共文化服务和旅游公共服务的指导、协调和推动工作”“拟订文化和旅游公共服务标准并监督实施”等。[①] 从党和国家机构改革情况来看，公共文化服务和旅游融合发展或文化和旅游公共服务一体化建设已经被纳入行政管理系统，为公共文化服务和旅游的融合发展提供了行政基础。

在贯彻落实新发展理念、推进行业融合发展的背景下，公共文化服务和旅游融合发展具有了深度融合的时代基础。其一，从国家基本公共服务建设来看，基于“共享”新发展理念、服务型政府建设，体现“政府责任、公民权利”的国家基本公共服务日臻完善。人民群众的精神文化需求特别是多样化、个性化需求日益旺盛，对公共文化服务效能提升与品质提升提出客观要求，同时，伴随着大众旅游的到来，旅游越来越成为公民的基本权利。国家层面把文化和旅游列为满足人民群众精神文化需求的“幸福产业”。正如有学者指出，追寻人生幸福是文化和旅游关系的本源，体验文化幸福是文化和旅游关系的变迁，实现社会幸福是文化和旅游关系的归途。[②] 坚持以人民为中心，把最好的服务提供给人民，是文化和旅游公共服务的共同目标，这就为公共文化服务和旅游融合发展提供了时代基础。其二，从文化和旅游系统落实以供给侧结构性改革为主线的经济社会高质量发展理念来看，同为现代服务业的文化行业和旅游行业，其高质量发展是公共服务的高质量发展和服务质量的普遍提升，提升服务质量既是文化和旅游企业社会效益和经济效益相统一的追求，更是文化和旅游公共服务的

---

① 参见《文化和旅游部职能配置、内设机构和人员编制规定》，2018 年 11 月 19 日，http://www.scopsr.gov.cn/jgbzdt/gg/201811/t20181119。

② 参见徐金海《文化和旅游关系刍论：幸福的视角》，《旅游学刊》2019 年第 4 期。

追求。这就为公共文化服务和旅游融合发展提供了行业基础。其三，从公共资源配置和利用的成本和效益来说，公共文化资源的相对“闲置”“内部小循环”“覆盖面和适用性不强”等问题，可通过与旅游融合发展从而寻求公共品社会效益最大化的诸多方式来解决。居民和游客既需要好的文化体验，也需要好的旅游体验，而文化体验和旅游体验向来密不可分。优秀高效的公共文化服务，不仅能够满足本地群众的基本文化需求，而且能够满足游客体验异地文化的旅游需求，甚至通过文旅融合能够带动本地公共文化服务发展，反之亦然。这就为公共文化服务和旅游融合发展提供了内在动力基础。其四，从资源利用和保护来讲，可持续发展的文化资源和旅游资源都需要合理利用，同时也都需要重视保护，而资源利用和保护恰是公共服务的重要方面。国家层面对多规合一、国土资源布局的统一要求，以及文化和旅游部组建之后对资源保护利用的统筹，为推进公共文化服务和旅游融合发展、促进资源可持续保护利用提供了治理基础。

推进公共文化服务和旅游融合发展，亟须从“最佳结合点”和“最大公约数”出发，夯实深度融合的实践基础。就目前文化和旅游公共服务建设而言，公共文化服务和旅游公共服务既存在深度融合的一些“空白点”和潜在空间，也分别呈现出不同的特点。在实际工作中，原国家旅游局已有“十二五”“十三五”全国旅游公共服务规划，旅游公共服务所涉及的旅游公共服务基础设施（如公共景观、特色街区、休闲绿地、旅游厕所、游客集散中心、旅游标示等）、旅游公共信息服务（如旅游咨询服务中心、网络信息服务、旅游解说服务等）、旅游便民惠民服务（如面向公众的旅游消费优惠券、旅游年票套票、特殊群体优惠等）、旅游安全保障服务（如旅游安全监测、旅游应急值守和服务等）[①]，等等，正在逐步推进，也在不断探索。虽然已经提出“建设与大众旅游新时代相匹配的结构完善、高效普惠、集约共享、便利可及、全域覆盖、标准规范的旅游公共服务体系”[②]这样的体系架构和发展目标，但截至目前，旅游公共服务体系建设尚未纳入国家基本公共服务规划范围，同时，旅游公共服务相应的范围、标准、财权事权划分以及政策供给等尚不明晰。在这样的现实情境中，公共文化服务领域可以借助基本公共文化服务相对完备的体系化建设基础和优势，在服务对象、服务区域、服务内容、服务方式等方面积极寻求和旅游融合发展的侧重点和切入点，加强文化资源的配置利用，为推进文化和旅游公共服务融合发展做出探索。

二、实践探索

改革开放以来，文化和旅游政策始终把旅游与社会主义精神文明建设、传播和塑造中国形象、提高国家文化软实力紧密结合，在做好这个巨大公共品方面做出了不懈努力。早在1981年国务院发布的《关于加强旅游工作的决定》中就提出要从中国的实际出发，逐步走出一条适合国情，日益兴旺发达的中国式的旅游道路，体现社会主义制度的优越性，发扬我国人民热情好客的优良传统，充分发挥我国的古老文化、山水名胜和多民族这些特点，开展具有中国特色的健康文明、丰富多彩的旅游活动。20

---

① 参见北京大学国家现代公共文化研究中心、北京市石景山区文化和旅游局《文旅融合：公共文化服务新动能论集》，国家图书馆出版社2019年版，第58页。

② 《国家旅游局办公室关于印发“十三五”全国旅游公共服务规划的通知》，2017年3月6日，http://zwgk.mct.gov.cn/auto255/201703/t20170306_832408.html。

世纪 90 年代，重要的旅游政策都强调了旅游对文化发展、满足人民文化需求、增强爱国凝聚力作用的发挥等内容。2009 年，原文化部和国家旅游局联合印发《关于促进文化与旅游结合发展的指导意见》，第一次提出“文化是旅游的灵魂，旅游是文化的重要载体”理念，从构建社会主义和谐社会的高度，以“树形象、提品质、增效益”为目标，采取 10 项举措加强文化与旅游结合，进一步推动了文化资源、公共文化设施和旅游的融合发展。21 世纪第二个 10 年，随着“文化 +”“旅游 +”战略的实施和新业态新模式的涌现，文化和旅游公共服务的融合发展日益加快。在乡村旅游、红色旅游、旅游演艺、研学旅行、健康旅游、全域旅游等业态和产品中，公共文化场馆和公共文化服务的介入参与逐步增强。

在各地推进文化和旅游融合发展中，公共文化服务和旅游融合发展政策开始陆续制定并落实。自文化和旅游部组建以来，陕西、浙江、广东、山西、山东等省制定了文化和旅游融合发展的地方政策，体现出经济发达地区和传统文化资源“富集区”推进文化和旅游融合发展的内需和动力，其中都对公共服务领域推进融合发展制定了系列措施。从综合分析来看，主要政策举措体现为如下特点：一是积极拓展公共文化设施的旅游服务功能。鼓励文化场馆对游客开放、对旅游景区和旅游线路进行推介，把具备条件的公共文化场馆打造成为吸引居民和游客的“文化客厅”。二是活跃文化机构在基层社区的旅游服务。鼓励在社区文化活动中心等建立旅游信息服务点，利用节庆假日组织指导镇街、社区开展游客参与性强的主题文化活动，营造浓厚的文化氛围等。其中，共识度很高的一项举措是，鼓励和支持有条件的行政村（社区）结合基层综合性文化中心，建设文化和旅游公共服务中心。三是推进公共文化服务进景区。丰富景区、度假区、乡村旅游点以及游客集散中心等旅游场所的文化元素，组织开展文化惠民服务，增加文化体验项目，把旅游公共场所打造成传播文明、体验文化和展示风土人情的重要窗口等。

各地在公共文化服务和旅游融合发展方面进行了初步探索和实践，同时存在缺乏文化和旅游双向融合理念、缺乏顶层设计、缺乏融合发展的广度和深度等问题。从当前公共文化场馆和机构存量和旅游融合发展的实践来看，文化旅游资源占据优势的场馆机构走在融合发展前列。博物馆、国家文物保护单位、部分大遗址等拥有文化旅游的独特优势资源，实际上很早就开始和旅游融合在一起。纪念馆、科技馆、美术馆等各自具有红色文化、历史名人、科技展示、美术精品等资源要素，与爱国主义教育、党性教育、科学普及、艺术鉴赏和艺术普及等相结合，各地相关机构正在创新服务方式吸引更多的游客。从增量实践的情况来看，一些地方在新建文化馆（站）、基层文化中心设施时，因地制宜和旅游基础设施共建共享。如贵州省盘州全域旅游游客集散中心，同时建设包括文化馆、图书馆等在内的文化艺术中心。宁波市象山县溪里方村依托文化礼堂建立文旅服务中心，把游客服务、文史展览、乡村文创、艺术普及讲习所等结合起来，使其具备了为乡村文化服务和旅游服务的双重功能。① 一些地方积极推进公共文化服务进景区。如北京各区在公园、游乐园等景区举办庙会灯会、惠民演出、展览讲座，石景山区各街道社区综合文化中心通过发放宣传品、开展旅游咨询、主题分享活动等方式为游客服务。有的街道文化中心还与旅行社、旅游企业合作，在街道社区举办“星空旅行”“解密南非”“带着

① 参见北京大学国家现代公共文化研究中心、北京市石景山区文化和旅游局《文旅融合：公共文化服务新动能论集》，国家图书馆出版社 2019 年版，第 60 页。

图书去旅行”等旅游攻略和旅行文化讲座等。[①] 一些地方结合城市文化特点积极开拓特色群众文化活动新空间。如成都市文化馆组织和推动“街头艺术表演”，深圳开展“街头艺术四季 FUN”，哈尔滨开展“街头文艺”等。这些群众文化活动在营造城市氛围、活跃文化生活、宣传城市形象等方面形成一道风景线。从目前各地实践存在的问题来看，公共文化服务和旅游的双向融合理念还不强，距离把提升文化服务质量和水平，贯穿到吃住行游购娱各环节和旅游业发展全过程的政策目标，还有不小的距离；公共文化服务和旅游融合目前还缺乏系统科学的顶层设计，只在部分地区部分文化场馆和机构做到了“宜融则融”，远远没有做到“能融尽融”，“以文促旅、以旅彰文”的内在互动，其效果尚未充分发挥。

突如其来的新冠肺炎疫情对公共文化服务能力进行了严苛考验，同时也对公共文化服务与旅游融合发展的实践提出了新的挑战。疫情期间，文化和旅游发展受到了严重影响，文化和旅游线上业态融合发展加快进程，在此背景下，文化和旅游部门、各地公共文化场馆和社会相关机构充分利用在线平台，开展一系列在线展览、在线直播、全景虚拟场景“云春游”等活动，体现了公共文化服务领域的社会服务意识和服务能力，同时也带来了对公共文化服务和旅游融合发展“短板”的思考。第一，社会服务能力是公共文化服务和旅游融合的基础。旅游行业以旅游企业为主体，市场化程度比较高，在服务社会、服务游客的方式方法方面竞争激烈，社会服务能力是其生存之本。公共文化服务与旅游融合，势必由原来的为本地人民群众的单一服务转向为本地人民群众和游客的双重服务，只有不断提高

---

① 参见北京大学国家现代公共文化研究中心、北京市石景山区文化和旅游局《文旅融合：公共文化服务新动能论集》，国家图书馆出版社 2019 年版，第 124 页。

社会服务能力，才能不断地和旅游融合，相互借力发挥作用。第二，“互联网 + 公共文化服务”的思维和能力没有获得很好的锻炼和提升，一定程度上疏离了社会流行文化和网络文化，公共文化服务产品服务的内容创新、形式创新未能与市场同类产品服务保持基本同步，服务方式还不完全符合主流消费人群的消费形式和消费习惯。[①]第三，面对形式多样、渠道多元、时间零碎、眼球挑剔的文化消费趋势，公共文化的传统服务方式正在失灵。旅游中的文化必须是符号化的，看得见摸得着的，文化内容必须用与旅游相关的符号表达出来。将来文旅融合的公共产品和服务，可能大部分都是故事化、生活化和场景化的。这就对公共文化资源转化、内容创新、形式创新提出了新的要求。当前，公共文化机构的门户网站、公众号浏览量很少，在线群文活动和线下活动方式基本雷同，还不能适应旅游在线服务的新需求和新趋势。

三、发展路径

公共文化服务和旅游服务，既有可以融合的一面，也有相对独立的一面，在文化和旅游融合中要尊重这一规律。同时，推进文化和旅游融合要解放思想、大胆创新，特别是基层一线文化和旅游部门的同志要积极探索，敢于摸着石头过河，从实践中找到文化和旅游融合发展的有效路径。目前，公共文化服务与旅游融合发展，中央层面还没有明确的政策指导，旅游发展对公共文化服务的机制运行还不够了解，需求还不够旺盛。这时候，恰恰需要公共文化场馆机构主动对接、大胆创新、探索路径。从总体

① 参见毕绪龙《公共文化服务发展的五大理念》，《人文天下》2018 年第 7 期。

思路上来讲，公共文化服务要以弘扬和践行社会主义核心价值观为引领，以全民阅读、全民普法、全民健身、全民科普和艺术普及、优秀传统文化传承等公共产品及服务的提供和传播为中心，一方面探索如何为旅游丰富文化内涵，另一方面探索旅游如何为文化价值传播赋能，两方面结合起来就是“以文促旅、以旅彰文”。

分级分类、因地制宜，开拓公共文化场馆设施的旅游服务功能。一是各级文化艺术中心与旅游融合。区县级以上的新建文化艺术中心基础设施好、周边环境好、公共文化服务功能齐全，有的已经成为本地居民周末、假期休闲的“文化高地”，可以从文旅融合层面拓展旅游服务功能，特别是在全域旅游发展中，有可能打造成为旅游“打卡地”。二是乡村旅游条件比较好的地方，是文化和旅游基础设施融合建设的着重点，可以把基层综合性文化中心朝着文旅服务中心的方向来建设，发挥服务乡村振兴战略、建设乡村公共文化服务体系、文化艺术扶贫、丰富乡村旅游文化内涵等方面的作用。三是把文化馆、图书馆总分馆制中的分馆、站点建设，与景区景点、咨询服务点、游客集散中心的文化活动结合起来。

加强文化和旅游信息推介传播融合。包括物质文化遗产、非物质文化遗产在内的文化资源信息，特别是形象生动的文化资源信息推介，对呈现目的地整体形象不可或缺，对旅游推介宣传作用巨大。目前旅游信息绝大部分是旅游企业平台和游客点评方式提供，虽然现场感强、即时性强，但存在目的地文化信息不详、不实、不准等问题，迫切需要文化和旅游信息推介传播的融合。在这一方面，公共文化场馆设施单位可以主动作为，调动自身拥有的资源，以特色文化旅游地图、城市文化旅游智慧导航等灵活多样的形式，促进本地旅游推广。

积极促进静态文化资源故事化、场景化，开发新型文化旅游融合服务产品。在开展艺术普及活动过程中，可以把一些有地方特色的活动安排在景区、知名建筑、历史街区等场所，和居民生活娱乐、游客游览观赏结合起来，成为文化旅游融合服务产品，既做好居民服务，又吸引游客参与。打破非遗传承、技艺展示“我演示你观看”的僵化模式，有系统地进行创新设计，以场景化的形式进行展示，以故事化的形式进行宣传。充分利用好节日节庆把文化艺术服务场景化，在体现本地文化底蕴的大街小巷、胡同院坝、小区街坊等，通过艺术普及活动、民间民俗活动，营造有主题、有生活、有场景的休闲娱乐新方式，获得本地群众喜爱、游客乐于参与的双重效果。

主动融入文化旅游新业态。目前，文化旅游已经有红色旅游、旅游演艺、文化遗产旅游、主题公园、文化主题酒店等业态，博物馆、纪念馆、遗址遗产等文保单位已参与其中。与以展览展示为主要功能的博物馆不同，虽然有一些图书馆、文化馆设施设计感很强、很吸引人，但图书馆、文化馆的基本功能毕竟是借阅图书和文化活动服务，大多数不具备直接为旅游服务的条件，需要另辟蹊径开展融合发展工作。公共文化场馆可采取“走出去”的方式，把特色文化艺术活动融入节庆旅游之中。近年来，各地在基层公共文化服务方面作出若干创新，如浙江的“文化礼堂”、安徽的“农民乐园”、浙江丽水的“乡村春晚”以及各地持续举办多年的街道社区文化节等，都可以与节庆旅游、乡村旅游、全域旅游等相融合，打造“乡愁”品牌的文化旅游新业态。

积极参与开拓文化和旅游消费新空间。从旅游服务的角度来看，实际上很多城市的群众文体活动区域，特别是中心广场、滨河休闲带、各类型公园、城市绿道、健身步道等，已经成为游客体验本地真实生活、融入本地文体休闲、体验异地文化生态、激活旅游经济的重要场所。公共文化服务应进一步树立为游客服务的理念和意识，优化公共文化场所布局，把相关群众文体娱乐活动提升为特色品牌，因地制宜地创设主客共享新空间。

共建共享旅游文化生态。从长远来看，公共服务领域的文化和旅游融合发展，将会通过文化和旅游的合力建设一种旅游文化生态。有学者敏锐地注意到，文明旅游既包括游客出行和交往的文明态度，又包括游客对旅游目的地资源的自觉保护意识和行为，还包括对当地居民的生活习惯和方式的尊重；旅游文化不仅包括游客的文明旅游，而且包括旅游投资者、开发者和经营者对本地资源、文化的尊重和保护，对本地居民文化传统的尊重和保护，是文化和旅游企业文化建设的重要内容。[①] 从旅游文化生态建设的视野来审视，公共文化服务和旅游的融合发展将具有新的文化责任和使命，即在旅游文化生态建设中，承担起以公共文化服务丰富旅游内涵、以良好的旅游文化生态传播中华文明的重要职能。

四、结语

在分属不同行政部门管理的时期，公共文化服务和旅游融合发展既有体制机制的束缚，也有局部领域的探索和实践，梳理并研究公共文化服务和旅游公共服务的规划、工程、项目等政策历史，对二者融合发展做出顶层设计，任务十分迫切。公共文化服务和旅游融合发展是文化和旅游高质量融合发展的重要组成部分，涉及政府责任、企事业主体社会责任、公民基本权利保障等重要议题，同时存在体制机制不畅、行业习惯思维固化、

---

① 参见北京大学国家现代公共文化研究中心、北京市石景山区文化和旅游局《文旅融合：公共文化服务新动能论集》，国家图书馆出版社 2019 年版，第 97 页。

领域差异化较大、人才供给不足等现实问题，仍需理论指导及在广度和深度上的积极探索和实践。当然，公共文化服务和旅游融合发展要量力而行，先盘活存量，再发展增量，坚持把调动全员参与的积极性、业务人员参与的自觉性、文化和旅游志愿服务参与的广泛性结合起来，成系统、成系列地推进公共文化服务和旅游融合发展。

（原载《文化艺术研究》2020 年第 4 期）

新格局下基于国家认同的红色旅游发展

张红艳　马肖飞

红色旅游是我国特有的旅游形式，兼具政治、文化和经济三大功能，发展红色旅游是我国一项重要的政治举措。文化服务于政治，红色旅游的大力发展不仅体现出其经济功能，更重要的是突显了其政治教育功能。在新的形势和格局下，红色旅游对于弘扬革命精神、传承红色基因、进行共产主义信念的宣传教育、提高文化自信、加强国家认同、促进民族繁荣复兴等方面具有重要的促进作用。

我国红色旅游发展迅速，旅游人次从 2010 年的 4.3 亿增至 2016 年的 11.47 亿，增长 167%[①]；客源市场中老年仍是主力，但青少年旅游比例持续增大，红色旅游已经逐渐成为青少年的主要旅游目的选择之一[②]。红色旅游通过塑造红色文化环境及游客的时代体验感，激发民族情感和政治热情，影响游客对国家的认同感，促进国家稳定团结。研究红色旅游与国家认同的关系，可以为红色旅游的不断丰富发展提供理论参考，使“红色旅

---

① 参见黄细嘉、许庆勇《红色旅游产业发展若干重要问题研究》，人民出版社 2018 年版，第 4 页。

② 参见《2018 年度红色旅游消费报告》，2019 年 1 月 11 日，中国消费网。

游应当也可以成为习近平新时代中国特色社会主义思想和治国理政理论的有机组成部分”①，更好地发挥其思想教育功能，增强国民对党和国家的认同感，实现中华民族伟大复兴。

2017年，山西省提出打造“黄河·长城·太行”三大板块策略，为山西省经济转型奠定了新的格局。旅游业被放在非煤产业的首位，红色旅游成为太行板块中的重要内容。红色文化资源的开发挖掘，成为山西省红色旅游快速发展、走向全国和国际的重要途径。然而，山西省红色旅游的研究大都侧重于区域宏观开发或单一的产品，以及产品对山西红色文化产业的影响等方面②，尚无从游客体验的角度分析国家认同与红色旅游发展关系的研究。

一、红色旅游与国家认同研究现状

（一）红色旅游

1999年江西首次提出“红色旅游”的概念；2004年国务院颁布的《2004—2010年全国红色旅游发展规划纲要》明确界定，“红色旅游，主要是指以中国共产党领导人民在革命和战争时期建树丰功伟绩所形成的纪念地、标志物为载体，以其所承载的革命历史、革命事迹和革命精神为内涵，组织接待旅游者开展缅怀学习、参观游览的主题性旅游活动”；2005

① 戴斌：《论新时代红色旅游理论建设与实践探索》，2018年2月5日，中国旅游研究院网。

② 参见张慧霞、李中建《对山西红色旅游开发的思考》，《经济问题》2006年第12期；郅润明《关于加快太行山和晋西北革命老区旅游开发的思考》，《经济问题》2013年第12期；冯亮、党红艳、金媛媛《晋中市红色文化旅游资源的评价与开发优化》，《经济问题》2018年第7期；王志峰、吴颖《〈太行山〉助力山西红色文化旅游产业》，《经济问题》2017年第8期。

年的“红色旅游主题年”推动了红色旅游的发展；《2011—2015年全国红色旅游发展规划纲要》将1840年至2011年这170多年间的近代和现代中国历史时期的历史文化遗存，有选择地纳入红色旅游范围；《2016—2020年全国红色旅游发展规划纲要》突出了红色旅游的理想信念教育功能、脱贫攻坚作用、文化内涵，红色旅游内涵不断被扩容和完善。

（二）国家认同、地方认同与地方感

国家认同作为政治性概念，始于20世纪70年代。本尼迪克特·安德森从主权国家民族意识隶属感的角度对国家认同进行了研究。① 我国关于国家认同研究，逻辑起点为多元文化，实践张力在于各民族文化属性。②宏观上，国家认同是指“生活在某一个国家之内的公民基于对自己国家的历史文化传统、道德价值观、理想信念、国家主权等的热爱基础上而建立起来的认同”③。从归属性和差异性上来讲，国家认同是“民族成员对于民族国家共同体的归属感”④，强调个体对于国家本身及其衍生出的事物的情感⑤，即认同主体的爱国情感，而国家认同的主体对其他国家有排他性⑥。姚文帅则认为国家认同是指人民对国家历史文化共同体的认同和公民对本国制度功能的认可，包含文化认同和政治认同。⑦

---

① 参见［美］本尼迪克特·安德森《想象的共同体：民族主义的起源与散布》（增订版），吴叡人译，上海世纪出版社2011年版，第13页。

② 参见虎有泽、云中《国家认同视域下中华民族共同体意识》，《贵州民族研究》2018年第11期。

③ 黄岩、乌峰：《国家认同探析》，《中央民族大学学报（哲学社会科学版）》2013年第2期。

④ 陈万柏、朱秀琴：《关于大学生国家认同的研究综述》，《思想政治教育研究》2013年第4期。

⑤ 参见李艳霞、曹娅《国家认同的内涵、测量与来源：一个文献综述》，《教学与研究》2016年第12期。

⑥ 参见常士訚《民主的民族性与开放性》，《河北师范大学学报（哲学社会科学版）》2010年第1期。

⑦ 参见姚文帅《国家认同的价值研究》，博士学位论文，中央民族大学，2016年。

国家认同主体对政治认同和文化认同分别存在两种不同的依恋表现——功能依恋和文化依恋。文化依恋是对本国国旗、基础货币、通用语言、历史起源等国家符号、历史符号和文化符号的自豪表现；功能依恋是对国家政治、民生和经济体制等社会上层建筑好坏的判断。① 在浓厚集体记忆与历史回忆的旅游情境中，游客会重构对历史的看法，产生民族归属感，提高国家认同程度。② 然而，要想持续提高国家认同的程度，就需要不断刺激强化国民的国家认同，红色旅游可以实现这一目标。

近年来，我国对国家认同的研究范围越来越大，在不同角度和不同方面均有相关研究，如历史记忆与国家认同，民族权力、地方治理与国家认同，文化影视与国家认同，文化自信基础上的教育与国家认同等。③

（三）红色旅游与国家认同的相关研究

然而，关于红色旅游与国家认同关系的研究较少。金鹏将敬畏情绪作为中介变量，应用情绪扩散理论对红色旅游中国家认同感进行了研究，表明红色旅游情境下敬畏情绪对游客的国家认同影响显著④；刘欢等从红色旅

---

① Burgoyne C. and Routh D., "The Psychology of the European Monetary Union in the UK: 'No S. E. C. Please, We're British' ", *Journal of Comparative & Physiological Psychology*, 1998, Vol. 82, No. 2, pp.278 - 285.

② 参见李彦辉、朱竑《地方传奇、集体记忆与国家认同——以黄埔军校旧址及其参观者为中心的研究》,《人文地理》2013 年第 6 期。

③ 参见吴玉军《传承历史记忆：国家认同建构的重要路径》,《人民论坛》2019 年第 3 期；吴玉军《国家认同视域中少数民族权利的保障与实现》,《中南民族大学学报（人文社会科学版）》2019 年第 2 期；詹进伟、田敏《南方少数民族土司的国家认同与地方治理——以土家族马氏土司为例》,《中南民族大学学报（人文社会科学版）》2019 年第 2 期；王馨莹《论云南民族文化影视传播发展对国家认同的影像建构》,《云南行政学院学报》2019 年第 2 期；张薇薇《广东高校大学生国家认同实证研究——基于文化自信视角》,《兰州教育学院学报》2019 年第 3 期。

④ 参见金鹏《红色旅游情境下敬畏情绪对游客国家认同的影响研究》，博士学位论文，四川师范大学，2018 年。

游的外体验和内体验角度分析游客对历史认同、政党认同和国家认同的情感，并指出活动中产生的情感能激发游客对现实的思考，产生正面、积极的效应①。此外，左冰以井冈山为例，分析了红色旅游与政党认同以及国家认同的关系，表明红色旅游对游客增进对中国共产党的认知和情感有重要作用②；王振对红色文化与政党认同的红色旅游的认同维度进行了划分③；也有学者从社会认同、政党认同、群众认同、国家认同等角度进行了研究④。

二、假设模型与问卷设计

（一）框架设计

根据心理学，旅游者在进行旅游消费时，要经历“认识—情感—意志”的三个心理过程。在红色旅游情境中，游客处在一个特殊的具有较强政治历史文化氛围的环境刺激下，对政党和国家的认知态度会发生潜移默化的变化，产生社会效应，从而影响其对政党和国家的认同态度。为了研究红色旅游与国家认同的关系，从旅游产品设计和游客体验角度分析文化认同和功能认同，获取红色旅游景区产品和游客体验对国家认同的影响，研究框架如图 1 所示。

---

① 参见刘欢、岳楠、白长虹《红色旅游情境下情绪唤起对游客认知的影响》，《社会科学家》2018 年第 3 期。

② 参见左冰《红色旅游与政党认同——基于井冈山景区的实证研究》，《旅游学刊》2014 年第 9 期。

③ 参见王振《红色文化与强化政党认同研究》，《广东省社会主义学院学报》2017 年第 1 期。

④ 参见赵志峰、孙国东、李志伟《红色旅游社会效应研究——基于认同视角的探讨》，《四川师范大学学报（社会科学版）》2016 年第 1 期。

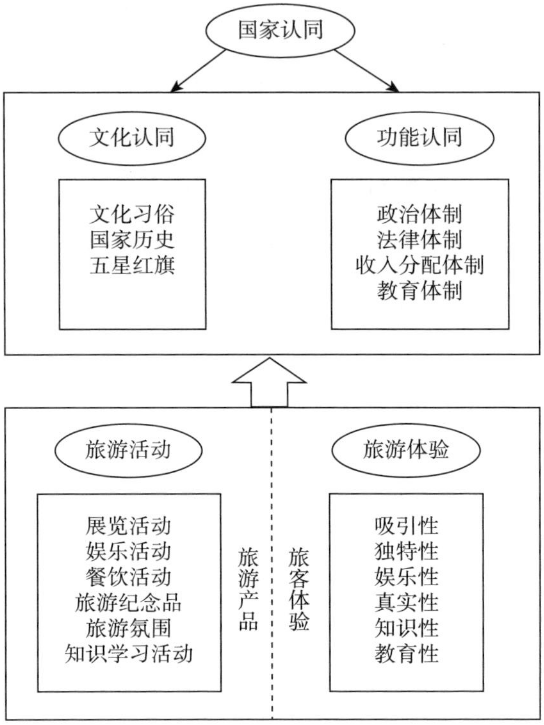

图 1　国家认同与旅游产品和旅游体验研究框架

（二）假设提出

本文研究提出以下三个假设：

H1：旅游活动正向影响旅游体验，游客对旅游活动评价越积极，旅游体验越愉悦。

H2：旅游体验正向影响文化认同，游客的旅游体验越愉悦，文化认同越深。

H3：旅游体验正向影响功能认同，游客的旅游体验越愉悦，功能认同越深。

（三）量表与问卷设计

假设模型中共涉及旅游活动、旅游体验、文化认同、功能认同 4 个潜在变量。在量表设计中，参考了金鹏和左冰关于红色旅游活动和旅游体验的观测变量。[①] 根据专家意见及信度和效度检验，量表由旅游活动、旅游体验、文化认同和功能认同 4 个潜在变量和 20 个观测变量组成。具体情况如表 1 所示。

表 1　红色旅游与国家认同假设模型中的潜在变量和观测变量

编号	潜在变量	观测变量
A1	旅游活动	您对景区的展览活动是认可的
A2		您对景区的娱乐活动是认可的
A3		您对景区的餐饮活动是满意的
A4		您对景区的旅游纪念品是满意的
A5		景区有着良好的旅游氛围
A6		您对景区的知识学习活动是认可的
A7		您认为这里有一些能吸引您的事物
B1	旅游体验	景区有良好的教育功能
B2		与其他景区相比，本景区有独特之处
B3		景区有较高的娱乐性
B4		景区比较真实地还原了历史场景
B5		通过景区游览您能获取到一些新知识
C1	文化认同	我们国家的文化和习俗是令人自豪的
C2		我们国家悠久的历史让人感到自豪
C3		五星红旗令人有自豪感

① 参见金鹏《红色旅游情境下敬畏情绪对游客国家认同的影响研究》，博士学位论文，四川师范大学，2018 年；左冰《红色旅游与政党认同——基于井冈山景区的实证研究》，《旅游学刊》2014 年第 9 期。

（续表）

编号	潜在变量	观测变量
D1	功能认同	我们国家的政治体制是完善的
D2		我们国家的法律体制是完备的
D3		我们国家的经济体制是值得肯定的
D4		我们国家的收入分配制度是合理的
D5		我们国家的教育体制是值得肯定的

采用李克特（Likert）五点尺度法对每个观测变量进行评分，其中 1、2、3、4、5 分别表示非常不满意、不满意、一般、满意、非常满意，得分越高表示越满意。

使用 SPSS 23.0 软件对信度和效度进行检验。信度检验采用克隆巴赫系数作为衡量指标，问卷整体信度的 Alpha 值为 0.869；同时，对旅游活动、旅游体验、文化认同和功能认同 4 个变量进行的信度检验，各变量部分均大于 0.6，信度符合要求。效度分析采用了 KMO 值和巴特利特球形检验，KMO 值为 0.854，卡方值为 1106.512，自由度为 190，P 值为 0.000，问卷中变量适合进行因素分析。

三、正式调查与样本分析

（一）研究对象的选取

本研究选取山西省武乡县八路军太行山纪念馆为研究对象。武乡是目前山西省内典型的红色旅游目的地。其中，八路军太行纪念馆是全国唯一一座反映八路军抗战历史的大型综合纪念馆，是全国爱国主义教育示范基地、全国红色旅游经典景区、国家一级博物馆、全国党风廉政教育基地、全国红色旅游经典景区三期总体建设方案项目等，在红色旅游景区中具有鲜明的代表性。作为中国乃至全球观众了解八路军抗战历史的窗口，八路军太行纪念馆在爱国主义教育及政治廉政教育方面发挥着重要作用。

（二）正式调查和样本分析

1. 实地调查

调查的数据样本来自武乡八路军太行纪念馆的实地调查。调查时间为2019年3月15日至3月17日，调查过程共历时3天。共发放问卷220份，回收195份，回收率为88.6%，剔除无效问卷15份，有效率为92.3%。

2. 样本分析

在本次调查中，调查样本中人口统计学变量主要包括：性别、年龄、职业、文化程度、收入和游客感知距离。

统计结果显示：女性远多于男性；中青年占大多数；学生、退休人员、企事业单位、公务员构成了客源主体；文化程度高低与到访量成正比，总体文化程度处于中等偏高水平；收入对到访量有一定的影响，中低水平收入者较多，收入较高者的到访率较低；省外、本地和省内除本地之外其他区域的游客比例基本持平，省外的游客主要以旅行团居多。

从调查结果分析：

（1）红色旅游景区对不同性别、不同年龄阶段的吸引力有显著差异。其中，对女性和中、青年人的吸引力较大。究其原因有三：一是女性因工作时间较少或工作压力较轻等，具有较多的休闲时间；二是中、青年阶段是工作的黄金阶段，更具有政治的学习需求；三是中、青年人具有一定的相关革命知识积累，有较强的内在需求。这说明休闲时间、岗位政治需求以及相应的知识积累是影响红色旅游的重要因素。其中，相应的知识积累是促使发生红色旅游行为的内在动机。

（2）文化程度和职业性质影响着红色旅游的偏好。大专学历以上的占74%。这说明文化程度会影响到游客的职业选择和对知识的追求，进而影响到旅游需求。具有较稳定收入的企事业人员、公务员和退休人员占比近一半，远高于工人、农民、私营者和自由职业者，而学生占比最高。同时，学生尤其是大学生，有更明确的人生观和价值观，更强的求知欲以及相对更为自由、更多的闲暇时间，且红色旅游景区绝大多数免费，出游成本很低。

（3）收入与红色旅游景区的到访率并非呈线性关系。中低等收入者占绝大比重，高收入者反而较少。这可能与当前红色旅游景区免费开放有关，也可能与较高收入者具有较少可自由支配的时间有关。

（4）客源地的范围对红色旅游的影响并不显著。本地居民重复到访本地红色旅游景区，除了免费之外，更在于高知名度的红色旅游景区可以提高当地居民的文化自信和自豪感。而外地游客除了目的地知名度较高的吸引力之外，更多的在于旅行团的旅游路线设计。

（三）数据分析

1. 变量的因子分析

采用SPSS软件分析，对旅游活动、旅游体验、文化认同和功能认同4个变量进行因子分析，得出综合因子得分模型。

（1）旅游活动。对红色旅游活动变量中的展览活动、娱乐活动、餐饮活动、旅游纪念品、旅游氛围、知识学习活动、吸引物7个因子进行因子分析，计算得出 $KMO = 0.772 > 0.5$；进行最大方差旋转，提取4个主成分因子，累计贡献率达到77.3%。得出的综合因子得分模型如下：

$$X_1 = (22.568f_1 + 20.154f_2 + 19.009f_3 + 15.549f_4)/77.279$$

（2）旅游体验。对红色旅游体验变量中的游客的教育性体验、独特性体验、娱乐性体验、真实性体验、知识性体验 5 个因子进行因子分析，计算得出 KMO = 0.531 > 0.5；进行最大方差旋转，提取 3 个主成分因子，累计贡献率达到 81.023%。得出的综合因子得分模型如下：

$X_2 = (29.968f_1 + 26.916f_2 + 24.139f_3)/81.023$

（3）文化认同。对红色旅游文化认同中的文化和习俗、历史、五星红旗 3 个因子进行因子分析，计算得出 KMO = 0.637 > 0.5；进行最大方差旋转，提取 2 个主成分因子，累计贡献率达到 84.474%，得出的综合因子得分模型如下：

$X_3 = (52.839f_1 + 31.635f_2)/84.474$

（4）功能认同。对红色旅游功能认同中的我国的政治体制、法律体制、经济体制、收入分配制度、教育体制 5 个因子进行因子分析，计算得出 KMO = 0.739 > 0.5；进行最大方差旋转，提取 3 个主成分因子，累计贡献率达到 79.910%，得出的综合因子得分模型如下：

$X_4 = (31.061f_1 + 27.395f_2 + 21.454f_3)/79.910$

在 20 个观测变量中，经过因子分析，提取主成分因子 12 个，并得出相应的得分模型。

2. 相关性分析

按照“旅游活动—旅游体验—国家认同”的假设结构两两分析变量间的相关性。

（1）旅游活动与旅游体验相关性。从表 2 中可以看出，各潜在变量均在显著性水平为 0.01 上与旅游体验存在显著相关关系。其中旅游氛围和知识学习活动与旅游体验存在高度正相关关系，其余潜在变量则呈现中度正相关关系，且旅游活动与旅游体验间的相关系数达到 0.824，两者间决定系数为 0.679，达到高度正相关。

（2）旅游体验与国家认同相关性。从表 3 中可以看出，各变量与文化认同和功能认同均在显著性水平为 0.01 上存在显著相关关系。其中，在国家认同与旅游体验的相关性中，教育性体验与文化认同达到了高度正相关，娱乐性体验和国家认同仅为低度正相关，且娱乐性体验与文化认同、功能认同的相关性均处于低度相关，说明娱乐性体验对国家认同的解释性较低，国家认同较少受到红色旅游娱乐性活动的影响。旅游体验与功能认同尽管相关联，但也只是低度正相关，说明旅游体验对功能认同的影响程度较低。

表 2　旅游活动与旅游体验相关性

变量	项目	展览活动	娱乐活动	餐饮活动	旅游纪念品	旅游氛围	知识学习活动	吸引物	旅游活动	旅游体验
旅游体验	皮尔逊相关性	0.522***	0.594***	0.291***	0.470***	0.787***	0.763***	0.676***	0.824***	1
	P 值	0.000	0.000	0.000	0.000	0.000	0.000	0.000	0.000	
	样本数	180	180	180	180	180	180	180	180	180

注：*** 表示在 0.01 水平上显著。

表 3　旅游体验与文化认同及功能认同相关性

变量	项目	教育性体验	独特性体验	娱乐性体验	真实性体验	知识性体验	旅游体验	文化认同	功能认同
文化认同	皮尔逊相关性	0.701***	0.518***	0.311***	0.623***	0.680***	0.720***	1	0.502***
	P 值	0.000	0.000	0.000	0.000	0.000	0.000		0.000
	样本数	180	180	180	180	180	180	180	180
功能认同	皮尔逊相关性	0.322***	0.207***	0.162***	0.262***	0.330***	0.396***	0.502***	1

（续表）

变量	项目	教育性体验	独特性体验	娱乐性体验	真实性体验	知识性体验	旅游体验	文化认同	功能认同
功能认同	P 值	0.000	0.000	0.000	0.000	0.000	0.000	0.000	
	样本数	180	180	180	180	180		180	180

注：*** 表示在 0.01 水平上显著。

3. 假设回归模型

为进一步明确变量之间的具体影响关系和影响系数，对变量进行回归分析，本文的假设模型可以按照 3 条假设的顺序拆分为 3 个简单直线回归方程。将假设模型中的变量旅游活动、旅游体验、文化认同、功能认同分别用 A、B、C、D 表示，根据假设设立 3 个回归方程：

H1：$Y_B = a_1X_A + C_1$

H2：$Y_C = a_2X_B + C_2$

H3：$Y_D = a_3X_B + C_3$

其中，Y_B、Y_C、Y_D 为相应的因变量，X_A、X_B 为相应的自变量，a_1，a_2，a_3 为系数，C_1、C_2、C_3 为常量。

回归分析结果如表 4 所示。

表 4　回归分析结果

假设	常量	标准化系数	F 值	R^2
H1 成立	1.037***	0.824***	113.286	0.489
H2 成立	0.237***	0.720***	393.425	0.577
H3 成立	0.625***	0.396***	371.601	0.562

注：*** 表示在 0.01 水平上显著。

根据分析结果，得出三个回归方程分别为：

H1：$Y_B = 0.824X_A + 1.037$

H2：$Y_C = 0.72X_B + 0.237$

H3：$Y_D = 0.396X_B + 0.625$

结果显示，与假设一致，旅游活动正向影响旅游体验，旅游体验正向影响文化认同和功能认同，但影响程度不同，旅游体验对文化认同的影响大于对功能认同的影响。上述假设成立。

4. 结构模型路径分析

为了进一步分析红色旅游中旅游活动、旅游体验、文化认同与功能认同之间的关系，根据假设，构建八路军太行纪念馆中旅游活动、旅游体验、文化认同与功能认同的结构作用模型，对 4 个潜在变量之间的作用进行简要分析（见图 2，其中显示的数值为非标准化系数和标准误）。借助 Mplus7.4 分析，得出旅游活动对旅游体验的影响显著。在此基础上，对红色旅游活动与文化认同和功能认同的间接效应进行分析。

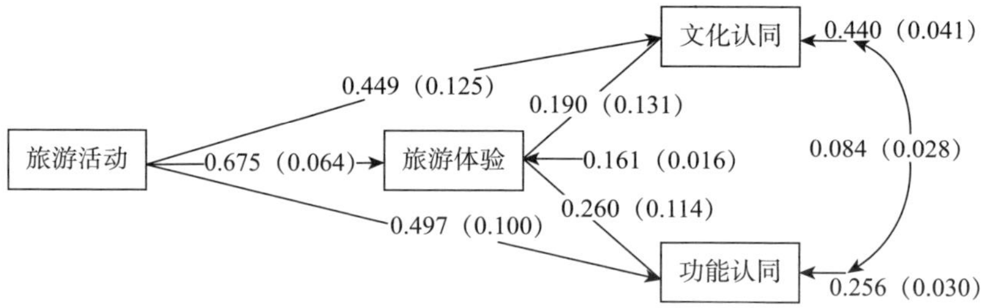

图 2　旅游活动与国家认同路径关系

旅游活动对旅游体验的路径系数为 0.675，旅游活动对旅游体验的正向影响显著，说明丰富多样的红色旅游活动形式和内容，会强化游客的旅游体验。作为游客直接使用的旅游产品，旅游活动的形式和内容都会显著影响游客对红色文化的体验。旅游活动亦正向影响国家文化认同和功能认同，对文化认同的路径系数为0.449，对功能认同的路径系数为0.497。

将旅游体验视作中介变量，结果显示，旅游活动对文化认同的间接效应β值为0.128，在显著性水平0.05上不显著，说明旅游体验起到积极的中介作用，但不显著；旅游活动对功能认同的间接效应β值为0.176，在显著性水平0.05上显著，说明旅游体验起到显著的中介作用。

（四）关于假设检验的结论

H1：红色旅游活动正向影响游客旅游体验。路径系数显示，旅游活动对旅游体验有显著影响。游客的旅游活动越积极，旅游体验越愉悦。旅游体验来自旅游活动并受到旅游活动形式和内容的影响，如旅游氛围和知识学习活动显著影响旅游体验。武乡八路军太行纪念馆通过八路军实物展览、抗战故事讲解、抗战情形再现等手段为游客提供了一个感受红色文化的良好氛围，旅游氛围和知识学习活动两项对游客旅游体验影响最大，可以作为改善红色旅游过程中游客体验的两个着力点。

H2：红色旅游体验正向影响游客文化认同。路径系数显示，红色旅游体验对文化认同有显著正向影响，但旅游活动对文化认同的间接效应并不显著。游客受到周围庄严肃穆环境的刺激，产生带有一定敬畏情绪的旅游体验，减少对自我的关注，转而更大程度地关心周边事物，形成一种亲社会的心态，增强自己的文化认同感，从而影响到游客自身的文化认同。知识性体验、教育性体验、真实性体验对游客文化认同影响程度较深。

H3：红色旅游体验正向影响游客功能认同，路径系数显示，红色旅游体验对功能认同有显著正向影响，且旅游活动对功能认同的间接效应显著。这说明游客的旅游体验越愉悦，其功能认同程度越深。功能认同是公民政治认同的程度，反映其对社会服务和社会机制的判断。旅游活动中不同的形式会使游客联想到革命史的艰辛历程，从而产生积极的扩散效应，且红色旅游体验可以在一定程度上对游客的政治认同产生影响，但政治认同本身具有一定的稳定性。

四、结论与对策建议

（一）研究结论

通过上述研究数据分析，得出以下结论：

第一，红色旅游是深刻影响国家认同的重要路径。红色旅游活动会对游客的旅游体验产生较大的正向影响，旅游体验通过影响文化认同，提高文化自信和民族自豪感，产生正向影响，通过“旅游活动—旅游体验—文化认同”的路径产生深刻的政治效应，从而增强游客的国家认同。

第二，多频次红色旅游体验将强化社会记忆、实现国家认同。红色旅游体验虽然对功能认同的影响度较低，但由于文化认同和政治认同有一定的稳定性，因此可以通过不断地开展红色旅游活动，长期潜移默化地影响文化认同和政治认同，加深红色文化的社会记忆，实现其功能认同的社会效应，最终达到国家认同的作用。这一作用对于促进人民对中国共产党的深刻认识、增强民族自豪感、实现民族团结和凝聚力、实现中华民族繁荣复兴具有深远而重要的意义。

（二）对策建议

我国新时代社会主要矛盾的变化、新格局的形成、文旅融合以及“一带一路”的大背景，为红色旅游打开了世界之窗，这对于我国国民的国家认同、坚持中国共产党的领导、促进世界对我国及中国共产党的了解、加强我国国际话语权等方面都提供了极好的机遇。

第一，注重文旅融合，挖掘红色文化，开发多形式旅游产品。知识学习活动对红色旅游体验有显著正向影响，旅游活动与红色旅游体验具有正相关性。因此，开发出多形式的、参与性和体验性较强的红色旅游产品更有利于红色文化的理解和弘扬。

第二，注重“氛围”和“仪式感”策划，营造“敬畏环境”。肃穆氛围的塑造会对人的情绪产生极大的影响，引导游客不由自主地进入场景中，引起游客的重视，增强其记忆和理解。如天安门升旗仪式、党旗下宣誓，会使在场者自然而然感到一种无形的力量，产生集体凝聚力和敬畏感。因此要想提高红色旅游景区对国家认同的效果，势必要优化景区的氛围，提供良好的具有特色的红色文化体验场景。

第三，注重“真实性”的“舞台化”，加强产品体验化。游客对红色文化真实性的感知较低，而展览活动和娱乐活动对旅游体验也有较大的影响。旅游景区通常会为游客提供具有舞台性质的情景，但景区很可能为了迎合游客需求，追求经济效益，在一定程度上弱化文化的“真实性”。红色文化不同于其他文化，更加注重历史真实性的还原。通过舞台化场景的设置，再现真实历史，让游客更加客观地理解和认同历史。

第四，注重“独特性”，开发有特色的旅游纪念品。旅游商品应体现当地红色文化的特色，浓缩其中的精华。大众化、缺乏创意的红色旅游商品一直并未受到很好的重视和开发，没有形成自己独特的IP文化，无法在游客的感知中形成区别于其他同类型旅游资源的鲜明形象。挖掘出其独特的文化并放大凸显，形成自己独特的品牌形象，开发具有创新性的旅游纪念品，对于提升游客体验、发挥红色旅游资源对游客国家认同的作用有重要意义。

第五，注重解说系统构建和完善。红色文化知识性的传递很大程度上依赖于景区的解说系统。完善的解说系统有利于红色文化的正确阐述和准确理解，从而促进政党的认同和国家认同。近年来多地举办的红色文化讲解比赛等活动，促进了红色旅游景区解说的发展。同时，还应关注解说的外文翻译，使国外游客能够正确理解我国的红色文化。

（原载《经济问题》2020年第1期）

文旅融合视域下乡村旅游核心竞争力研究

刘玉堂　高睿霞

随着新型城镇化进程的推进，乡村旅游逐渐成为人们追捧的休闲方式，这种新型旅游方式的发展将城市和乡村之间的资源、文化以及财富相连接起来，在缩小城乡差距、优化产业结构等方面发挥了重要作用。农业观光及田园综合体等成为乡村旅游的重要形式，以休闲体验为主的乡村旅游蓬勃发展起来。受外来文化的影响，乡村文化日益呈现出多元化的特点，对乡村文化内涵的认知和建立在此基础上的文化创新是乡村旅游核心竞争力培养的根本路径，也成为影响乡村旅游可持续发展的重要因素。乡村旅游核心竞争力的培养对实现乡村文化旅游的质变，促进乡村经济结构转型具有重要意义。文旅融合是乡村文化旅游发展的新起点，乡村文化建设是乡村振兴战略的重要方面。受旅游市场的影响，人们逐渐对乡村文化缺乏认同感，乡村文化的纯真性受到了冲击，如何合理地配置文化旅游市场带来的有效资源，并将其转变为乡村旅游核心竞争力是乡村文化旅游度过瓶颈期的重要议题。乡村文化是乡村振兴的根本，积极推动乡村文化与乡村旅游市场的融合发展是乡村经济振兴和乡村文化可持续发展的重要举措。文旅融合为乡村旅游的转型升级提供了契机，但是产业融合不是两者简单的拼接，而是从技术、产品、体制到市场等的全方位融合，是现有资源重新整合以达到资源利用最大化的过程，因此需要进行合理规划。习近平总书记提出要记得住乡愁，乡村作为乡愁的重要承载体，应该做好自身文化本真性的传承。乡村旅游的可持续发展关键在于核心竞争力的培养，乡村旅游作为一种现代生活方式，是人们闲暇时间充裕和收入水平提高的表现，从我者文化融入他者文化，获得文化体验，感受乡村文化魅力成了乡村文化旅游的首要动机。面对我国乡村旅游日益兴盛的现状，消费者对乡村旅游的品质要求也同步提升，文化产品的独特性和服务内容的全面性成为乡村旅游核心竞争力的重要组成要素，但受乡村自身的局限性影响，这两个方面的不完善也成了乡村旅游发展的瓶颈，文化产品的同质化成了一个普遍现象，文化服务水平也无法与消费者的需求对接。乡村文化旅游应该成为多样化的文化体验活动，将乡村文化作为文化旅游的根本，形成乡村文化旅游的自身特色，满足消费者多样化的消费需求，创建乡村特色文化产业结构布局，实现乡村全面振兴。因此，对乡村旅游核心竞争力的培养刻不容缓。

一、乡村旅游的发展现状

乡村旅游成为现代人的一种生活方式，依托于乡村原生态的乡土环境，对乡村文化资源进行合理开发利用，打造引发旅游者精神共鸣、寄情抒怀的人文自然环境是乡村旅游建设的目标。

乡村旅游，是指以乡村地区为活动场所，利用乡村独特的自然环境、田园景观、生产经营形态、民俗文化风情、农耕文化、农舍村落等资源，为城市游客提供观光、休闲、体验、健身、娱乐、购物、度假的一种新的旅游经营活动。[①]20世纪70年代中国已经出现了类似于乡村旅游性质的活动；20世纪80年代深圳举办了荔枝节和采摘节，取得了可观的收益，成为接下来乡村旅游发展可借鉴的范式；但真正意义上的乡村旅游却兴起于20世纪90年代。2017年中央一号文件中将乡村振兴战略和田园综合体发展模式作为重大发展方向，以求打造依托于乡村自然景观、人文内涵等资源，以休闲观光、创意农业等形式为发展载体，以促进三产融合、带动乡村经济、维护社会协调、保护生态环境为目的的旅游产业，从而全面实现乡村振兴战略伟大目标，也为乡村旅游带来巨大的发展机遇。[②]

2012—2018年国内旅游总收入呈现整体上升趋势，2017年略微有些下降，但2018年突破了5.13万亿元，较2017年同比增长14%（见图1）。同时，国内居民的旅游人均消费也逐年增加，2018年城镇居民的国内旅游人均花费达到1034.0元，农村居民国内旅游人均花费达到611.9元（见图2），城镇居民和农村居民的旅游消费仍存在较大落差，由此也说明了城镇居民是旅游市场的主力军，在发展乡村旅游的过程中要把握好受众群体的心理特征及消费需求，以达到为消费者提供高契合度、高水准的文化产品和服务的目标。

---

① 参见郭焕成、韩非《中国乡村旅游发展综述》，《地理科学进展》2010年第12期。

② 参见李宇佳、刘笑冰《结合国外经验论乡村振兴背景下中国乡村旅游产业转型升级》，《农业展望》2019年第6期。

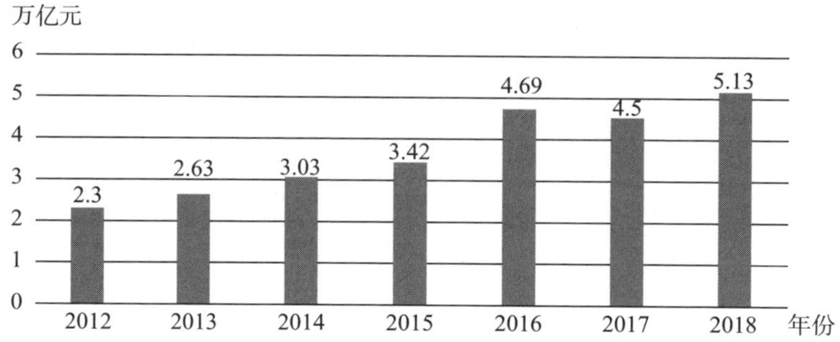

图 1　2012—2018 年国内旅游总收入
（数据来源：文化和旅游部、农业部等公开资料整理）

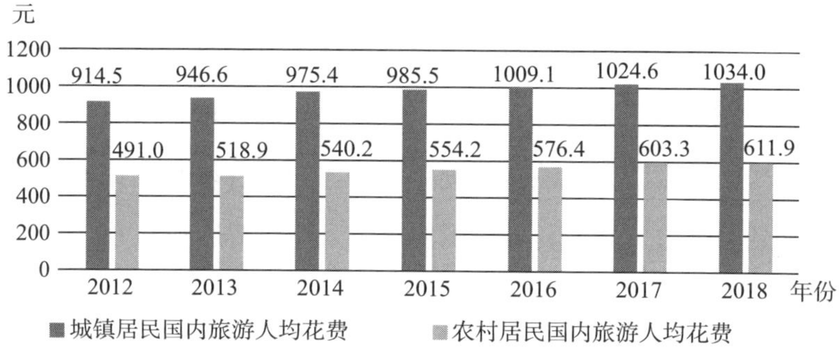

图 2　2012—2018 年中国城镇及农村居民国内旅游人均花费
（数据来源：文化和旅游部公开资料整理）

根据文化和旅游部的统计数据显示，2012—2018 年的国内旅游人数呈现逐年攀升的状态，2018 年的城镇居民旅游人数达到 41.19 亿人次，同比增长 12%；农村居民旅游人数达到 14.20 亿人次，同比增长 7.3%，全年总人次达到 55.39 亿，较 2017 年同期增长 10.8%（见图 3）。

根据文化和旅游部发布的《全国乡村旅游发展监测报告（2019 年上半年）》显示，2019 年上半年全国乡村旅游总人次达 15.1 亿，同比增加 10.2%；总收入达 0.86 万亿元，同比增加 11.7%。截至 2019 年 6 月底，全国乡村旅游就业总人数886万人，同比增加7.6%。[①] 在这样蓬勃发展的背景下，乡村旅游逐渐呈现出自身的发展特点，但同时也暴露出了一些问题。

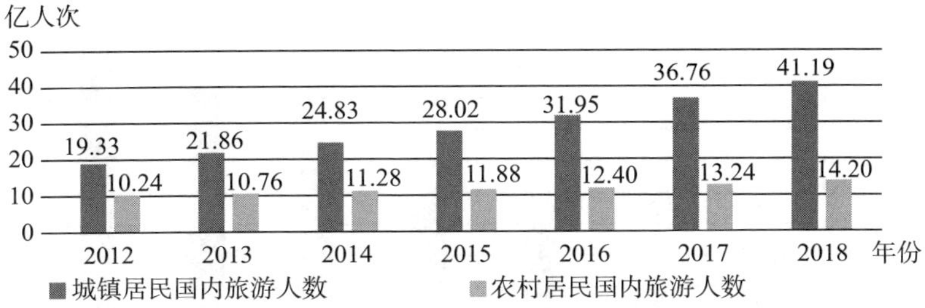

图3　2012—2018年中国城镇及农村居民国内旅游人数
（数据来源：文化和旅游部公开资料整理）

（一）乡村旅游发展的良好态势

一是产业规模不断扩大。目前，随着空间布局从城郊向周边拓展的发展趋势，乡村休闲旅游业开始呈现出集群分布的特点，这得益于产业规模的不断扩大，在乡村旅游产业发展的初期，只有极少数的产业形态以零星分布的状态散落在市场中。乡村旅游成为城市居民休闲和旅居的重要选择，将生态农业寓于旅游产业之中[②]，成为乡村产业的新亮点。2012年，我国休闲农业与乡村旅游人数达到了7.2亿人次，2013年增长至10亿人次，到2015年已经突破20亿人次，高达22亿人次，2017年，我国休闲农业与乡村旅游人数达到了28亿人次，占国内游客接待人次的56%，营业总收入超7400亿元，占国内旅游总收入的16.2%。从图4中可以看出，

---

① 参见《上半年乡村旅游人次达15.1亿次 320个村被列为重点村》，2019年7月29日，人民网（http://travel.people.com.cn/n1/2019/0729/c4157031261848.html）。

② 参见郝丹璞《中国与新西兰乡村旅游优势比较分析》，《世界农业》2018年第9期。

从 2012 年到 2018 年，我国休闲农业与乡村旅游的总收入持续攀升，在 2018 年达到 8000 亿元，同比增长 8.1%。

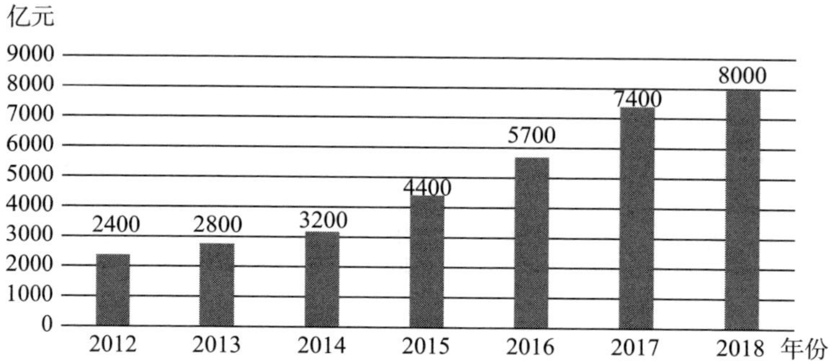

图 4 2012—2018 年中国休闲农业与乡村旅游收入统计
（数据来源：文化和旅游部公开资料整理）

在全国旅游热潮的推动下，乡村旅游接待人数呈稳步上升的趋势，2018 年接待高达 30 亿人次（见图 5），同比增长 7.14%。但是乡村本身的承载能力成了产业规模扩大的阻力，有些乡村的基础设施尚不完善，生态环境也相对脆弱，大量外来人员的急速涌入对乡村社会生态环境的承载力是一个巨大的考验。

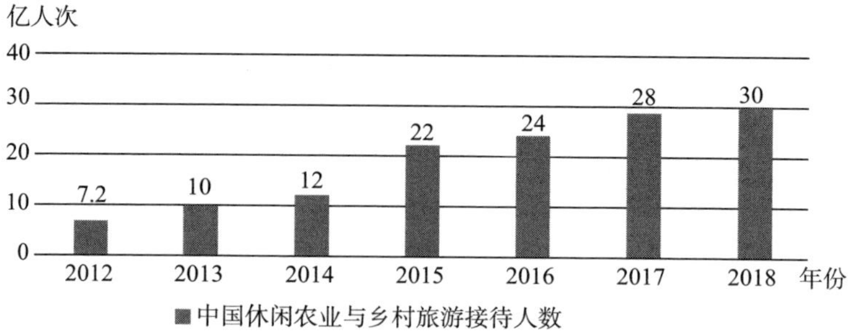

图 5 2012—2018 年中国休闲农业与乡村旅游接待人数
（数据来源：文化和旅游部公开资料整理）

二是新型业态不断涌现。我国的乡村旅游主要有三种类型：以农家乐、自驾游为主要形态的乡村休闲旅游；以体验田园农业、回归大自然为宗旨的乡村生态旅游；以释压养生、度假休养为主要目的的乡村康养旅游。在乡村旅游日益兴盛的当下，在这三种旅游形态之外又衍生出了科普文教旅游、家庭亲子乡村旅游及传统特色村落文化旅游等多种旅游形式，在乡村旅游的过程中既休闲观光又寓教于乐。截至 2018 年底，全国已创建 388 个全国休闲农业和乡村旅游示范县（市），推介了 710 个中国美丽休闲乡村①，为乡村旅游的规范化发展和规模化发展创造了先决条件。

三是产业链条不断完善。乡村旅游在发展的初期阶段只是单纯地依靠乡村的自然人文环境吸引游客，大多是休闲生态游，形式和内容都过于浅表化，对生态环境具有很高的依赖度，一旦乡村的原有生态环境遭到破坏，整个乡村旅游产业链条都会断裂，并且很难修复，游客对待乡村旅游的态度大多也是简单地到此一游，旅游停留时间短，缺乏游客逗留的吸引力。在这样的背景下，要求乡村旅游的产业链条不断完善，从公共基础设施到文化休闲项目都成为乡村旅游突破瓶颈期的关键因素，乡村旅游也从单纯的观光旅游逐步拓展到科普文教、传统文化体验及康养旅游等形式。

四是乡村居民就业压力不断缓解。随着旅游人数的不断增加，乡村旅游的产业规模不断扩大，乡村旅游从业人员数量也不断增加，2017 年已达 900 万人（见图 6）。在产业链条不断完善的过程中会涉及多个领域，餐饮和住宿是旅游目的地的首要基础设施；其次是交通运输方面，旅游目的地的通达性是吸引更多游客的先决条件；园林景观设计是旅游目的地形

---

① 《2018 年全国休闲农业和乡村旅游营收达 8000 亿元》，2019 年 4 月 4 日，中国财经报网（http://www.cfen.com.cn/dzb/dzb/page_8/201904/t20190404_3214815.html）。

象的直观体现，对其进行日常维护是一项必要工作；旅游纪念品的销售、旅游园区管理及园区服务等都需要大量的劳动力。由此带来了许多就业机会，乡村居民可以选择就近就业，对缓解乡村人员的就业压力有一定的辅助作用，同时也提高了乡村居民的收入，改善了居民生活的经济条件。

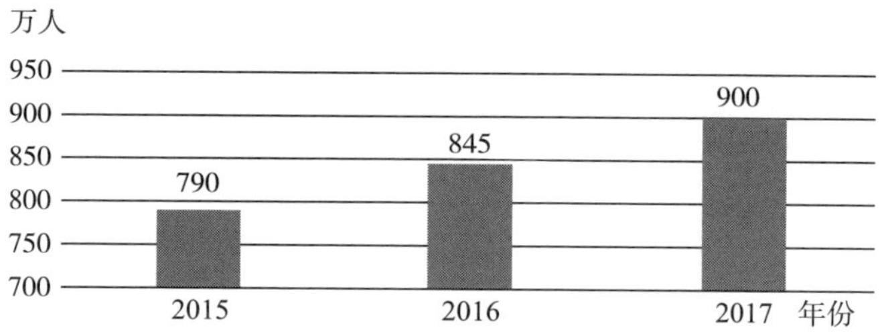

图 6　休闲农业和乡村旅游从业人员
（数据来源：文化和旅游部公开资料整理）

（二）乡村旅游发展的问题

一是乡村文化内涵挖掘的浅表性。乡村旅游发展的立足点是乡村的原生态文化，保护乡村文化的本真性是乡村旅游可持续性发展的保障，但现实情况却是乡村旅游虽然衍生出了多样的旅游形式，但大多仍停留在以观光休闲为主的初级阶段，农家乐仍然是主流形式，游客到乡村旅游只能获得一些浅表性的经历和记忆，与他们大多数的旅游经历雷同，吃饭、拍照、欣赏自然风光等，无法获得更深层次的体悟，这也导致了乡村旅游中游客逗留的有效时间缩短，因此，虽然我国乡村旅游人数占比逐年攀升，但收入占比的上升幅度并不大，整体趋于平稳（见图 7）。乡村旅游的发展潜力巨大，但却无法带来相应的文化红利，无法为乡村参与者提供足够的边际利益产出，无法实现可持续发展，这与乡村旅游缺乏深层次的文化内涵赋予有关，只有在乡村旅游过程中体现出乡村文化的自身特色，形成独特的吸引力，赋予乡村旅游足够的文化内涵，才能打造乡村文化旅游的有效增长极。

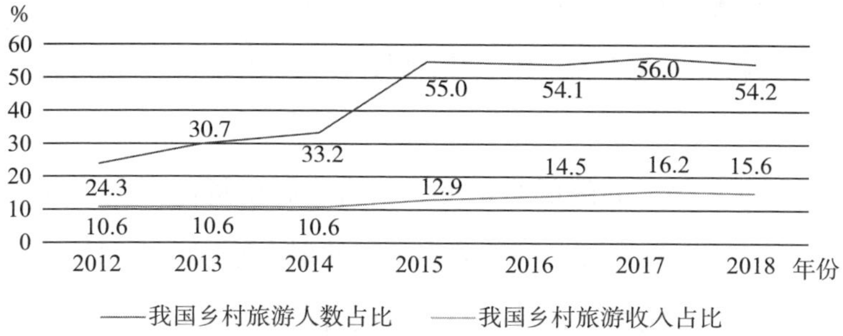

图 7　我国乡村旅游人数及收入占比
（数据来源：文化和旅游部公开资料整理）

二是乡村旅游收入的季节性。乡村旅游虽然呈现出了良好的发展势头，但其收入存在不稳定性。2018 年乡村旅游总收入为 8000 亿元，占全国旅游总收入的 15.59%。然而，据统计，仅 2018 年上半年全国乡村旅游收入就高达 7700 亿元，占国内旅游总收入的 31.4%。[①] 上半年的收入占了全年总收入的 96.25%，上半年和下半年的收入差距巨大。由此可见，乡村旅游收入具有季节性且极其不稳定，在下半年中旅游者对乡村旅游的选择呈现减少趋势。这对乡村旅游从业者的基本生活保障具有较大影响，也不利于乡村旅游的可持续发展。

三是乡村公共基础设施的不完善性。乡村公共基础设施的完善对提升

① 参见《2018 年上半年我国乡村旅游收入达 7700 亿元发展潜力巨大》，2018 年 12 月 28 日，中国网（https://news.cncn.net/c_799015）。

游客的旅游体验感有着决定性作用，现代乡村公共文化基础设施建设存在落实不到位的问题，政府作为公共文化服务的提供者和实施者，在具体落实过程中出现了偏差，造成了乡村公共基础设施服务系统的供需失衡；村民作为公共文化服务的受益者和监督者，因需求反馈机制的缺失造成了供需错位，政府无法发挥协调作用，使得乡村公共基础设施不完善，进而导致游客的体验感差，游玩逗留时间缩短，乡村旅游经济收益降低，形成恶性循环。

四是乡村文化产品的低辨识度。乡村旅游市场的文化产品同质化严重，这也是导致乡村旅游经济效益不可观的根本原因。乡村原生态文化是文化记忆的重要组成部分，是人们可以记得住的乡愁的基石。现代社会生活压力越来越大，城市居民的乡村文化记忆被唤醒，想要寻找压力的释放空间，乡村就成为首选，但他们到乡村旅游的最初目的是以观光休闲为主的释放压力之旅，对文化产品的需求本身就不高，加之乡村旅游市场的文化产品与城市旅游景区的文化产品大同小异，无疑就失去了购买的欲望。因此，提高乡村文化产品的辨识度是乡村文化旅游获得经济收益，提高乡村旅游核心竞争力的关键。

乡村旅游缺乏核心竞争力是不容忽视的现实问题，乡村旅游最初的发展模式已经不能完全适应当代乡村旅游市场，在文旅融合发展的大背景下，积极培养乡村旅游可持续发展的核心竞争力，切实丰富乡村旅游的文化内涵，满足村民的精神文化需要，是提高村民的经济收入、实现乡村振兴、创造美好生活的有效途径。

二、乡村旅游缺乏核心竞争力的原因

乡村旅游也是从城市到乡村的迁徙，为的是寻找内心深处的文化记忆，重温被勾起的乡愁，因此，乡村旅游在开发的过程中应该尽量规避城市旅游的已有模式，突出乡村的自身特色，在旅游项目的设计上体现出乡土味，在旅游体验的过程中体现出人情味，充分利用乡村优美的田园风光，让游客感受到乡村生活的惬意。但在乡村旅游逐渐兴盛的时期，问题也不断涌现出来，产生这些问题的原因是多元的，单从发展文化产业的角度分析主要存在以下几点。

（一）乡村文化记忆传承断裂

乡村村民中年轻力量流失严重，为了生存、为了提高经济收入改善生活现状，越来越多的年轻人选择到城市打工赚钱，造成了乡村的人口空心化，长期远离乡村在城市中生活造成了他们对原生态文化的认知偏差。当今社会文化的流动性增强，信息的交互也愈发便捷，都市文化等多种类型的外来文化进入乡村，对乡村的原生态文化形成了冲击，村民对原生态文化的认同感逐渐丧失，在参与乡村旅游的过程中，对乡村本身的原生态文化内涵认知不足，对地理生态景观缺乏保护，在人文景观的打造过程中呈现出向都市靠拢的趋势，逐渐失去了乡村特色，没有深刻地认识到“乡村性”才是乡村旅游的奥义所在，乡村文化本身的特性才是乡村旅游发展的根本。

（二）乡村旅游资源依赖严重

乡村旅游在最初的发展阶段多为资源驱动型，对乡村的原生态文化依赖性很强，一旦这种资源被破坏或受季节影响无法提供类似资源，乡村旅游就会停滞。例如农家乐，这种乡村旅游是最原始也是最灵活的形式，以蔬果采摘为主要活动，但受季节因素影响，北方冬季的蔬果数量、种类都急剧减少，造成了乡村旅游大量客源的流失，也导致了乡村旅游收入的季节性差异。在乡村旅游的发展过程中，对乡村文化内涵的挖掘不够深入，乡村文化与乡村旅游市场的结合紧密度欠缺，现代乡村旅游市场大多只注重乡村文化一般意义上的“乡土味”，而忽略了乡村文化深层次的“乡土味”，导致乡村旅游大多流于形式，将吃乡村饭、住乡村房、体验乡村劳作当作乡村旅游的核心要素，无法满足游客精神层面的消费需求，这导致了乡村旅游的资源依赖性强。

（三）乡村公共文化空间同质化

村庄的公共空间被切割得支离破碎，很难形成和组织有意味的公共生活，许多人缺乏对未来生活的预期与希望。[①] 由此可见乡村公共文化空间对乡村可持续发展的重要性。在乡村公共文化空间构建过程中，政府是乡村公共文化服务的主要提供者，但是乡村公共文化服务的生产和供给是相对分离的，因此导致了公共文化服务的生产并不能贴合实际的乡村公共文化需要。大批量生产的结果必然导致供给的同质化，外加新型城镇化进程

① 参见董磊明《以乡村组织为主导的新农村建设》，载李小云等主编《乡村文化与新农村建设》，社会科学出版社 2008 年版，第 25 页。

的不断加速，对乡村的现代化改造采取了一种“快餐式”的“文化堆积”战术，造成了乡村公共文化空间的雷同。政府主导模式下的乡村公共文化空间建设无法满足乡村的精神文化发展需要，同时对乡村旅游核心竞争力的培养形成了阻碍。

（四）乡村文化创意机制缺位

乡村旅游市场中提供的文化产品种类单一，缺乏独特性，这与对乡村文化的认识不够深刻有关，导致文化产品与乡村文化的融合程度呈现肤浅化，只是简单地拼贴了一些乡土元素在表面，而没有深入地分析这些乡土元素背后的文化内涵，造成了文化产品的附加值和乡村旅游经济收益无法提升的现状。乡村因地缘因素，远离城市，对高校创意人才的吸引力微弱，即使人才来到了乡村，由于乡村基础设施不健全、基本生活条件得不到保障等客观因素，也流失严重。专家学者大多只是短期逗留，提供指导性意见，专家学者一走，乡村自身仍然无法独立完成创新。因此，乡村对创意人才的缺乏及创新技术手段的短缺都导致了乡村文化创意机制的不健全。实现产品的创意性生产，才能形成乡村文化旅游的核心竞争力。

三、乡村旅游核心竞争力的培育路径

我国的人均消费水平不断提高，空间地域的可通达性越来越便捷，旅游成为人们日常生活的重要方式，乡村文化的独特性推动了乡村旅游市场的发展，使得乡村旅游成为旅游行业的主要力量之一。近年来，为了满足旅游消费市场的发展趋势，乡村旅游在文旅融合、乡村振兴的大背景下开始朝着多元化方向发展，未来乡村旅游的发展方向应该由大众化观光旅游市场向个性化高端旅游市场迈进，在原有乡村旅游的基础上，将日常休闲、康养产业等作为发展的重要方向，把握乡村文化记忆的鲜活命脉，培养乡村旅游的核心竞争力，实现乡村旅游的可持续发展。

（一）建立有效的市场需求反馈机制，重构乡村文化记忆承载空间

乡村旅游市场核心竞争力的培养首先要做到的就是对市场需求的精准把握，乡村旅游市场是乡村经济收入的重要来源，对市场需求的及时反馈就是提高村民经济收入的保障。现代旅游消费市场瞬息万变，市场需求也不断调整，消费者的消费心理要求乡村旅游市场形成有效的需求反馈机制。习近平总书记提出要“看得见山，望得见水，记得住乡愁”，这是乡村旅游发展的风向标。乡村旅游应该围绕这一理念，创造发展机遇，做出及时回应，在乡村文化记忆成为多数游客追寻的精神夙愿的当下，将乡村打造成乡村文化记忆的承载空间。乡村是乡村文化记忆最直接的承载体，面对当下关于乡村文化的认知偏差，应该着力打造乡村文化记忆承载空间。寻找乡村文化记忆是激发乡村文化旅游的原始动力。旅游者融入旅游目的地的最初动机是对乡村文化的认同，在打造乡村文化记忆承载空间的过程中应该注重对乡村文化深刻内涵的挖掘，立足于乡村文化的自身特色进行构建，秉承保护文化原生态的原则进行合理的开发利用。打造乡村文化记忆承载空间要充分调动村民的积极性，培养村民的文化自觉意识，将村民培养成乡村精神文化历史的歌颂者、传承者，将乡村文化记忆融入乡村生活的方方面面，使其真正地成为村民自觉的一部分。立足于乡村的原生文化，培育乡村文化的新活力，通过村民与乡村文化间的互动，完成对新的乡村文化形态的重塑。乡村的人员构成复杂，应该充分利用好每个村

民的特长优势，使他们完全地参与到乡村文化记忆空间的重构中；发挥新乡贤的乡村号召力，将村民中具备一定文化素养的人召集起来，因为对乡村文化记忆空间的重构不是完全推倒重建，而是要建立在原有的乡村文化生态基础之上，而新乡贤和本村村民是对乡村原生文化相对熟悉的人，在文化记忆空间重构的过程中，对乡村文化历史的精准把握是保障乡村旅游市场长久健康发展的有力依托。在建立市场需求反馈机制的过程中，不仅要注重市场需求，村民的发展需求也同样重要。要保障好政府与村委会之间信息沟通的通畅性，村委会作为基层群众性自治组织，在村民与政府间起到了上传下达的承上启下作用，村民作为乡村旅游市场最直接的参与者，对市场发展的需求是最有发言权的，村委会应该及时将村民的需求反馈给政府，以更好地顺应乡村旅游市场的发展。通过改造和创新利用乡村传统的公共文化空间和载体，构建新的乡村公共生活来培育、拓展乡村公共文化空间。[①] 打造乡村文化记忆空间，使乡村成为文化记忆的承载体，不仅可以丰富村民的精神文化生活，而且乡村旅游的目的也不再局限于休闲观光，而是对文化根脉的追寻、对精神世界的填补。只有文化才是鲜活永恒的。乡村旅游中文化的注入才是形成乡村文化旅游核心竞争力的保障，乡村文化记忆承载空间是乡村旅游的名片，同时也是实现乡村振兴的王牌。

（二）丰富乡村文化旅游形式，打造乡村文化创新驱动空间

乡村文化是乡村旅游发展的不竭动力，只有保持乡村文化的鲜活性，才能实现乡村旅游的可持续发展；乡村文化是乡村旅游发展的灵魂，只有精神支柱稳固不倒，才能保证乡村旅游焕发勃勃生机；乡村文化是乡村旅

---

① 参见马永强《重建乡村公共文化空间的意义与实现途径》,《甘肃社会科学》2011 年第 3 期。

游创新发展的源泉命脉，只有不忘初心、坚守本分，才能使乡村旅游在现代旅游市场上占一席之地。因此，发展乡村旅游单靠形式的多样是远远不够的，对文化的深入挖掘才是保障乡村旅游健康良性发展的根本。初级阶段的乡村旅游多以农家乐等观光形式为主，已逐渐不能满足现代消费者的消费需求，乡村旅游产品开始向高端旅游过渡，由农家乐逐渐演化为休闲农庄、农业科技园、民俗村、田园综合体等多种形式，这对乡村旅游的可持续发展起到了至关重要的作用。现代乡村旅游衍生出的多种形式是顺应现代市场发展的，充分把握了消费者休闲娱乐的消费心理。本着不破坏乡村原有生态空间的原则，对乡村文化创新驱动空间的打造要建立在乡村原生文化资源基础之上。除了关注乡村的“乡土味”外，还要注重文化与科技的融合，实现乡村旅游的形式多样性，摆脱乡村旅游发展的资源依赖的现状。乡村文化旅游的发展应逐渐由资源驱动型向创新驱动型过渡，从前文的问题分析中可以看出，乡村旅游具有明显的时间季节性特点，究其原因是乡村旅游资源受季节影响很大。想要改变这种现状必须转变乡村旅游的驱动力模式，乡村资源是乡村旅游得天独厚的优势，但资源供给的不稳定是乡村旅游发展的障碍。乡土文化是中国文化的根，是中国人心中的根，对乡土文化的回归是中国人的天性使然，乡村旅游发展应该利用好这种先天优势，把握好乡村文化的乡土情结，在丰富形式的基础上创新乡村旅游的文化内涵，打造乡村文化创新驱动空间。利用乡村文化的独特性，将乡村文化作为乡村旅游创新发展的驱动力，在形式的基础上注重内容的注入，拒绝对乡村文化理解的浅表化，将乡村文化放在整个乡村的历史发展脉络中去理解，梳理乡村发展文脉，赋予乡村文化现代历史意义，让乡村文化变成灵动的历史传承者。乡村的大自然资源是城市不可比拟的，充分利用好这一优势，注重文化与科技的融合，寓教于游，形成乡村旅游的市场吸引力和核心竞争力。将乡村文化资源与高科技手段进行融合创新，这种资源的独一性促使乡村旅游成为市场中的稀缺资源，从而扭转乡村旅游的资源驱动型现状，迈入乡村文化旅游的创新驱动时代。

（三）完善乡村公共基础设施建设，搭建乡村公共文化服务创新空间

随着乡村旅游发展规模的不断扩大，旅游市场对乡村文化产品及服务的要求也越来越高，乡村的公共基础设施建设的完善程度决定了乡村文化服务的高度。乡村的公共基础设施的建设模式以政府主导型为主，受其局限性的影响，乡村公共基础设施建设存在诸多问题，如统一配置造成供需脱节，职能重叠导致效率低下，分工不明确出现服务意识不到位等。要完善乡村公共文化管理体制，加强乡村基础设施建设，改变政府“一刀切”的管理现状，杜绝“千村一面”，建立政府与乡村实际需求间的沟通渠道，充分发挥市场的自我调节作用，提高村民在公共文化服务领域的参与度，依托村民的切实需求，创新乡村公共文化服务内容及形式。农村公共文化服务体系是指与经营性文化产业相对应的，主要着眼于农村社会效益，以非营利性为目的，为农村提供高效率的公共文化产品和服务的文化体系。[①] 乡村公共文化空间同质化严重，缺乏市场核心竞争力，打造乡村公共文化服务创新空间势在必行。突破乡村文化空间同质化的困境就要做到服务上推陈出新，产品上深挖特色。乡村公共文化服务要想升级换代，除了统一培训人才以提高整体服务质量外，还要改变当下的发展思维，实

① 参见刘玉堂、黄南珊、刘保昌《构建新农村公共文化服务体系研究——以湖北省为个案》，《学习与实践》2007 年第 4 期。

现多种产业的融合。利用好现代传媒，将传统文化和当代审美进行有机结合，转变传统的公共文化服务思维，发挥政府的引导者作用，注重市场的自我调节，完善乡村公共基础设施建设。加快乡村数字化建设，实现乡村的网络全覆盖，建设数字化文化广场，在丰富村民业余生活的同时将其打造成乡村的一个闪亮名片，多方协作，共建共享。在乡村公共文化服务中加入高科技元素，推动乡村进入“云时代”，VR 平面导航、大数据资源库、自助服务机器人等高科技的现代化设备并不是城市的专利，完全可以引入乡村的公共文化服务体系中。积极探索乡村公共文化服务与高科技的融合路径，将乡村的文化资源和服务信息在网络共享终端进行及时的更新和推送，为乡村旅游的参与者提供综合性的一站式公共文化数字化服务。推动公共文化供给侧结构性改革，提高乡村公共文化空间的构建效率。推动乡村公共文化服务创新，改变政府单向提供文化服务的现状，培养群众的文化自觉意识，鼓励群众自主服务。改变政府的提供者角色，调动村民的参与积极性，立足于乡村实际，整合乡村历史文化资源和公共文化服务设施信息，建立乡村文化服务的数字化共享机制。建立乡村数字文化资源库，为游客提供便利的信息服务，及时获取游客的改进建议，协调好市场的供需平衡，完善消费者的消费体验，这同时也是对乡村文化这一无形资本的重新审视和挖掘，提高内容涵养、创新服务形式是乡村旅游核心竞争力培养的重中之重。

（四）健全乡村特色文化创新机制，塑造文化产品创新研发空间

乡村旅游核心竞争力的培养要以创新为基点，将创意元素融入乡村特色文化中，既对乡村传统文化进行了弘扬，又能促进乡村传统文化与旅游市场的对接，乡村文化与创意的结合是乡村旅游文化产品的市场竞争力所

在。农耕文化、村居瓦舍、长街古巷、民俗风情、民间技艺、民间手工艺等都是乡村的文化标签，将这些标签打造成乡村文化品牌是提升乡村旅游核心竞争力的关键步骤，乡村文化产品创新研发空间是乡村文化品牌的孵化基地，两者相辅相成。健全乡村的特色文化创新机制需要创意人才的加入，乡村可以通过政府引进高水平的创意人才，同时在生活和工作两方面为引进人才做好基础保障工作，解决人才的后顾之忧，让人才引进来、留得住，切实地扎根乡村。利用创意人才的学识技能，深入调研乡村文化，挖掘乡村文化特色，结合不同的村落类型进行针对性的规划创新，系统地对乡村特色进行归纳总结，借鉴“一村一品”的发展思路对乡村特色文化进行品牌打造，实现从内容到形式的创新。专业化生产所带来的集聚效应能够提高企业的生产效率，优化资源配置，实现资源共享，有助于地区品牌效应的形成。[①] 乡村文化品牌的打造可以提高乡村文化产品的附加值，丰富乡村文化产品的价值链，拓展乡村旅游的产业链。陈斌在《旅游商品品牌建设要稳步快行》一文中提到旅游品牌建设应该要坚持十个必须：“必须要先注册商标，必须重视质量，必须有诚信，必须有服务，必须有品牌文化，必须追求创新，必须有地方特色，必须有可靠的卖场，必须要有长期的计划，必须有宣传推广。”[②] 由此可见，乡村文化旅游产品的品牌建设任重而道远。在品牌建设过程中，系列化产品的设计创新是抢占市场资源的制胜法宝，乡村文化旅游产品的创新研发应该以消费者需求为基础，注重现代生活理念和乡村文脉的融入，并结合高科技手段进行呈现，形成自身的主题性，在产品主题的引导下形成品牌化的市场效应。乡村文

① 参见高睿霞《大理周城扎染产业发展的困境与实践》，硕士学位论文，云南大学，2016 年。

② 陈斌：《旅游商品品牌建设要稳步快行》，《中国旅游报》2014 年 12 月 19 日。

化产品创新研发空间应该集研发、设计、制作为一体，生产出的文化产品要积极拓展销售渠道，乡村旅游市场是一个多元化的商业综合体，不能狭隘地将其理解为乡村的在地性市场行为，而应该将眼界放宽。在乡村电商发展迅猛的当下，充分利用好“互联网 +”的优势，发展乡村旅游电子商务，结合乡村公共文化服务体系，完成乡村数字化旅游建设，让消费者离开后仍然有渠道可以购买到乡村旅游市场的产品，这样既能提高乡村旅游参与者的经济收入，又能完善游客的旅游体验，对扩大乡村旅游品牌的影响力起到积极作用。发挥乡村旅游协会的积极作用，协调好政府、农户、创意人才和旅游市场间的关系，使其各司其职，建立完善的乡村特色文化创新机制，从而完成乡村文化产品创新研发空间的孵化。

四、结语

乡村旅游是乡村振兴的重要产业支柱，乡村旅游核心竞争力的培养是乡村旅游健康持续发展的重要保障。乡村是乡村文化记忆的承载空间，如何完善乡村公共基础设施建设、创新乡村文化记忆的呈现方式以丰富空间内容，是乡村旅游未来需要解决的问题。文化产业带来了现代消费理念和消费方式的深刻变革，人们对旅游市场产品的文化性和独特性要求进一步提升，数字化的科技手段使得人们的消费方式呈现出碎片化的特征，面对这样的社会发展背景，乡村旅游市场应该做出及时的回应，利用文化创意丰富产品文化内涵，借助数字平台拓展宣传和销售渠道，同时构建乡村公共数字文化服务系统，完善消费体验，提升乡村旅游的核心竞争力。

（原载《理论月刊》2020 年第 1 期）

乡村振兴背景下乡村旅游与文化产业协同发展研究

耿松涛　张伸阳

一、引言

党的十九大报告指出，要坚持农业农村优先发展，按照产业兴旺、生态宜居、乡风文明、治理有效、生活富裕的总要求，建立健全城乡融合发展体制机制和政策体系，加快推进农业农村现代化。[①]2020 年 3 月 6 日，习近平总书记在决战决胜脱贫攻坚座谈会上强调，要继续推进全面脱贫与乡村振兴有效衔接。[②]在全面推进乡村振兴的背景下，本文从乡村旅游与文化产业协同发展的视角出发，研究文化和旅游发展之间的关系，以期加深对相关问题的认识。

2018 年文化和旅游部组建，进一步推动了乡村旅游发展对文化要素的关注。2018 年 4 月 13 日，习近平总书记在庆祝海南建省办经济特区 30 周年大会上宣布，党中央决定支持海南全岛建设自由贸易试验区，支持海

① 参见习近平《决胜全面建成小康社会　夺取新时代中国特色社会主义伟大胜利》，《人民日报》2017 年 10 月 28 日。

② 参见习近平《在决战决胜脱贫攻坚座谈会上的讲话》，《人民日报》2020 年 3 月 7 日。

南逐步探索、稳步推进中国特色自由贸易港建设。[①] 随即，《中共中央国务院关于支持海南全面深化改革开放的指导意见》发布，指明海南要建设成为国际旅游消费中心。[②] 在新的机遇之下，海南的乡村旅游是如何与文化产业融合的，需要在实践分析之上总结出理论观点，以进一步指导实践。

文旅融合的趋势与自贸港建设的背景对海南的乡村旅游发展意义重大，本文选取海南的乡村旅游发展实践为分析基础，阐明乡村振兴亟须突破文化产业开发模式僵化、产品形态单一，以及村民经济收益来源狭窄的瓶颈。从乡村振兴文化基础层面看，文旅融合要解决当前乡村旅游产品文化底蕴不足的问题；从乡村旅游文化产品的类型角度看，要摆脱传统的农业观光型旅游，走上文化型、复合型的乡村旅游产业发展之路。因此，在文旅融合的背景下，乡村旅游振兴应更加注重培育文化旅游新业态，助推乡村旅游经济可持续发展。通过构建乡村旅游与文化产业协同发展模式，从文化的符号化与舞台化产品开发、文化产业创新与多主体的合作模式，以及乡村文化旅游休闲度假的产品升级三个层面推动乡村振兴。在对策方面，本文总结出乡村旅游发展应利用文化资源，发展特色差异化的乡村旅游产业，开发面向休闲度假市场的乡村旅游产品，提升乡村旅游品质与品位。

---

① 参见习近平《在庆祝海南建省办经济特区 30 周年大会上的讲话》，《人民日报》2018 年 4 月 14 日。

② 参见《中共中央国务院关于支持海南全面深化改革开放的指导意见》，《人民日报》2018 年 4 月 15 日。

二、文旅融合与乡村振兴的内在逻辑

（一）文旅融合的理论背景与现实发展问题

关于旅游与文化的关系问题，学界早在20世纪80年代便开始讨论，有学者认为旅游的属性是文化活动①，旅游的本质是文化属性②。之后，张朝枝从身份认同的视角诠释文旅融合的关系，并进一步指出文旅融合需要在角色调整、文化培育、增进自信等方面加以努力。③傅才武从文旅本质的角度阐明了文化和旅游的关系是主客体之间的关系，个人的文化消费习惯具有文化认同的象征意义。④帕尔默（Palmer）以丘吉尔故居为案例，探讨了文化旅游产品的象征与意义。⑤可以看出，国内外关于文化在旅游中的研究展现了多种视域与不同进路。

2018年，文化和旅游部组建，进一步提出了文旅融合体制与机制创新等一系列新命题。当前文旅融合是文化产业优化发展以及旅游产业转型升级共同作用的结果，文旅融合对于提升旅游品质、促进旅游产品提质升级、丰富旅游产品文化内涵具有重要作用。关于文旅融合在乡村旅游振兴中的作用，本文从以下维度进行探讨：首先，针对地方文化资源，如何深入挖掘地方特色，开发具有浓郁地方性色彩的乡村旅游；其次，如何在乡

---

① 参见于光远《旅游与文化》，《瞭望周刊》1986年第14期。

② 参见范能船、朱晓松《近十年旅游文化研究综述》，《旅游学刊》1992年第1期。

③ 参见张朝枝《文化与旅游何以融合：基于身份认同的视角》，《南京社会科学》2018年第12期。

④ 参见傅才武《论文化和旅游融合的内在逻辑》，《武汉大学学报（哲学社会科学版）》2020年第73卷第2期。

⑤ Palmer C., "Touring Churchill's England: Rituals of Kinship and Belonging", *Annals of Tourism Research*, No.2, 2003, pp.426-445.

村旅游整体形象塑造上更加富有文化色彩，从而打造目的地品牌；最后，乡村文化旅游产品如何实现从单纯的凝视观光走向可参与、可体验的文化旅游项目。文旅融合对于乡村旅游振兴的作用更加凸显，更有利于促进乡村文化的传承与保护：通过乡村旅游的开发，一些传统文化走向舞台化，间接地对传统文化起到传承作用；通过符号化的文化产品开发，促进了传统文化的传承。文旅融合还带动了乡村旅游经济发展，通过创新经营模式，让村民在乡村旅游发展中受益。

（二）乡村旅游产业发展的内生文化需要

20 世纪 70 年代以来，国外关于乡村旅游的研究多是在多利益主体，包括市场、村民、政府等多主体[①]，共同推动的格局下进行的。乡村旅游发展研究不仅关注农业产业，亦开始转向多产业与多功能的视角。[②] 乡村旅游的产业发展也开始走向目的地品牌形象塑造阶段。[③] 而从文化的角度看，乡村旅游产业亦有助于乡村文化的复兴与发展。[④] 总之，文化因素在乡村旅游研究中的受重视程度越发提高，旅游产业发展的历程亦是不断强调文化要素的过程。

因此，国内乡村旅游发展需要对文化因素进行重塑：一方面，从内生

---

① Lane B. and Kastenholz E., "Rural Tourism: The Evolution of Practice and Research Approaches—Towards a New Generation Concept ?", *Journal of Sustainable Tourism*, Vol. 23, No.8-9, 2015, pp.1133-1156.

② 参见房艳刚、刘继生《基于多功能理论的中国乡村发展多元化探讨——超越“现代化”发展范式》,《地理学报》2015 年第 2 期。

③ Saxena G., Clark G. and Oliver T., et al., "Conceptualizing Integrated Rural Tourism", *Tourism Geographies*, Vol. 9, No. 4, 2007, pp.347-370.

④ Gao J. and Wu B., "Revitalizing Traditional Villages Through Rural Tourism: A Case Study of Yuanjia Village, Shaanxi Province, China", *Tourism Management*, Vol. 63, No.12, 2017, pp.223-233.

驱动力看，旅游者的审美能力在不断提升，旅游者已不再满足于简单的观光游览活动，而是更青睐富有文化内涵的乡村旅游产品；而同时当前旅游产品越来越丰富，旅游产品品类也开始走向多样化，要从众多乡村旅游品牌中脱颖而出，就需要寻找差异化发展的优势。因此，要将文化元素注入乡村旅游，因地制宜，着重挖掘地方特色，塑造差异化品牌形象，为乡村旅游发展培育优势。另一方面，从外在驱动力来看，技术进步越发明显，从智慧旅游建设到5G、虚拟现实，科技进步推动了乡村旅游发展与文化创新，同时推动乡村旅游营销不断变革。总而言之，乡村振兴要实现乡村旅游与文化产业的协同发展，要用文化基因再塑造乡村旅游产业。

（三）乡村旅游与文化产业协同发展的逻辑起点与现实意义

在乡村振兴的背景下，本文直面乡村旅游的诸多现实问题，从乡村旅游与文化产业协同发展的视角着手进行研究。首先，在乡村文化资源的传承与保护的前提下，以海南乡村独特的黎族、苗族等少数民族文化为基础，分析乡村旅游与文化产业如何协同发展从而塑造独特的旅游目的地形象。当前许多乡村旅游目的地都缺乏有吸引力的旅游主题，将文化元素注入目的地形象，形成独一无二的品牌魅力，可以在宣传营销时取得竞争优势。其次，旅游业要不断创新业态，利用多主体合作模式，走出一条差异化、特色化发展之路。再次，将文化元素注入乡村旅游，改变传统的观光旅游模式，使旅游者可以参与、学习与体验，让乡村旅游更加具有生机。最后，充分挖掘文化产业，实现旅游脱贫与乡村振兴。（见图 1）

图 1　概念模型图

三、文化符号化的主题形象塑造

乡村旅游产业发展的一个突出问题是如何打造具有特色的主题形象，构建独特的文化吸引物系统至关重要。海南省王下乡地处昌江黎族自治县东南角的霸王岭腹地，东邻白沙县，西靠东方市，南与乐东县交界，曾是昌江县最偏远、最贫困的乡镇。这里居住着黎族的后人，保留了传统的生活方式，如沿用至今的船型屋住宅，同时在黎锦、种植等方面亦极具黎族特色。在乡村旅游开发之前，这里鲜有旅游者来，经济发展水平较低。而在乡村旅游开发之后，依托对黎族文化的深度挖掘，将传统文化进行符号化与舞台化的塑造，重点打造三派村、洪水村、浪论村 3 个村落，从文化主题形象与意象的塑造、乡村旅游产品的符号化与舞台化的塑造出发，瞄准目标市场，实现少数民族村落的振兴与发展。

（一）塑造文化主题形象，打造乡村旅游品牌

我国的乡村旅游起源于 20 世纪 80 年代，早期主要以农业产品观光为载体；到了 20 世纪 90 年代，乡村旅游逐渐走向休闲化，并逐渐吸收融合

多层次的旅游需要，以周边城市为主要目标市场。然而乡村旅游在快速发展的同时，面临的一个突出问题是主题形象不够突出，表现为产品同质化现象严重。产品不具有可识别性，会阻碍旅游者对乡村旅游的形象认知，多数乡村旅游目的地没有形成差异化的品牌形象。[①] 而王下乡在发展乡村旅游时，确定以“黎族文化”为核心的吸引物，主要在以下三个方面塑造品牌形象。

首先，让民族特色产品与现代文明相融合，达到共享、共融、共生。王下乡黎族因所处的山地地形、热带气候环境，以及独特的婚俗文化，在建筑形态上形成了船型屋。基于此而开发的民宿为旅游者带来了独特的住宿体验。传统船型屋的外观与现代舒适的居住环境相结合的方式，使黎族传统的居住风格得以展示。其次，通过手工艺品与节事活动让黎族文化得以继承和发扬。一是通过打造黎锦手工艺品，让传统文化得以传承，发挥黎锦的商业价值。二是在“三月三”黎族传统节庆活动时，通过展现黎族传统节庆活动的本真性，增强对旅游者的吸引力，如邀请旅游者品尝黎族的竹筒饭、山兰酒，并伴着音乐载歌载舞，让旅游者参与少数民族传统节日的庆祝活动，塑造难忘的旅游记忆。最后，王下乡基于“中国黎族文化坚定的守望者”所打造的主题形象，从乡村理念识别、乡村行为识别和乡村视觉识别三个方面构成乡村主题识别系统。乡村理念识别既是自然景观系统，又是文化环境系统。乡村行为识别具有丰富的内涵，主要包括制度规范、服务品质、活动宣传等。目的地居民的整体面貌是旅游地形象的重要组成部分，为此，王下乡协调好本地居民与旅游者之间的冲突，从而促进乡村旅游的可持续发展。乡村视觉识别则是主题形象的视觉化表达，通

---

① 参见邢佳《社交媒体时代乡村旅游品牌形象构建研究》,《农业经济》2018 年第 4 期。

过设计特有的乡村旅游符号系统，向旅游者展示王下乡的乡村景观与黎族文化特色。

（二）构建乡村性旅游意象，提升目的地吸引力

王下乡的乡村旅游重点打造了 3 个村落：诗里画里——三派村，时光里——洪水村，酒里歌里——浪论村，分别构建了淳朴黎乡美丽乡村、黎族船型屋遗址文化园、黎族生活方式体验村的乡村意象。

首先，三派村是进入王下乡的第一个黎族聚居村落，依托秀丽奇险的深山和独特的梯田景观，以淳朴黎乡美丽乡村为发展定位，重点对住宅区、主道路、水系景观等进行改造升级，进而打造具有情怀感、诗意感、清新感的黎族特色村庄，着力将三派村打造成形象门户和旅游者集散地。其次，洪水村隐身于群山之中，有近百间“金”字形茅草屋和船型屋，保留了黎族制陶、棉纺织工艺、民族织锦等非物质文化遗产和黎族生产、生活风貌，堪称黎族文化的活化石。同时，依托黎族文化，洪水村打造了“黎族船型屋遗址文化园”，使其成为研学旅行、文化体验的乡村旅游目的地。最后，浪论村由于保存了原汁原味的黎族生活习俗，被称为“被上帝藏起来的美”，该村民风淳朴，且村民能歌善舞；依托良好的自然生态环境，以及万年山泉、丰富的动植物药材等特有资源优势，打造康养目的地。因此，将该村整体定位为“黎族生活方式体验村”，满足旅游者休闲娱乐以及参加参与式项目体验活动的需要。

（三）依托文化资源，重塑符号化文化景观

从乡村文化景观来看，文化地理学关于乡村文化景观的研究多从文化

的社会性、个体性、权力结构以及表征与非表征的文化景观设计出发。[①]其中表征的手法在乡村文化景观的塑造中具有重要作用，体现在通过形象化、图形化等方式对文化景观进行符号化。符号化的文化景观注重情境化设计，实现情景交融的效果。王下乡的乡村旅游重点打造了完整的“金”字形茅草屋部落、古人类文化遗址、黎族石祖崇拜、黎锦编织、山兰稻耕种等文化景观项目，利用黎族文化符号的表征，彰显王下乡黎族文化乡村旅游的差异性。

王下乡代表性的文化景观是黎族船型屋。通过符号化的塑造，船型屋成为黎族村落的文化表征；船型屋建筑又与周边自然生态环境融为一体，相得益彰。黎族妇女在船型屋内织就的黎锦是黎族文化的活化石。黎族歌舞在王下乡通过节庆活动得以展示，如黎族的竹竿舞、舂米舞、打柴舞等舞蹈，与黎族人民的生活方式相结合，舞台化的表演为旅游者营造了独特的黎族文化氛围。王下乡的文化景观塑造坚持深挖黎族文化，并通过符号化的塑造手段，结合舞台化的表演方式，使得文化景观走向旅游者，为景区不断注入可持续的发展动力。

（四）以细分市场为突破口，加强主题形象推广

王下乡在发展乡村旅游之前知名度较低，主题形象不突出。在规划与开发乡村旅游产品之后，便确定目标细分市场，围绕乡村旅游文化主题形象展开有针对性的营销活动。已有的乡村旅游营销模式主要有体验营销模式、互联网营销模式、关系营销模式、品牌营销模式、文化营销模式

---

① 参见孙彦斐、唐晓岚、刘思源《乡村振兴背景下的乡村文化景观研究范式更新》，《河海大学学报（哲学社会科学版）》2019 年第 3 期。

等。[①]首先，王下乡定位于吸引中高端消费人群，提供高品质的旅游服务与精细化的服务产品，让中高端旅游消费者在王下乡可以获得独特的、有品质的乡村旅游体验，获得区别于城市生活的乡村感受；其次，瞄准自驾游群体，依托独特的山地地形，满足自驾群体的需要；再次，针对研学旅行市场，基于黎族文化、黎锦、船型屋、饮食文化、风俗习惯等开发研学旅行产品，加深人们对黎族文化的了解；最后，基于山地地形，开发了适度探险旅游产品，满足旅游者差异化的需求。

在乡村振兴的背景下，乡村旅游产业发展首先应从主题形象入手，可总结为以下两个方面：第一，坚持“两化”与“五变”的策略实施原则，即百姓生活旅游化、村庄景观化，乡村变舞台、村民变演员、百姓变服务员、田园变市集、特产变文创。第二，软开发旅游配套服务，包括基础建设与村民参与；巧开发旅游核心吸引力，如特色黎族村落；精开发文化生态旅游品牌，让文化内涵得以诠释和传承。乡村旅游地在良好的文化形象打造与品牌传播下，可以逐渐获得市场的认可。

四、文化产业发展与多主体合作的模式

乡村旅游产业发展要带动农民脱贫，需要在政策、技术以及创新产品业态等方面进行努力。什寒村坐落在海南省琼中黎族苗族自治县黎母山和鹦哥岭之间的高山盆地中，这里群山环绕，自然风光优美，素有“天上什寒”的美誉。目前居住有苗族村民与黎族村民共计500多人。在乡村旅游

① 参见李震清《产业链延伸视阈下我国乡村旅游市场营销模式建构研究——以四川省为例》,《中国农业资源与区划》2017年第7期。

开发之前，这里是海南最贫困的地区之一。从 2001 年开始，在当地政府的政策扶持与宣传下，什寒村大力发展旅游业，以乡村旅游带动经济发展，实现脱贫目标。村民人均收入从 2009 年的不足 1000 元增至 2018 年的 15000 元，截至 2018 年接待旅游者近 13 万人次，创旅游收入 1400 余万元。什寒村在乡村旅游扶贫上具有如下特点。

（一）基于地方性文化，打造特色乡村文化业态

在什寒村开发乡村旅游之前，黎苗文化面临衰败趋势，如何传承黎苗文化成为一个难题。实践中主要从两个方面入手解决：一是开发基于黎苗文化的乡村旅游产品，如让旅游者体验黎苗特色美食，品尝山兰酒，让旅游者获得难忘的味觉体验；二是开发特色民族歌舞表演，如唱山歌、跳竹竿舞等，使黎苗的一些传统歌舞文化得以传承。

什寒村设计了“奔格内”形象（“奔格内”是黎族语言中“来这里”的意思），并基于“奔格内”的品牌形象打造了地方黎族文化特色。在品牌创建初期，地方政府通过举办一系列活动形成一定的区域影响力，宣传“奔格内”的品牌形象。这一系列活动吸引了大量旅游者前来，为什寒村的黎苗文化以及优美的自然生态环境树立了良好的口碑。在品牌确立时期，地方政府通过成立专门的“奔格内”乡村旅游领导小组加强政策支持，并设有专项扶持资金。在地方政府的进一步推动下，确立了“奔格内”的品牌宣传形象。在品牌发展时期，坚持“循序渐进、特色布点、示范连线、片区成面、全域开发”的开发路径，指导什寒村的乡村旅游发展方向。

乡村旅游产品创新有如下特点：一是具有明显的政府引导作用。地方政府通过组织规划乡村旅游发展，确立了“奔格内”的品牌形象，在政策

与资金层面扶持乡村旅游发展。二是树立“社区增权”的消费理念，让村民参与旅游产业发展，使村民从旅游产业发展中受益。三是传承黎苗文化，通过将文化符号化，使用统一的宣传形象，提升品牌认知度。

（二）依托政府帮扶，促进多主体合作

什寒村在发展乡村旅游前，经济形态主要为农业产业，如何从单纯的农业走向多产业是发展的难题。为此，当地政府确定了以政府帮扶为主的驱动支持，为乡村旅游发展筹措资金，并面向市场需求打造乡村旅游农产品。[①] 首先，通过引导农民从农业产业走向围绕农业的新型产业，如民宿、农家乐、农特产品（益智仁、铁皮石斛、蜂蜜、高山茶叶）等，拓宽了农民的收入来源渠道。如通过大力发展养蜂产业，2018 年实现年产值 148 余万元，村民人均年收入增加了 3000 余元。其次，通过与企业合作，对特色农产品进行设计包装以及统一营销，提升产品的销售能力。最后，搭建网上销售平台“奔奔云集市”，利用线上销售渠道，推广农特产品，提高了村民的旅游收入。多主体的合作模式使得什寒村在旅游扶贫上取得了显著成效。

（三）加强技术扶持，确保乡村文化旅游产品质量

什寒村地处山地，村民在发展旅游业及特色农业上缺乏技术支持，地方政府为此采取了以下措施：首先，聘请旅游专家为村民讲解旅游业的作用，提高村民对发展旅游业的认识；邀请益智仁、铁皮石斛、蜂蜜、高山

---

① 参见马历等《基于乡村多功能理论的贫困村域演变特征与振兴路径探讨——以海南省什寒村为例》，《地理科学进展》2019 年第 38 卷第 9 期。

茶叶等方面专家，免费进行现场教学与讲解，对村民进行技术指导，提高村民农产品种植技术。其次，为每一户村民量身定制脱贫计划。如在民宿建设上与村民进行合作，在收益上亦制定合理的分配比例，其中村民获得60%，企业获得35%，剩下的5%则归农民集体。在技术扶持之下，村民发展旅游业的专业能力不断提高，旅游产品的质量也得到相应的保证；同时，完善了利益协调机制，使村民在发展旅游产业中获得了一定收益，收入有了保障。

（四）注重绿色发展，促进乡村旅游产业可持续发展

绿色发展理念为乡村旅游产品创新不断注入可持续发展动力。什寒村地处深山，原来这里信息闭塞，经济落后；在成功开发乡村旅游之后，践行“绿水青山就是金山银山”以及可持续乡村旅游发展理念，在3个方面加大了对生态环境的保护：一是保护生态环境景观，为旅游者提供良好的旅游环境，展现原生态的自然风光之美。在植物与动物多样性上加大资金投入，保护生态环境的完整性。二是加大对生态环境的修复与美化，采取“户集—村收—乡镇运—县处理”的垃圾处理循环模式，保持村容整洁，塑造一个山水田园式的什寒村，为旅游者营造绿色生态环境。三是在生态保护基础之上，传承黎苗传统文化与风俗习惯，为旅游者展现原生态的黎苗文化。

总体来看，什寒村实现乡村旅游脱贫具有如下特点：首先，多主体参与开发乡村旅游，政府主导、村民参与和企业帮扶相辅相成，共同打造乡村旅游。政府在政策、资金及技术等方面支持什寒村乡村旅游建设；村民在参与过程中获得经营性受益，逐渐从贫困走向小康；企业进行的旅游开发与市场推广为乡村旅游发展注入市场活力。其次，从功能演化来看，什

寒村乡村旅游发展经历了从传统农业生产到生态环境修复，再到文化传承的过程。什寒村的传统农业生产制约了经济发展，而特色乡村旅游农产品使农民获得经济性收益；依托良好的生态环境，旅游的发展又促进了生态的保护，为旅游者营造了良好的康养生态氛围；通过将黎苗文化符号化及舞台化，促进了黎苗传统文化的传承。最后，什寒村实现从传统单一农业生产到多产品、多业态的发展，既保护了生态环境，又传承了黎苗文化，实现了乡村振兴和乡村文化景观的重构。

五、文旅需求转型下的乡村旅游产品升级

乡村振兴以及乡村旅游发展，需要适应不断变化的市场环境，打造差异化的产品。当前乡村旅游已不再是传统的农业观光型旅游，而应迎合旅游者休闲度假的需求转换，打造品质化的乡村旅游产品。海南省琼海市地处海南东部，这里不仅有优美的滨海风光，更有田园式的小镇。2013 年，琼海市提出“不砍树、不占田、不拆房”的“三不”原则，一批新的乡村旅游点在此基础上快速发展起来。2020 年 7 月 9 日，文化和旅游部公布了第二批全国乡村旅游重点村名单，琼海市有两个村入选。琼海市在全域旅游发展基础之上，大力发展乡村休闲度假旅游，扭转了传统乡村旅游发展的不足，促进了乡村旅游与文化产业发展。

（一）依托乡愁文化的乡村旅游休闲度假模式

早期的乡村旅游发展思路因资源限制而仅仅满足旅游者的视觉享受，以农业景观的凝视为主；随着旅游者的需求转换，休闲度假的乡村旅游需求日益旺盛。琼海市北仍村的乡村旅游项目自 2017 年开始，深挖休闲度

假及康养旅游市场，为乡村旅游注入新的活力。首先，通过以“乡愁味道，庭院时光”为主题吸引旅游者，基于“草寮咖啡”“庭院时光”等项目为旅游者提供一杯富有浓浓乡愁味的咖啡。其次，利用北仍村的热带植物资源，打造槟榔树、椰子树、橡胶树等热带植物景观，构建乡村整体热带景观氛围感。丰富的热带风貌与良好的基础设施吸引了大量慕名而来的旅游者。再次，挖掘历史与教育资源。北仍村拥有良好的文化教育传统，仍保留有北仍书屋、北仍展馆等文化知识场所。最后，利用北仍村良好的生态环境，开发康养度假休闲旅游市场，走出一条差异化的乡村旅游发展之路。在乡村振兴的当下，旅游发展的思路应迎合休闲与度假市场深入体验的需要，促进乡村旅游产品转型升级。

（二）打造滨海田园式度假乡村旅游体验

琼海市博鳌镇沙美村具有典型的滨海田园式风光。在发展乡村旅游之前，这里因交通不便，房屋破败，村民多在外地打工，知名度并不高。2017 年 4 月，习近平总书记对博鳌镇做出应保持和展现小镇田园风光特色的重要批示，为博鳌镇发展旅游产业指明了方向。首先，琼海市推动美丽乡村建设，完善乡村旅游基础设施，改善村容村貌，修复自然景观，为旅游者营造良好的生态环境。其次，以“农户 + 合作社 + 公司”的模式进行统一经营管理，多方筹集资金解决乡村旅游发展的融资问题，发展特色农业产业。海堤甜品、五谷丰登杂粮、沙美渔人饭店、琼海公道、内海咖啡屋、农村电商互联网中心、木养元养生馆、溜茶书吧、小螺号清吧、祥勋客栈、沙美人家、沙美集市和望海居民宿等 15 处旅游产品服务业态，塑造出特色的沙美品牌，从而实现 2018 年沙美村人均年收入达 16 万元。最后，依托滨海田园风光，精心打造的“椰林水韵”“饮水思源”“滨海长廊”“耕读传家”“山海在望”“金牛泉涌”等沙美六景为旅游者乡村休闲度假提供优美的生态景观。乡村旅游产品的开发要完善基础设施，创新经营管理模式，提供差异化的乡村景观，为旅游者带来难忘的旅游体验。

（三）创新合作模式保障乡村旅游发展转型

除了开发建设文化休闲度假乡村旅游地，还需通过创新合作模式，为乡村旅游转型提供坚实的保障。以琼海市留客村为例，该村在发展乡村旅游合作上经历了 3 个阶段：第一阶段为旅游景区建设与农业农村合作社建立阶段；第二阶段为旅游景区形成与景区拉动消费阶段；第三阶段是度假景区形成与景区供应链形成阶段。同时，基于此形成了 4 种模式：固定收益模式；优先就业及产业扶植模式；盈利分红模式；农作物供应基地模式。还重点制定了 4 个目标：一是依托万泉河水上游线，让旅游者在乘船中赏美景、吃河鲜、看歌舞；二是通过对国家级文物保护单位蔡家宅、省级文物保护单位卢家宅等传统侨乡民居的保护，为乡村旅游增加历史感与独特的南洋建筑文化；三是通过推广老字号美食以满足旅游者的美食体验需求；四是利用老屋进行改造设计，就地取材进行风貌管控，为旅游者提供良好的休闲场所。

另外，在合作社建设方面的主要举措有：首先，企业以资本入股房产合作社，村民以房产及宅基地入股房产合作社，打造民宿和客栈、生态农家乐、纪念品商店、非遗工坊。企业利用房产合作社进行运营，村民则从房产固定租金和年终盈利分红中获得收益。其次，成立产业合作社，企业以资本入股产业合作社，村民以农技、田地、场地等加入产业合作社，重点培育了特色农业种植产业、家禽水产饲养产业、热带水果种植产业和非遗相关商品制作产业；村民通过企业供苗保底，统一品牌、统一销售，年终盈利分红等途径获得收益。最后，成立劳务合作社，企业以技术、资本入股劳务合作社，村民以健康劳动力加入劳务合作社，形成对村民优先劳务招用、劳务技能培训、非遗手工培训、标准薪酬体系等制度。村民取得职业技能证书可优先安排工作，通过获得劳务报酬的形式获取收益。

乡村振兴可持续发展，只有让村民在旅游发展中获益，才能让目的地健康发展，进而更好地促进乡村旅游地转型。乡村旅游产品升级，要以资源为基础，打造田园式乡村旅游产品，满足当下旅游者的休闲度假需求。需要突出以下几点：一是坚持生态环境保护、绿色发展的模式。在发展乡村旅游的过程中，以美丽乡村为建设目标，实现乡村旅游与生态环境的可持续发展，以良好的旅游景观环境为旅游者休闲度假提供基础。二是通过创新发展的模式，使乡村旅游发展惠及村民，让村民在旅游发展中获得收益。村民对发展旅游业持有积极的态度，对旅游者热情服务，展现了目的地良好的服务形象。三是通过品牌打造，使琼海市的度假型乡村旅游获得市场认可，成为旅游者度假旅游的向往之地。

六、结论

在乡村振兴的背景下，乡村旅游产业发展应更加注重文化要素的挖掘与利用。本文在实践经验分析的基础之上，总结提炼出乡村旅游如何与文化产业协同发展的内在逻辑，从而为现实问题提供理论层面的思考。

首先，在符号理论和景观理论的分析基础上，针对本地文化特色，阐明发展乡村旅游要依托文化资源塑造独特的文化主题形象，从而丰富文化产品的符号化与舞台化内涵，并基于文化资源打造特有的乡村文化景观，构成乡村旅游发展的差异性、特色化景观体系。在塑造主题形象的基础之上，要进一步明确目标市场，以细分市场打开乡村旅游发展之路。从整体性与差异性角度出发，要因地制宜地塑造一村一意象，实现村与村之间旅游产品互补，以已有的文化资源为基础提升景观质量。要在乡村旅游发展中实现空间上的突破和文化上的传承，塑造差异化的乡村旅游品牌，从而带动区域的整体发展。

其次，从产业发展的角度看，贫困地要通过开发乡村旅游实现脱贫，必须从乡村经济多样化体系出发，培育乡村旅游新业态；充分利用多主体合作开发新型农业特色产品，激发旅游产业发展活力；基于地方特色文化塑造乡村旅游发展品牌，从而形成品牌效应。在乡村旅游发展过程中，要通过多种渠道为村民提供技术支持，提高村民农产品种植技术，同时开发基于农业的特色化旅游产品；通过生态保护措施，践行可持续发展的旅游理念，为乡村旅游产业可持续发展注入活力、提供保障。

最后，在乡村振兴的背景下，旅游者追求的高品质乡村旅游消费需求，不再是单纯的农业旅游凝视，而是走向目的地的深度文化休闲需要。要依托本地特色资源以及地方特色风貌，打造以文化休闲度假为特色的乡村旅游发展模式；在运营上采用“企业 + 村集体 + 农户”的合作模式，成立新型合作社；发展乡村文化旅游休闲度假地，让村民在此过程中受益，增强村民对发展旅游业的认同感与获得感；从富有乡愁文化和乡村性的乡村旅游休闲度假出发，营造休闲适宜的度假环境；依托乡村景观营造独特的乡愁文化，突出“一村一品”与“一村一景”特色，打造田园式度假乡村旅游，提升乡村旅游的品质；以打造乡村旅游特色与精品为目标，实现差异化的品牌发展之路；更加注重多主体的利益相关者，尤其是村民在旅游发展过程中的合法权益保护，使村民获得旅游产业发展的经济利益，促进乡村旅游可持续发展。

总而言之，乡村旅游与文化产业协同发展要再审视文化要素，把主题形象、产业创新与产品供给有机统一起来，以打造差异化、特色化的乡村旅游发展模式为目标；要注重文化的符号化与舞台化、乡村的品牌化与形象化、产品业态的多样化与精致化。这样才能实现乡村旅游目的地可持续发展，并推动乡村振兴。

［原载《南京农业大学学报（社会科学版）》2021 年第 2 期］

文旅融合背景下的博物馆旅游发展思考

苗 宾

一、前言

博物馆既是公共文化服务的重要阵地，又是旅游发展的重要载体。改革开放40年以来，各领域推进全面深化改革，我国博物馆事业发展取得显著成绩。博物馆是保护和传承人类文明的殿堂，是连接过去、现在、未来的桥梁。党的十八大以来，习近平总书记多次就文博工作发表重要论述、作出重要指示批示，为新时代文博事业发展指明方向。① 一直以来，博物馆拥有独特且丰富的文化旅游资源，在留存历史文化、展示民族风情、传承优秀传统文化等方面发挥了巨大的作用。近年来，我国进入大众旅游时代，旅游经济持续快速上涨，其增长率高于人均国内生产总值的增长率。国内旅游市场和出境旅游市场稳步发展，博物馆游、科技游等新型文化和旅游业态已成为推进全国文旅休闲消费提质升级的重要组成部

① 参见雒树刚《在“新时代新气象新作为：全国博物馆馆长论坛”上的致辞》，《中国国家博物馆馆刊》2018年第5期。

分。[①]伴随旅游市场的快速发展，公共文化服务必须与旅游发展有机结合，才能构建旅游与博物馆文化保护、开发、传承之间的良性互动，创新博物馆发展模式，提升旅游品质。此外，博物馆旅游在给人民群众带来获得感、幸福感，成为人民向往的美好生活的一部分的同时，自身也面临新的发展机遇和挑战。

二、博物馆旅游研究综述

（一）博物馆与旅游的关系

2016 年，习近平在给于深圳召开的国际博物馆高级别论坛的贺信中指出："中国各类博物馆不仅是中国历史的保存者和记录者，也是当代中国人民为实现中华民族伟大复兴的中国梦而奋斗的见证者和参与者。"[②]具有独特精神标识的博物馆在对中国优秀传统文化进行创造性转化和创新性发展方面发挥着巨大的作用。博物馆在现代意义上是指"一个为社会及其发展服务的非营利的永久性机构，并向大众开放。它为研究、教育、欣赏之目的，征集、保护、研究、传播并展出人类及人类环境的物证"[③]。博物馆是一个机构、一个场馆，作为公共文化服务的重要阵地，对当代人有天然的吸引力，既可以帮助观众穿越时空与历史对话，又可以向公众传播科学文化知识，提供社会教育服务。而旅游业是综合性产业，是 21 世纪最具朝气与活力的

① 参见《关于促进消费扩容提质加快形成强大国内市场的实施意见》，2020 年 3 月 13 日，https://www.mct.gov.cn/whzx/ggtz/202003/t20200313_851857.htm。

② 《习近平向国际博物馆高级别论坛致贺信》，人民网，2016 年 11 月 10 日。

③ 庄锡昌：《世界的博物馆》，复旦大学出版社 1993 年版，第 4 页。

产业之一。伴随着国家文化和旅游部、各级文化和旅游行政部门的成立以及文化旅游市场的快速发展，文化旅游、科技旅游、研学旅游、休闲旅游、定制旅游等一大批旅游形态逐渐兴盛。博物馆游是文化旅游的关键一环，在培育新型文化和旅游业态、丰富特色文化旅游产品、促进全域旅游发展、构建文旅产业融合互通、促进文旅消费等方面将发挥重要作用。

旅游是文化传播最直接的方式和介质，博物馆与旅游有着天然的联系。随着时代的发展，游客知识层次、旅游行为和经济能力都在发生着变化，对于景区建设、博物馆发展也提出了不同以往的需求。从融合发展的角度来看，博物馆旅游是以博物馆场所和博物馆内容为依托和载体，以文化为核心吸引物，将文化活动和游览观光有机结合，把一般的旅游观光上升到高文化含量的文化体验。博物馆未来的发展需以大众旅游需求为导向，树立“博物馆 + 旅游”的发展理念，既要围绕展览和特色教育项目等核心文化资源，建设适应发展的博物馆旅游营销体系，又要优化布局，不断强化旅游服务设施建设，切实发挥博物馆文化中枢和旅游平台的作用。

（二）国外博物馆旅游研究简述

国外博物馆旅游研究始于 20 世纪 20 年代，之后的 50 年间，博物馆学研究与旅游研究结合得更加紧密。80 年代开始，国际博物馆对于遗产保护、文化发展和环境变化有了新的认知，博物馆旅游开始对博物馆公众有了更多的关注和关心，这为博物馆旅游从理论走向现实奠定了发展基础。这个阶段的博物馆旅游研究主要从博物馆功能、设施，旅游者行为、满意度以及二者的关系等方面展开。英国莱斯特大学博物馆学院教授理查德·桑德尔（Richard Sandell）认为，博物馆作为一个具有社会凝聚功能的机构，能促进社会平等、和谐发展[①]；弗朗斯·肖滕（Frans Schouten）对于提高游客满意度进行了分析和归纳[②]；罗杰·佛汉（Roger Vaughan）对游客反馈的博物馆形象进行了探讨[③]。另外，还有大批博物馆和旅游领域的学者把重心放在了二者关系上，论文和专著大多从旅游营销、功能延伸、游客体验、社会服务等内容展开，但是真正从文化提升旅游品质，旅游促进文化创新发展切入的论述并不多。

国外博物馆旅游研究是博物馆研究的重要组成部分，具有以下几个方面的特点：一是运用多种研究方法，从供需方面对旅游者的心理及行为模式进行了较多的分析和考察；二是从二者的相互关系与作用入手，逐渐构建起现代博物馆旅游发展的基本体系和未来计划，并试图提出世界范围内博物馆旅游的性质、特点与发展走势；三是对博物馆参与市场竞争、成为旅游经济主体等内容进行了全面的论述。[④]

（三）国内博物馆旅游研究简述

博物馆旅游研究在国内仍属于相对较新的内容，国内真正意义上的博物馆旅游研究始于 20 世纪 90 年代末，不仅时间上落后于西方国家，而且研究深度和广度仍有较大差距。

---

① Richard Sandell，“Museums as Agents of Social Inclusion”，*Museum Management and Curatorship*，Vol.17，No.4，1998.

② Frans Schouten，“Improving Vistor Care in Heritage Attraction”，*Tourism Management*, Vol.16，No.4，1995.

③ Roger Vaughan，“Images of a Museum ”，*Museum Management and Curatorship*，Vol.19，No.3，2001.

④ 参见王玲《基于公共文化空间视角的上海市博物馆旅游发展研究》，博士学位论文，复旦大学，2010 年。

国内博物馆旅游研究与旅游市场发展密不可分，研究起步虽晚，但立足博物馆发展和旅游市场发展的国情，经过 20 多年的努力，对博物馆旅游的规律和未来发展也有了充分的思考和认识。博物馆与旅游的最初结合是在场馆建设与旅游功能开发方面。[①] 后来人们认识到需要强化和开发博物馆的休闲娱乐功能。[②] 在博物馆旅游发展过程中，一直存在观念落后、设施陈旧、体制落后、宣传营销不足、工作人员服务意识较差等问题。[③] 同时，博物馆作为特殊的文化机构，以公益性为主，又涵盖一定的商品性[④]，在开发博物馆旅游时仍要追求社会效益的最大化，与经济效益共生互动，相互促进。

总体来讲，国内学者在博物馆旅游研究方面，关注较多的是文化和旅游行政部门融合、博物馆教育与休闲娱乐、博物馆营销、博物馆文化资源开发与转化，以及博物馆公益属性与经济属性的关系等内容。这些研究对博物馆旅游进行了概念定位、资源梳理和数据分析，并提出发展对策，但在学科建立、规律性研究、发展趋势研究等方面仍处于初级阶段。

（四）国内博物馆旅游存在的问题

近年来，在政策引领、消费升级和博物馆自我转型过程中，“博物馆热”持续升级。以北京故宫博物院、中国国家博物馆等为标杆的博物馆事

① 参见李永乐、孙婷、华桂宏《博物馆游客满意因素与价值追寻研究——以中国漕运博物馆为例》，《东南文化》2019 年第 3 期。

② 参见陈来生《休闲娱乐功能的强化与博物馆的可持续发展——以苏南地区为例》，《江南社会学院学报》2003 年第 3 期。

③ 参见王晓宇《大连市博物馆旅游发展的瓶颈与对策研究》，《边疆经济与文化》2008 年第 11 期。

④ 参见王丽明《博物馆的双重营销理念——关于博物馆公益事业与经济产业营销的思考》，《中国博物馆》2008 年第 1 期。

业出现前所未有的快速发展，人民群众对博物馆的关注参与程度显著上升，博物馆工作方式不断创新，精品展览迭出，博物馆在对外文化交流中也扮演着越来越重要的角色。

与此同时，博物馆发展面临新的社会环境和受众群体，伴随着文化生态、业务运行、服务模式、全球化引领的发展和变革，博物馆旅游领域仍存在着基础理论研究起步晚、发展慢；博物馆旅游价值发挥不明显，现代化程度不够高，信息化建设不够完善，大数据资源欠缺；产品开发良莠不齐，缺少宏观整体的合理规划；博物馆旅游资源丰富，但缺乏有效的资源配置手段，资源梳理和利用效率整体不高；博物馆领域发展不平衡不充分；城市建设与城市旅游吸引力和服务能力较差，博物馆品牌效应不明显，对于都市旅游业的整体贡献率较低等问题。

三、博物馆旅游的时代机遇

（一）文博旅游正成为满足人民群众对美好生活新期待的重要组成部分

习近平总书记高度重视文化工作，多次参观考察国内外不同类型和主题的博物馆，明确提出“让收藏在博物馆里的文物、陈列在广阔大地上的遗产、书写在古籍里的文字都活起来”[①]。随着全民小康和全面脱贫时代的到来，人均可支配收入稳步提升，基本型消费逐步升级为发展型和享受型消费，消费者文化消费需求日益强烈，博物馆旅游关注度和服务人次持续

① 《习近平在联合国教科文组织总部的演讲》，2014 年 3 月 27 日。

增长。近 20 年以来，中国博物馆持续快速发展，2008 年全国共有博物馆 2970 座，2017 年增长到 5136 座，平均每年新增 240 座。截至 2016 年，共收藏藏品近 3600 万件（套），举办展览 2.2 万个，年均接待观众 5 亿—6 亿人次。根据国家文物部门的规划，2020 年全国要达到每 25 万人拥有一座博物馆的目标。据统计，仅 2018 年国庆假期，超过 90% 的游客参加了文化活动，超过 40% 的游客参加了 2 项文化游览活动，前往博物馆、美术馆等文博单位的游客达到 40% 以上，37.8% 的游客花在文化游览上的时间为 2—5 天。携程的博物馆游、途牛的文化精品游陆续受到大众的青睐和追捧，可见文博旅游已经成为人民群众旅游活动的重要组成部分。

党的十九大对于我国社会主要矛盾的变化进行了论述，对于各领域发展理念、质量和效益提升也提出了新的要求。就博物馆事业而言，随着博物馆免费开放逐步推进，全国博物馆办馆量、展览举办量、教育活动场次和年参观人次呈现跨越式增长，博物馆营销、博物馆文化创意产品营销等也成为文化文物单位的创新发展典范。据统计，文博单位参观人数从 2001 年的 1.13 亿人次提高到 2017 年的 11.48 亿人次，增加了 9.2 倍。另外，仅 2017 年，全国共接待入境旅游者 1.39 亿人次，国内旅游者 50 亿人次，全国旅游总收入为人民币 5.4 万亿元，博物馆旅游在展览、产品和服务方面发展空间巨大。博物馆旅游在旅游产业和文化产业获得快速发展的前提下，其规模和影响力也在迅速提升，给人民群众带来的获得感和幸福感不断增强，正成为满足人民群众对美好生活新期待的重要组成部分。

（二）机构改革推进、政策红利凸显，为博物馆旅游发展营造良好氛围

文化是旅游的灵魂，旅游是文化的载体，文化和旅游融合已成为现实

社会发展的必然要求。2018 年 3 月，国务院机构改革方案提出组建文化和旅游部。同年 7 月 30 日，《文化和旅游部职能配置、内部机构和人员编制规定》实施，截至 12 月，全国 31 个省（市）文化和旅游厅（委）挂牌全部完成。2019 年 3 月，市县领域内机构改革全部完成。随着机构改革的推进，国家文化和旅游部确立新时期文化和旅游“宜融则融，能融尽融，以文促旅，以旅彰文”的工作思路，为文旅融合、文化建设和旅游发展提供了坚实的制度和体制支撑。

在国家政策和制度规划层面，近几年国家相关部门出台了系列政策性通知和意见。《关于全国博物馆、纪念馆免费开放的通知》明确了博物馆在宣传和传播文化方面的重要作用，免费开放可为公众提供更多、更好的公共文化产品和服务，吸引大批游客走进博物馆。[①]《国务院关于推进文化创意和设计服务与相关产业融合发展的若干意见》指出，文化创意和设计服务贯彻经济社会各领域各行业，要促进产品和服务创新[②]，也为后来的“博物馆热”奠定了产品基础。另外，《关于进一步加强文物工作的指导意见》《国家文物事业发展“十三五”规划》《关于加快发展旅游业的意见》《关于促进旅游业改革发展的若干意见》等政策意见也为丰富博物馆旅游内涵，创新博物馆旅游产品，促进博物馆与旅游扶贫、非遗扶贫深度融合等提供了政策保障、方向指导和实践路径，营造了良好的社会共建共享环境氛围。

---

① 参见《关于全国博物馆、纪念馆免费开放的通知》，2008 年 2 月 1 日，http://www.gov.cn/gzdt/2008-02/01/content_877540.htm。

② 参见《国务院关于推进文化创意和设计服务与相关产业融合发展的若干意见》，2014 年 3 月 14 日，http://www.gov.cn/zhengce/content/2014-03/14/content_8713.htm。

四、博物馆旅游的发展路径思考

博物馆是文化展示和文化服务的重要载体[①]，博物馆旅游是文化事业、文化产业与旅游业融合的主要形式，在政策驱动、理论支撑和实践发展的基础上，我国旅游市场快速发展，博物馆旅游体系日益完善，在提供文化服务、旅游产品、旅游休闲和满足人民群众对美好生活新期待方面发挥着重要的作用，但其发展也面临新的机遇和挑战。

（一）坚持以人民为中心的工作导向，创造具有国际视野和中国特色的博物馆旅游文化

文化和旅游部部长雒树刚在 2018 年 12 月 25 日举办的全国博物馆工作座谈会上指出，博物馆在经济社会发展中的作用持续显现，给人民群众带来的获得感、幸福感不断增强，已经成为人民向往的美好生活的一部分。同时强调，博物馆发展必须坚持中国特色社会主义文化发展道路，牢牢把握博物馆工作的正确方向，坚持以人民为中心的工作导向，不断满足人民群众对美好生活的新期待。[②]

当前，中国博物馆事业发展呈现出良好态势，发展成就受到国际社会的高度关注和赞誉。博物馆及其所代表的文化正在展开一场全球化运动，主要表现在一些国际著名的博物馆纷纷制定了全球化发展战略，相继

---

① 参见冯英杰、钟水映《全域旅游视角下的博物馆文化旅游发展研究——基于游客满意度的调查》，《西北民族大学学报（哲学社会科学版）》2018 年第 3 期。

② 参见李瑞《全国博物馆工作座谈会在京召开》，载《2019 年中国博物馆文集汇编（上）》，中国博物馆协会 2019 年版，第 9—11 页。

在异地甚至他国开设分馆。[①]北京故宫博物院、中国国家博物馆、广东省博物馆、南京博物院、三星堆博物馆等国内一线博物馆在分馆建设、国际合作、馆际交流等领域深入推进，起到了引领、表率作用。在新的历史条件下，博物馆正在一步步走向市场，处于竞争激烈、全球化发展的市场环境中。这是文化体制改革和不断深化的大众文化旅游消费观改变产生的必然结果。因此，伴随着文化和旅游融合走向纵深且发展路径更加清晰，更要坚持博物馆旅游的正确方向，跳出“小旅游”理念，形成“大旅游”格局，立足自身馆藏特色和城市文化发展，着力推进理念融合、产业融合和市场融合，创造具有国际视野和中国风格的特色博物馆和博物馆文化。

（二）坚持“内容为核”的发展理念，提高文化旅游消费品质

要解决博物馆旅游发展中客观存在的不平衡不充分问题，最根本的是通过供给侧结构性改革，坚持“内容为核”的发展理念，扩大有效和中高端消费供给，切实提高文化消费品质，满足多样化的博物馆旅游需求。这里所说的核心内容，从供给侧的角度来看，主要包括博物馆的展览和文化创意产品的开发两个方面。展览是博物馆工作的主责主业，也是核心文化内容，无论藏品还是研究，归根到底都要为展览服务，都要支撑和服务于展览。要打造策展品牌，强化策展才能，提高博物馆工作的核心竞争力，形成多元的展览主题、丰富的展览形态。只有分主题、成系列、成规模、有计划的精品展览才能让观众有得看、有得玩、有得聊，期待而来，满意而归。

从文创产品层面来讲，它是蕴含丰富博物馆精神内容沉淀的文化商

---

① 参见王春法《关于新时代博物馆事业发展的若干思考》，《中国国家博物馆馆刊》2018 年第 5 期。

品，对其开发与推广，是博物馆深入挖掘馆藏文化资源、弘扬中华优秀文化、推动文化资源与现代生产生活相融合的重要途径和关键一招，也是让文物“活起来”和吸引高品质文化游客资源的重要一环。文创产品的开发必须关注藏品、关注非遗，让传统文化“动”起来，完美发挥博物馆文物的物质属性和精神属性。近年来，从大英博物馆的盛装小黄鸭到北京故宫博物院的“萌萌哒”系列文具，从陕西历史博物馆的文物饼干到成都金沙遗址博物馆的小夜灯，越来越多的博物馆在文创产品上下起了功夫，帮助人们实现“把博物馆带回家”的基本诉求。据不完全统计，2017 年度全国博物馆的文化创意产品开发收入约为人民币 35.2 亿元，开发文创产品种类超过 4 万种。创意十足、鲜活可爱的文创产品逐渐成为人们爱上博物馆的新理由。在吸引大批游客走进博物馆、爱上博物馆的同时，这些有文化内涵和实用性较强的旅游商品既可以满足游客的精神文化需求，向游客传播文化知识，也能极大地提高自身的产品附加值，打造具有自身特色的超级文化 IP，提升知名度和影响力，从而实现社会效益和经济效益的平衡发展。

（三）坚持融合共享的发展要求，促进资源有机整合

文化和旅游融合发展是社会发展的必然要求。博物馆与旅游融合不仅可以加强博物馆与社会各相关职能机构组织的沟通合作，深入了解游客不断变化的具体要求，举办不同类型的展览展示，还可以通过文创产品开发和“以展带会、以会促游”的展览展示在公共服务领域实现资源的软融合和产业发展的强融合。

博物馆和旅游的融合是城市文化和历史文化的融合，也是城市文化和历史文化的传承与再创造，对于推进城市可持续发展，提高城市综合竞争

力具有重要的作用。在文化地标逐渐成为城市“网红”的发展期，越来越多的博物馆、文化馆、图书馆成为城市的核心吸引物和打卡地，对于塑造城市形象、深化文化内涵、提高旅游收益等发挥了积极的作用。这就要求博物馆旅游不断创新发展模式，跳出博物馆场域环境，使“大融合”走向纵深，逐步实现博物馆与旅游，博物馆旅游与文化遗产保护、工业、现代服务业等的跨界全要素深度聚合与重组，相互促进、相互融合、相互宣传。

（四）坚持科技引领的发展策略，推进智慧化智能化数字化体验

科学技术是第一生产力，博物馆走向技术驱动时代已是必然。传统的研发、品牌的培育、业态的创新，都离不开科技的力量。随着互联网的快速发展和信息化时代的到来，观众对展览数字化、产品数字化、文化内容数字化的要求不断加强，博物馆越来越成为文化知识的生产者、时代风尚的见证者和先进技术手段的应用者。这就要求博物馆旅游必须按照国家文物局关于建设智慧博物馆的要求，打破时空限制，打破博物馆“围墙”，运用互联网、物联网、云计算、大数据、虚拟现实、移动通信等新技术，构建以信息、数据、互联网为依托的智能博物馆发展新形态，实现藏品、环境、人员信息的“耳目通达”，文化知识传播的“善解人意”，观众服务的“无所不在”，让博物馆能“说话”、说“文化话”、说“旅游话”。推进智慧化智能化体验，不断调动观众口味、激发观众兴趣、增强观众体验黏性，把第一生产力的作用充分展示出来。

（五）坚持现代营销的发展思路，提高讲好故事的能力

博物馆事业发展同社会发展一样，已经进入新媒体、自媒体和融媒体时代。博物馆旅游想要跟上国内旅游市场大潮，必须做好博物馆旅游市场营销。今天，博物馆观众呈现多元化的特征，博物馆市场营销也必然出现多样化的趋势。现代市场营销离不开营销媒介和营销思路。在媒体融合新时代，博物馆想要获得更多的关注，吸引更多的游客，产生更大的“流量”，就要通过手段创新，即使不进展馆，也可以运用平台和工具向观众呈现文物的图像和传达文物的内涵，关键是要积极回应观众，更要学会讲故事，调整运营方式，优化营销思路，培育一批复合型的博物馆旅游人才，主动突破常规、“晒”出宝贝，让博物馆和博物馆资源“火爆媒体”“火爆观众”，主动营造良好的运营氛围。以北京故宫博物院为例，通过《我在故宫修文物》《上新了，故宫》等影视节目和纪录片将年轻群体的目光吸引了过来；通过抖音、直播、“吐槽”等互动体验，将故宫建筑、故宫形象等通过视觉化和分众化的思维呈现给广大网友；通过“故宫淘宝”新零售平台，进行文创产品线上线下同步销售，实现文创产品年收入突破人民币10亿元，也让超千万的消费者成为粉丝，其中“90后”占比超过50%。这些营销思维不仅吸引了社会关注，传播了故宫文化，还带来观众消费观念的转变，通过文创产品将故宫文化带回了家，产生了可观的经济效益，契合文化和旅游融合的消费理念，实现了事业和产业发展双赢。

对于博物馆旅游来说，市场营销是一把“双刃剑”，它既对博物馆的运营和发展起到积极的推动作用，同时也使其面临商业化的威胁。[①] 因此，博物馆营销需牢记文化传承和文化引领的基本使命和任务，把握正确的理

---

① 参见王春法《关于新时代博物馆事业发展的若干思考》,《中国国家博物馆馆刊》2018年第5期。

念和尺度，以内容为支撑，以科技为手段，深挖隐藏在文物背后的人文精神，不断提高讲好中国故事的能力。

五、启示与展望

新时期博物馆旅游要有新变化，更要有新作为。不可否认的是，文化要素已逐渐成为对旅游者产生吸引力的核心要素，文化休闲需求日渐凸显。博物馆旅游之所以潜力无穷，是因为博物馆和所藏文物本身的价值吸引，更重要的是因为其背后所蕴含的人文精神、文化故事、文化基因和具有当代价值的文化精神。发展博物馆旅游是振兴博物馆文化、振兴城市经济与城市文化的共同需要和必然选择。

2019 年是文旅融合的开局之年，站在时代的大风口，政府将全面聚焦实施路径，定将出台更多的指导性政府文件，完善博物馆体制机制建设，提高博物馆资源利用，促进博物馆与旅游在理念、产业、市场和服务等领域的深度融合，促进二者实现双向赋能和价值共创。各文博单位将携手共进，不断探索文旅融合新路径、创新文旅融合新产品、寻求文旅融合新突破、满足文旅消费新需求。期待博物馆旅游在科学研究领域不断深化发展，在全要素资源方面深度聚合与重组，在培育弘扬社会主义核心价值观和满足人民群众对美好生活的新期待等方面发挥更加重要的作用。

（原载《中国博物馆》2020 年第 2 期）

文旅深度融合的内在机理、基本模式与产业开发逻辑

张胜冰

文化产业与旅游业融合发展是我国文化产业发展的重要方式，也是政府鼓励的发展方向。在各级政府制定的文化产业发展规划中，文旅融合受到了特别重视。从内在属性来看，文化与旅游存在着相互融合、彼此促进的关系。早在 2009 年 8 月，文化部会同国家旅游局出台了《关于促进文化与旅游结合发展的指导意见》。2014 年 8 月，文化部又会同财政部出台了《关于推动特色文化产业发展的指导意见》，指出要“加快特色文化产业与旅游等相关产业的融合发展，提升产品品质，丰富产品形态，延伸产品链条，拓展特色文化产业发展空间”。2018 年 3 月，文化部与国家旅游局完成机构合并，组成文化和旅游部，文旅融合模式在国家层面受到重视和肯定。本文主要就文化产业与旅游业如何达到深度融合进行探讨，阐述它们融合的内在机理、基本模式及产业开发逻辑。论述中主要以我国文旅融合为例，并适当结合国外的实例进行分析。

一、文旅融合的内在机理与本质要求

文旅融合是当下的热门话题，影响着我国文化产业和旅游产业的发展方式，受到广泛关注。文化产业与其他产业的不同在于，它与许多相关产业存在着交叉渗透，与旅游业的交叉渗透更为明显。文化产业的特点在于“跨界”性，它跨越了多个行业的边界，这就为产业融合带来了可能。反过来看，许多产业能够与文化产业融合，也是因为其自身包含许多文化要素和特质，其活动具有文化属性，与文化有密切联系，由此形成的产业也必然带有文化的性质。美国学者丹尼尔·马托认为，“所有产业都是文化的”①，这个看法虽然比较笼统和宽泛，但也不无道理。“所有产业都是文化的”应该理解为所有产业中都包含文化要素。人是产业的主体，人的创造活动受到文化观念的影响，从这个意义上讲，所有产业都是文化的，都与文化产业有关。

通常来说，人们是按照对文化的固定理解来理解文化产业的，是就其狭义而言的。狭义的文化主要包括文化内容行业，如音乐、舞蹈、文学、绘画、影视、动漫、游戏等，涵盖了文学、艺术诸领域。在现代社会，随着创意经济的兴起，文化产业的范围其实已经不再局限于狭义文化的范畴，而是包括了许多与文化创意密切相关的新兴领域，这些领域甚至延伸到工业、农业、商业、旅游业和人们的日常生活，使得文化产业与许多行业产生交叉融合，这其实反映出文化产业与其他相关产业具有耦合关系，这是它们能够实现融合的内在机理。

① 丹尼尔·马托：《所有产业都是文化的——一个关于“文化产业”概念和研究的新可能性的评论》，张琳悦译，《中国文化产业评论》2013 年第 1 期。

耦合指两个或两个以上的系统或运行方式之间存在紧密配合和相互影响。[①]耦合也是一种交叉渗透关系，你中有我，我中有你，彼此关联。文化与旅游存在着突出的耦合关系，它们更容易交叉渗透，形成紧密的联系。从文旅融合的机理来看，文化产业与旅游业是通过两个行业系统内部的各子系统或要素之间产生的相互作用和相互耦合，并借助系统内部和外部动力机制的推动作用，来促成两大产业要素实现整合和渗透，达到产业融合的效果。

文化与旅游两个行业的关联性很强，这是它们能够融合的产业基础。这个关联性首先是系统要素的关联。文化产业与旅游业虽是两个不同的行业，但它们都具有突出的文化属性。文化产业着眼于文化内容的提供和相关硬件的生产和服务。从旅游业来看，旅游体验中离不开文化的参与，吸引游客的东西除了自然风光外，更重要的是不同文化带来的魅力，这就需要在旅游中提供更多的文化元素：一方面要在文化资源中保留传统文化记忆，使人们沉浸在厚重的历史感中；另一方面要有文化创新追求，让人体验到文化创新的力量和新奇。旅游如果失去了文化元素就很难发展，会变得没有生命力；没有生命力也就没有了吸引力。英国诺丁汉特伦特大学文化资源管理专业教授迈拉·沙克利在论述旅游的文化意义时说道："大多数遗产地都成为了其国家文化旅游的吸引物。有些如英国的巨石阵、埃及的金字塔、中国的长城等，在很大程度上成为了一个国家的象征，并得到了全世界的公认……对旅游者来说，到世界遗产地去旅游，是一种明智的经历。可以说，大多数到这里来的游客，都是对文化遗产感兴趣的人，虽

① 参见周宏《现代汉语辞海》，光明日报出版社 2003 年版，第 820 页。

然他们对该遗产地的知识了解甚少。”①

文化是旅游的灵魂，旅游是文化的载体，这是文化产业和旅游业融合发展的本质要求。这充分说明，文化要借助旅游扩大影响，旅游要靠文化来拉动，它们是相互离不开的，把文化和旅游融为一体，可以形成以文化促进旅游、以旅游带动文化的新格局。在我国很多地方的文化产业实践中，“文化＋旅游”已成为最常见的运作模式，也是占比最大的门类。在世界许多国家的文化产业中，“文化＋旅游”也很常见，文旅融合同样受到重视。美国迪士尼乐园、环球影城等产业模式，都是文旅融合的著名范例，它们将强大的影视文化 IP 即知识产权这一原创内容移植和延伸到旅游业中，极大地提升了旅游的附加值，使得文化资源开发由一次性开发变成多次性开发和深度开发，从而有效提高了文化资源的利用率和效率。

文旅融合是在“跨界”中实现的，这既是一种共赢关系和共享关系，也是一种双向互动和相互渗透的过程。文旅融合从不同层面展开，可以是要素融合、资本融合、市场融合、技术融合、平台融合，等等。文化产业和旅游业的融合既促进了二者自身的发展，提升了产业能力，扩大了产业范围和领域，又带动了相关产业的发展，取得最大化价值和最优化效果，提升了资源配置的效率。正因为文化产业与旅游业融合发展符合国家战略需要，从而被赋予了更深刻的内涵，国家从顶层设计上为文化产业与旅游业融合提供政策支持，各级政府也纷纷出台了有关文化产业与旅游业融合发展的指导意见，鼓励和推动跨界融合，这些都为促进文化产业与旅游业融合发展提供了有利的政策环境和制度保障，因此，文化产业与旅游业的

① ［英］迈拉·沙克利：《游客管理：世界文化遗产管理案例分析》，张晓萍等译，云南大学出版社 2004 年版，第 1 页。

融合发展成为我国文化产业发展的路径选择。

二、文旅融合的基本模式及存在的问题

文化产业与旅游业融合会催生许多新模式与新业态，对这些新模式、新业态进行分析研究有助于探索文旅融合的方式和路径，认清文旅融合的规律和性质，把握文旅融合的趋势和方向，这对于文化产业发展来说意义重大。

中国文化产业与西方文化产业不同，中国文化产业发展始终离不开政府的引导，文旅融合发展是在政府的积极推动下展开的，通过这种方式提升文化产业作为国民经济的支柱性产业的地位，既带动了文化产业的发展，也带动了旅游业的发展，增强了游客旅游中的文化获得感、满足感和求知欲，延长了旅游时间，拓展了旅游空间。为了更好地促进文化与旅游的融合发展，我国在政府机构改革上进行了大胆尝试，把过去的文化部和国家旅游局进行整合，这不仅是管理职能的改变，更重要的是推动彼此间的深度融合。这种做法是世界文化产业强国的重要经验，如韩国把与文化产业密切相关的部门整合在一起，涉及文化（culture）、体育（sports）和观光（tour），组成了带有产业融合特征的综合性管理部门——文化、体育和观光部，这显然是从产业融合的现实需要出发而进行的主动改变。我国新组建的文化和旅游部，也是为了更好地适应文旅融合发展的现实需要而做出的积极调整。

就我国而言，推动文化产业与旅游业融合发展要符合中国的国情，走出自己的路子，形成自身特有的模式。我国是一个资源大国，各种资源十分丰富，包括文化资源在内，可以形成资源型产业。因此，我国文旅融合

要充分发挥各种资源的优势，把不同的资源加以发掘、整合和利用，达到“一源多用”，从而带动更多的产业发展。从国内外文化产业与旅游业融合发展来看，其基本模式有原生态文化保护型模式、文化资源开发利用型模式、IP 延伸授权型模式、“文化 + 科技”的娱乐型模式、“文化 + 地产”的休闲度假型模式等。

（一）原生态文化保护型模式

原生态文化保护型文旅融合模式在世界各地都可以看到，但相对而言，在欧洲国家的文旅融合中这种模式更为常见，也更受重视。这种模式注重的是文化资源本身的价值和意义，不主张过分开发文化资源，而是主张少开发甚至完全不开发，以便把文化资源的完整性与真实性展现出来，因此，在文旅融合中特别强调文化资源保护的意义，反对破坏、曲解和滥用文化资源的开发行为，也反对为了追逐经济利益而进行的商业性开发和过度开发。我们看到，欧洲许多国家完整地保留下了大量的古老建筑、街区、教堂、修道院、歌剧院、城堡、庭院等文化遗产，这些遗产反而成为国家最重要的旅游资源吸引着来自世界各地的观光客。正如英国学者约翰·厄里（John Urry）在其《观光客的凝视》（*The Tourist Gaze*）一书中指出的，旅游观光的意义在于“旅游时能够看到特定的符号，例如典型的英国村庄、典型的美国摩天大楼、典型的德国露天啤酒屋，以及典型的法国城堡等等。这样的‘观’光模式意味着，所有的观光客都称得上是‘符号学家’（semioticians）。他们不断地解读，把地标、风景全当作各种预设想法的意符，或者来自于各类旅行广告或旅游报道里的符号”[1]。

---

① ［英］约翰·厄里：《观光客的凝视》，叶浩译，台湾书林出版有限公司 2007 年版，第 38 页。

这说明旅游是一种文化体验活动，不是一般的“走马观花”那么简单。游客在旅游观光的过程中，通过他们所看到的各种文化符号不断地对他们内心中曾经预设过的文化想象进行解读还原，这个过程就是体验文化符号所蕴含的价值和意义的过程。文化价值是促使游客长途跋涉前往旅游观光地的重要吸引因素，这也说明旅游中一定要有文化元素的参与，要包含深刻的文化体验。浙江乌镇是中国众多古镇中的代表，其文化意义就在于它作为江南水乡古村落文化遗存在现代社会中被完整地保存了下来，虽然它很偏远，交通也不便，但游客还是不辞辛苦地前去观光体验，其根源就在于原生态文化的魅力所带来的巨大吸引力。但我国很多地方对这种原生态文化资源的保护还不够重视，不愿意投入资金去加以保护。有的为了发展和拉动经济，把真实的原生态文化遗址和遗产拆除掉或是进行商业性开发和改造，导致原生态文化受到不同程度的破坏。

（二）文化资源开发利用型模式

文化资源的开发利用是发展文化产业的重要途径，也是促进文旅融合的重要手段。很多文旅融合模式是通过文化资源开发利用形成的，这既带动了文化产业发展，也带动了旅游业发展，因此，这种模式在我国被运用得较多，不少地方都热衷于通过文化资源开发打造文旅产品，不惜投入巨额资金兴建很多文旅项目。如深圳最早的四大主题公园——“世界之窗”、“锦绣中华”、中华民俗村和欢乐谷，都属于基于文化资源而开发的文旅融合产品，分别由港中旅和华侨城集团出资建造，采用简单的微缩手法模仿和复制世界各国著名文化遗产，但由于缺乏深度融合，因而无法让人深刻地感受文化资源自身的魅力和价值，属于粗浅型的文化旅游开发项目，对游客的吸引力也就变得越来越弱，以至于到了后期游客寥寥。这类文旅融合开发模式在我国比较常见，出现了大量的跟风模仿之作，如北京的“世界之窗”、长沙的“世界之窗”等，甚至像江苏江阴华西村这样的乡村，为了发展旅游业，也不惜耗费巨资打造了很多所谓“世界文化遗产项目”，其目的都在于振兴当地的旅游业。

文旅融合不能简单理解为人为地去打造文化，只要添加上某些文化符号就有了文化意义和价值。文化总是离不开特定的场所和空间，文化意义的产生也是在特定的场所和空间中实现的，而人为打造的文化项目缺少的正是这一点，这注定了它没有多大的文化价值。浙江横店是国家5A级旅游景区，也是国家文化产业创新试验区，文旅融合成为其主要发展模式，但如果没有国内最大的影视拍摄基地这块金字招牌，没有影视产业作为支撑，横店文旅城便只是一堆毫无生命的建筑物、一个人为打造的仿古建筑群，属于文化资源的粗浅开发，很多模仿横店但没有影视业作为支撑的文旅城之所以会萧条，原因正在于此。当然，文化资源开发利用型也有许多成功案例，如山东台儿庄在古城原址基础上通过对原有文化资源的再生性开发，使古城重现原貌；波兰华沙王宫也是在原址和废墟基础上精心重建的工程。

（三）IP 延伸授权型模式

IP 延伸授权型文旅融合模式强调的是 IP 即知识产权的原创价值，由一个超级 IP 延伸出许多个授权型衍生产品形式，通过提升文化的附加值促进文旅深度融合，延长产业链，构建基于 IP 的生态链。美国迪士尼乐园、环球影城等产品，成为文化产业与旅游业融合发展的经典模式，它们都借助于母公司强大的影视 IP 这一原创内容资源，把它移植和延伸到旅游业中，旅游业成为 IP 延伸的有效载体，从而使得文化资源开发由一次性开发变成多次性开发，极大提高了文化资源的利用率。我国各地出现的许多类似项目，目的也是促进文旅融合、提升产业附加值，但由于缺乏强大的原创 IP 的支撑，大多属于粗制滥造的模仿之作，不具有自主知识产权，也没有经过合法授权，虽热闹一时，但难以持久，结果是虽耗资巨大，但取得的效益却不佳。

IP 延伸授权型模式还出现在其他文旅融合领域，如动漫产业，其延伸产品广泛分布在众多行业。动漫产业的盈利模式并不仅仅是产品本身，而是围绕着与动漫产业相关的大量衍生产品、周边产品和授权产品，这些产品分布在主题公园、游乐园、影视娱乐等文旅项目中，构成庞大的产业链。在动漫产业发达的国家，70%—80% 的利润是由这些相关的周边产品带来的。因此，人们也把动漫产业称作“小产品、大产业”，它可以通过授权形式形成许多相关产品的开发，其产业链非常长，涵盖的行业非常多，并且和制造业密切联系在一起。

（四）“文化 + 科技”的娱乐型模式

“文化 + 科技”是当今世界发展的重要潮流和趋势，许多文化产业强国都非常重视科技对文化的支撑作用。美国以视听产品为代表的文化产业是典型的“文化 + 科技”的模式，由于科技含量高、视听效果突出，使得市场竞争力很强。再如韩国，作为世界文化产业强国，原先是主打文化内容的，把文化产业看作内容产业，后来越来越强调通过科技来支撑文化内容，提出把 CT 产业作为未来文化产业发展的战略引领。CT 是英文“culture technology”的简称，指的是“文化 + 科技”。韩国希望文化产业与科技高度融合，以提高产品竞争力、提升产业附加值，由此形成“韩流”新的国际竞争力。因此 CT 产业也被人们看作“新韩流”的发端和肇始，由此孕育出基于“文化 + 科技”的数字文化产业等新业态和新模式。

韩国在《文化产业振兴基本法》中也相应增加了与文化科技有关的内容条款，这是韩国在政策层面上首次把文化科技（CT）纳入国家有关法律体系框架。①

近年来我国也强调要通过文化科技创新加快文旅融合的进程，推动文化产业向高质量、高效益发展，通过实施文化科技创新工程促进文化产业发展方式的转变，改变文旅产品中科技含量不足、业态水平不高、资源开发利用粗浅的状况。目前，越来越多的文旅融合模式与互联网、数字技术、大数据、物联网、人工智能、音视频、VR（虚拟现实）、AR（增强现实）、MR（混合现实）、CR（影像现实）等现代科技紧密结合，带来文化娱乐的新体验和新感受，很多主题公园里不再是传统的游乐设施和游玩项目，而是通过文化科技的介入，增加了许多互动体验、虚拟现实、全景影像、仿真游戏等，拉近了游客与现实场景的距离，给游客体验带来观赏性、刺激性和趣味性。华强集团的方特模式、长隆集团的长隆模式、华侨城集团的欢乐谷模式，还有万达的"汉秀""青秀"模式等，成为这方面的代表。文化科技创新从根本上提升了文旅融合的核心竞争力。

但同时也要看到，"文化＋科技"的娱乐型模式也暴露出许多问题，许多高科技娱乐产品自身的文化内容比较贫乏，缺乏思想深度，更多借助的是技术优势。由于内容较为单薄，经不起推敲，只好靠科技和特效来炫耀，这在许多旅游景区或主题公园之类的娱乐产品中表现得较为突出。科技是手段，不是目的，科技是为文化内容服务的，应该把着力点放在文化内容的挖掘上。

---

① 参见张胜冰《韩国 CT 产业的发展及对我国的借鉴和启示》，载管宁、罗昌智主编《五大发展理念下文化产业的理论与实践》，福建人民出版社 2018 年版，第 20 页。

（五）“文化＋地产”的休闲度假型模式

文化和地产的结合是我国各地出现的一种独具特色的文旅融合模式，主要为休闲度假产品，既有旅游度假功能，也有文化休闲功能，如深圳东部华侨城、杭州休闲博览园、万达文旅城、恒大文化旅游城、海南观澜湖华谊电影公社等，还有很多以洋名命名的项目，如泰晤士小镇、奥地利小镇、香榭丽舍小镇等。这些“文化＋地产”项目大多由房地产企业主导开发建设。

将文化融入地产中，可以起到相互带动作用，实现文化和地产双赢，有其积极的一面。首先，依托地产商开发建设文化产业项目，可以为文化产业发展提供强大的资金支持，解决文化产业发展中的资金难题，推动文化产业重大项目落地。在消费经济时代，人们对文化生活的要求越来越高，文化建设尤其是重大项目投资仅靠政府来解决会加重政府的财政负担，不利于文化产业的长期发展，也会影响到民生工程。房地产企业具有资金优势，它们对投资文化产业项目有一定的积极性，同时也有商业利益的考虑，往往表现出较大的热情。政府可以通过招投标方式，选择符合资质和条件的房地产企业投资文化产业项目，在土地出让金方面给予一定优惠。从长期来看，这样做既有利于推动文化产业发展，又有利于促进文旅融合。其次，企业通过投资文化产业项目促进文化产业与地产业的融合发展，有助于提升地产业的附加值，这对房企也是有利的。文化是产品附加值的内在元素，没有文化元素融入其中，文化地产项目就成了一堆没有生命的钢筋水泥，而将文化元素融入其中，可以有效提升地产的价值，达到与文化的共赢。

但“文化＋地产”模式弊端也很明显，其负面作用不容忽视。有些开发商打着文化的旗号从政府手里拿到大量低价土地，而实际上是借文化之名在“圈地”，文化成为地产的陪衬物。很多地方大肆兴建度假型特色小镇，投资商很多都是地产商，他们搞的所谓“文化”不过是对文化符号的廉价模仿和复制而已，其形式大于内容，文化成为没有真实内涵的空壳。先建房子、卖楼，后搞文化，成为许多文化地产的开发逻辑和商业模式。地产商首先要确保资金的回笼，因而很多项目最后沦为房地产。因此，对于“文化 + 地产”模式来说，政府要发挥好监管职能，加强引导，科学规划，不能只顾眼前利益而忽视了长远文化建设需要，应该为文化地产把握好方向，使其朝着健康的方向发展。

三、文旅深度融合的原则与产业开发逻辑

文旅融合的过程也是产业开发的过程，开发的目的是促进文旅更好地实现深度融合。文旅深度融合应遵循什么样的原则？ 应按照怎样的开发逻辑实现文旅深度融合？ 本文就此提出以下看法。

一是注重要素融入的原则。真正的融合指的是具有相互关联的系统内部要素之间的交融和契合，也就是要素的融入。没有要素的融入就难以达到深度融合，其融合就只是流于表面和形式。如果只是在产品的表层和外观添加一些文化符号，那么这种融合便不是深度融合，而只是简单肤浅的文化元素的移植、添加或嫁接，并没有深入到骨子里，没有产生化学反应。深度融合要求从文旅产品的创意开始思考如何把文化元素和文化内涵注入其中，让文化成为旅游业的生命线。目前，越来越多的文旅融合注重把文化要素融入其中，深入挖掘产品的文化内涵，突出文化在文旅融合中的重要性。把文化要素融入其中，关键是要把文化内容作为融合的重点，突出文化内容属性。但我国许多主题公园缺少有价值的文化内容的融入，

很多都是对文化的简单模仿，让游客体会不到文化的真正魅力。这样的融合不是深度融合，只是表面关联，因此游客看到的多是廉价模仿，而体会不到文化的深层意义。

另外，许多主题公园存在过度商业化开发现象，旅游景区到处充斥着闹哄哄的叫卖声和商业气氛，难以让人静下心来体验文化。西方学者提出要“观光绅士化”。所谓“观光绅士化”，就是要让游客能够静下心来去体验文化的内涵和魅力，只有置身于特定的“文化场域”中才能理解文化包含的意义。

二是秉承生活真实性的原则。秉承生活真实性原则指的是产业开发要依托真实的文化资源和背景，在真实的文化资源的基础上进行再生性开发，而不是人为地去打造假的东西，造成文化失真。真实的文化资源是在特定历史条件下和文化空间中形成的具有文化遗产属性的东西，对文化旅游来说价值重大，既是文旅深度融合的关键，也是可持续发展的重要资源。凡是文旅融合做得好的国家和地区，都非常重视对真实性文化资源的利用，对其开发也是建立在对真实性文化资源的保护上，强调保护、再生和活化，而不是拆旧建新、弃真用假，用人为打造的方式来建。我国很多旅游景区都存在这个问题，对真实性文化资源往往不够重视，相反却热衷于打造和开发，使得旅游景区失去了吸引力。开发要注重再生性开发、原生性开发，恢复真实性文化资源的魅力和价值，即使重建也要按照文化的原空间、原尺度、原状态、原方式、原历史传承的原则进行，不能随意篡改，更不能推倒重来，这应该成为文旅深度融合首先要遵循的产业开发逻辑。

三是坚持创新性转化的原则。文旅融合要注重在发展中融合、在融合中发展，因此，提供符合现代社会需要和审美意识的文旅融合产品是非常重要的，否则难以持续和做大做强，这就需要进行创新性转化。创新性转化指的是在传承文化根脉的基础上的创新追求，而不是抛开文化根基去一味迎合现代潮流，更不是赶时髦和跟风模仿；创新性转化要与时俱进，跟上时代发展的步伐，不能因循守旧，拒斥现代文明；创新性转化是以一种开放的心态看待现实发展变化，把创新追求看作发展的动力和方向，只有这样，才能保持永久的生命力。

四是尊重文化发展规律的原则。其一，从人类文化发展历程来看，文化是在特定的历史条件下经过长期积淀而形成的，因此带有特定的意义和内涵。文化重在历史积淀，而不是像搞工程那样刻意去打造。刻意打造的文化总是虚假的，没有生命力和吸引力。其二，科学是趋同，文化是存异。文化是千差万别的，不同的民族和国家具有不同的文化，不同的地域也具有不同的文化，体现出文化多样性原则，因此，不能按照同一标准去搞文化建设，更不能提倡文化上与国际接轨，这是违背文化发展规律的。有的城市前几年曾提出一个口号“世界眼光，国际标准，本土优势”，意思是“以世界眼光谋划未来，以国际标准提升工作，以本土优势彰显特色”。这用于经济建设和社会发展，没什么问题，但如果用于文化建设就不合适了，因为这是违背文化发展规律的做法。其三，要重视文化产业的高风险性，在文旅融合中尤其要警惕这一点。国外有学者认为，文化产业是一个高风险行业，因为受众对文化商品的消费方式具有高度的不确定性和不可预测性，即使投入很多的营销费用，当红作品和表演也可能突然过时。[①]文旅融合也充满了风险和挑战，只有充分预估各种风险，才能对未来发展做出正确的预判。

[原载《中国石油大学学报（社会科学版）》2019 年第 5 期]

---

① [英] 大卫·赫斯蒙德夫:《文化产业》，张菲娜译，中国人民大学出版社 2007 年版，第 21 页。

文化旅游产业的最新发展动向

陈少峰　侯杰耀

根据十三届全国人民代表大会一次会议通过的《国务院机构改革方案》，国家旅游局和文化部合并，成立了文化和旅游部，这在国家行政管理层面肯定了当前文化与旅游两种产业形态的融合趋势，也在宏观经济层面支持了文化旅游产业的未来发展。近年来，伴随着“文化+”的产业融合趋势，“文化+旅游”催生的文化旅游产业成为当前中国经济转型升级的重要成果，聚焦文化旅游产业，我们首先要在理论上把握文化旅游产业自身的核心竞争力。

一、文化旅游产业的五个驱动力

文化旅游产业不是文化产业与旅游产业两种业态的简单叠加，而是以文化为核心驱动力、以旅游为基础消费市场的新型产业，它已经形成了独特的市场运作逻辑，具体体现在内容、技术、品牌、传播、企业这五个方面的驱动力。

（一）内容驱动力

顾名思义，文化内容是文化旅游产业的核心要素，但是，内容在文化旅游中发挥的产业驱动作用不是一种笼统抽象的文化含义，而是一个具有商业操作性的 IP（Intellectual Property）概念。IP 是内容驱动的核心商业力量，为了使 IP 真正产生商业价值，将 IP 分为故事 IP、形象 IP、产品 IP、企业 IP 等四种类型，这四种类型的 IP 具有承前启后的产业链关系：首先，具体的故事内容被称为“故事 IP”，故事 IP 是所有文化元素的基础载体；其次，由于故事内容是分散的，为了产品开发与品牌塑造，企业可以在故事 IP 载体之上把文化内容集中到某个形象上（如米老鼠这样的卡通形象），这就是“形象 IP”；再次，企业会利用形象 IP 生产各种形态的文化产品在市场上销售，这就是“产品 IP”；最后，企业会在上述三种 IP 类型的基础上提炼企业文化、塑造企业品牌，形成最终的“企业 IP”。只有这四种 IP 相结合，文化内容的驱动力才能真正产生巨大的经济价值。

IP 的驱动力在文化与旅游初步融合的实践中已经得到充分展现，电影《少林寺》之于河南嵩山武术旅游、电视剧《乔家大院》之于山西晋商文化旅游都佐证了文化 IP 对于旅游市场的带动作用。随着文化旅游产业作为独立业态逐步成熟，文化不再简单地以广告形态对旅游市场发挥作用，而是通过故事 IP、形象 IP、产品 IP、企业 IP 的形式直接构成了产业链环节，文化旅游产业在故事收集写作、品牌形象塑造、产业研发推广、企业文化培育等各个环节借助了内容驱动力。但以一两个影视剧就可以吸引客流的时代一去不复返，如今，人们需要的是真正打动内心、形式多样的文化产品，而内容驱动力重在积累，文化旅游企业与投资人必须沉下心来渐进式开发故事 IP、形象 IP、产品 IP 和企业 IP。

（二）技术驱动力

文化旅游产业之所以能够进入一个全新的成熟发展阶段，技术变革在其中发挥了举足轻重的作用，在各种技术应用中，互联网技术对文化旅游产业的驱动力最为突出。文化与技术的融合已经成为中国经济的一面旗帜，一方面，传统大型文化公司基本都在拓展互联网业务，传统文化业务趋于衰落；另一方面，互联网技术企业纷纷涉足文化产业领域，网络游戏、网络文学、广告传媒、体育文化等文化领域均是阿里巴巴、百度、腾讯等互联网企业所涉足的业务范围。在如此背景下，以互联网为代表的现代技术在各个方面驱动着文化旅游产业的发展：电商平台是文化旅游产品的重要销售推广平台；旅行社交平台所搭建的社区文化为旅游目的地培育了粉丝群体；以互动性、包容性为特征的新媒体为文化旅游目的地提供了微电影、短视频、直播等多种形式的新型文化传播途径。我们必须注意到，文化旅游产业之所以能够在今天取得如此重要的产业地位，不是人们冥思苦想后的设计成果，而是互联网产业的实践推动。线上与线下两种场景间的互动匹配是人们在互联网产业实践中收获的商业经验，文化旅游这两个产业要素分别对应了线上与线下两个场景，互联网平台是培育、推广文化 IP 的绝佳线上平台，而旅游则是人们获取体验的线下活动，线上、线下两个平台的互动匹配构成了技术对文化旅游产业的驱动力。

（三）品牌驱动力

内容驱动力与技术驱动力是文化旅游产业的两个核心驱动力，在这两个核心驱动力的基础上，文化旅游产业又衍生出品牌、传播、企业这三种驱动力。

先看品牌驱动力。在传统广告策略中，品牌被企业用来打广告、做促销、获取市场知名度，然而，这种以广告宣传为目的的品牌策略即使成功，往往也会随着时间的推移而被市场淘汰，这一现象在文化旅游市场上非常普遍。例如国内主题公园往往面临着如何保持持久性客流的问题，一个地方的主题公园在刚建成时可以吸引周边大量游客，然而一旦消费者对文化主题和娱乐设施厌倦，主题公园在建成几年后就会遭遇门可罗雀的尴尬处境。因此，文化旅游产业所需要的品牌驱动力不是一种广告营销策略，而是一种对消费者文化需求的深度持久挖掘。一种市场策略只有激发市场消费者（现在主要是年轻人）的消费需求，才能算作有驱动力的品牌战略。对文化旅游产业而言，支撑旅游品牌的是人们的文化认知，人们不再像过去那样被景区吸引，而是基于文化认知，深入旅游目的地进行文化体验，像环球影城、迪士尼乐园等成功的主题公园都是以消费者对文化品牌的认知为基础吸引游客深度体验，这就是持久而有驱动力的品牌战略。

（四）传播驱动力

在讨论互联网平台对文化旅游的推动作用时，我们已经谈到互联网平台的传播力量，这里所讲的传播驱动力不局限于传播媒介，而是指一种综合传播效应：需要把前文所讲的内容驱动、技术驱动、品牌驱动结合在一起，形成满足人们文化需求、利用现代传媒技术、具有品牌感召力的传播力量。下面以景区纪念品为例说明传播驱动力在文化旅游融合中的独特性。传统旅游景区也会设计、销售各种旅游纪念品，但这些纪念品往往大同小异、乏人问津，这些纪念品就没有自带传播驱动力：游客没有在文化心理上认同产品设计，没有在社交平台上分享纪念品的欲望，也没有任何品牌认知，只把它们当作廉价商品。因此，传播驱动力的目的就是让文化旅游产品拥有“粉丝团”：在内容方面，依靠故事 IP、形象 IP、产品 IP 培育持久的市场感召力；在技术方面，充分利用互联网平台的传播能力，让人们进行充分的分享交流；在品牌方面，摆脱传统的产品营销策略，打造有影响力的文化品牌。

（五）企业驱动力

企业驱动力是将内容驱动、技术驱动、品牌驱动、传播驱动整合在一起的企业竞争力，文化旅游产业的发展最终落实在一个个崛起的文化旅游企业上。正如我们在讨论内容驱动力时所强调的，文化需要长期的积累沉淀，文化旅游企业也需要长期投资的战略布局。文化积累的特性使文化旅游企业必须以企业可持续增长价值为目标，不能做短期项目投资。单一旅游项目的开发不再是文化旅游企业的核心关切，是因为随着消费市场的变化，任何单一旅游项目都会时过境迁。文化旅游企业的企业核心竞争力是包括提炼旅游文化资源的能力、培育核心文化品牌的能力、开发优质文化产品的能力、整合多种新媒体平台的能力等在内的综合内在能力，我们将在文化旅游产业的发展过程中看到越来越多拥有长期价值增长空间的高市值文化旅游企业。

二、文化旅游市场的消费趋势

近年来，游客在旅游过程中对文化元素的需求与日俱增，调研数据显示，2018 年国庆期间，超过 90% 的游客参加了文化活动，超过 40% 的游客参加了 2 项文化体验活动，前往博物馆、美术馆、图书馆和科技馆的游客达到 40% 以上，37.8% 的游客花在文化体验上的时间为 2—5 天。国内主要在线旅游平台（OTA）数据显示，10月1—7日文化类景区整体预订量同比增长超过36%，景区门票、文化展演类产品预订量增幅最大。[①] 文化旅游的日益流行为文化旅游产业奠定了良好的市场基础，借助上述五个驱动力，文化旅游企业可以不断深挖消费者的文化需求，提供更多样的旅游产品。但是，笔者认为，在通盘考量文化旅游市场时，我们要特别重视划分消费人群，不同消费人群的文化需求与旅行方式存在差异，青年人更喜欢刺激的娱乐文化，中老年人则倾向于度假式旅行，文化旅游产品的设计推广应与消费群体相匹配，而家庭文化消费将是文化旅游市场未来的主要消费需求。

根据中国旅游研究院、岭南控股广之旅联合发布的《中国家庭旅游市场需求报告》，“70后”“80后”“90后”的受访者比重总数达92.1%，这三个群体是中国家庭旅游市场的主要组成部分。亲子游、伴侣游、爸妈游的市场需求旺盛，在出游意愿的调查中，96.5%的受访者表示渴望参与家庭旅游，94%的受访家庭曾进行家庭旅游，其中，近九成出游1—3次，近两成出游3—5次。[②] 笔者认为，与家庭旅游的消费形态相匹配，文化产品应该是家庭文化娱乐产品，即“全家乐”的文化消费品。“全家乐”的文化消费品一定是兼具娱乐、教育功能的文化产品，只有“正能量”的文化活动才能得到家长的认可，吸引家长带着孩子前来参与消费，同时，年轻人也能够在其中获得文化娱乐体验。数据显示，家庭旅游市场仍存在巨大的增长空间，年均家庭旅游次数3—5次和5次以上的占比远低于潜

① 参见《2018年国庆假期旅游市场情况》，2018年10月7日，文化和旅游部网站（https://www.mct.gov.cn/whzx/whyw/201810/t20181007_835211.htm）。

② 参见《“优质旅游时代”的家庭旅游：经济效益与社会效益的和音》，2018年5月20日，凤凰网（https://travel.ifeng.com/a/20180520/449976560.shtml）。

在出游意愿占比，20% 以上的受访者明确表示有提高家庭旅游频次的强烈意愿，对高品质和高性价比旅游产品提出明确诉求的分别超过 40% 和 50%。① 因此，文化旅游企业应着眼于家庭文化旅游项目，开发以家庭为单位参与的文化体验活动，满足各种年龄构成、性别构成、成员关系的家庭的文化需求。

三、文化旅游企业的商业模式

文化与旅游在宏观产业层面上的融合发展实际上被落实为微观层面上企业的商业模式变革，正是文化旅游企业的商业模式承载了文化旅游产业的蓬勃发展。笔者认为，尽管存在经营项目上的差异，但两个主题在文化旅游企业的商业模式建构中将起决定性作用：一是轻资产将超越重资产成为文化旅游企业的核心资产；二是延伸产业链将成为文化旅游企业的核心任务。

对文化旅游企业而言，轻资产指内容 IP、品牌形象、互联网平台等资源，重资产指商业地产、景区、硬件等资源。在传统旅游产业中，重资产一般是企业核心资源，企业依靠景区吸引游客，通过商业地产开发获得投资回报。但是，正如内容驱动力所揭示的，轻资产将成为文化旅游企业的核心资源，内容 IP 可以成为吸引游客、激发消费的持久卖点，品牌形象将为文化旅游企业带来长期价值增长，互联网平台是发挥传播推广功能的无形资产。文化旅游企业应摒弃传统的重资产开发思维，在轻资产与重

① 参见《“优质旅游时代”的家庭旅游：经济效益与社会效益的和音》，2018 年 5 月 20 日，凤凰网（https://travel.ifenq.com/a/20180520/449976560.shtml）。

资产分离的基础上，将资金与人力都投入到轻资产开发之中，这一点尤其要在特色小镇建设中引起重视。自 2016 年 7 月，《关于开展特色小镇培育工作的通知》发布以来，全国各地出现了不同类型的特色小镇，其中文化旅游特色小镇是主要的特色小镇类型，从《第一批中国特色小镇名单》看，在首次入选的 127 个小镇中，有 100 个特色小镇开发与文旅产业有关，占到特色小镇的 78.74%，尤其是中西部地区特色小镇，基本上都与文旅产业开发有关。① 房地产项目绝不是文化旅游特色小镇的建设重点，文化资产才是文化旅游特色小镇的竞争力来源，国家所倡导的特色小镇就是要突破传统重资产投资的发展模式，开辟以文化等轻资产为核心的转型发展之路。

文化旅游企业如果注重轻资产，就应以轻资产为中心推动产业链延伸开发，文化产业链是实现消费品增值、扩展盈利途径的关键所在。具体来讲，文化旅游产业链是对核心轻资产的充分开发②：其一，在纵向产业链上，上下游的各个产业链环节均可以形成连续式开发，如某种地方传统酒可以在制酒环节的体验、酒文化故事的推广、酒产品的销售、饮酒器具的衍生销售等环节中体现文化要素；其二，在横向产业链拓展中，一个 IP 可以被开发成各种形式的产品，形成产业链网络，如某一旅游目的地的传奇故事可以开发为微电影在互联网上传播，可以开发为游客的现场体验项目，还可以开发为旅游纪念品与当地特色展销商品中的文化元素。通过纵向、横向的双重产业链开发，内容 IP 将落地为有巨大经济价值的文化消

① 参见《回顾 2016 中国文化产业结构性调整》，2017 年 1 月 3 日，中国经济网（http://www.ce.cn/culture/gd/201701/03/t20170103 19338451.Shtml）。

② 参见陈少峰《“互联网 + 文化产业”的价值链思考》，《北京联合大学学报（人文社会科学版）》2015 年第 4 期。

费产品，成为文化旅游产业的主要盈利来源。就产业链延长而言，迪士尼公司无疑是成功的典型案例，迪士尼公司发布的 2017 年财报显示，公司全年营收达 551.37 亿美元，净利润为 89.8 亿美元。在迪士尼乐园和度假区方面，2017 年全年营收同比增长 8%，达 184.15 亿美元。[①] 从迪士尼的成功经验看，迪士尼乐园作为热门文化旅游目的地不单依靠乐园本身的建设，还通过动画电影的卡通形象推广、延伸纪念品的设计、品牌文化的营销等多个方面唤起人们的迪士尼情结，迪士尼公司的巨额利润就来自以迪士尼文化为核心的各个产业链环节上的不同收益渠道，迪士尼乐园仅是其文化旅游中的一环。

四、开发文化旅游产业链的策略

最后，聚焦于文化旅游产业链的新动向，文化旅游产业将以延长产业链的形式从传统文化产业与传统旅游产业中不断被催生出新业态，笔者认为，为了更好地发挥文化旅游产业的五个驱动力，文化旅游企业应从以下五个具体方面开发文化旅游产业链。

第一，增强品牌意识，培育核心文化 IP。不断打造良好的文化旅游品牌发展环境，为品牌培育提供良好的土壤和生长环境；加强轻资产投资，以足够的耐心、充足的投入支持文化 IP 的开发培育。

第二，开发体验式旅游新项目，扩展二次消费市场。与传统的观光式旅游相比，体验式旅游项目更符合文化旅游对文化沉浸感的要求，通过让

① 参见《华特迪士尼公司发布 2017 财报上海迪士尼度假区首个完整财年运营收入超预期》，2017 年 11 月 10 日，新京报网（http://www.bjnews.com.cn/finance/2017/11/10/463774.html）。

游客在身临其境的文化体验中流连忘返，满足游客的餐饮、娱乐、购物等全方位需求；通过开发多类型的、全方位的、跨时间的文化旅游项目，延长游客在旅游目的地的停留时间，增加二次消费收益。

第三，依托体验式旅游项目建构内部全产业链。在旅游项目内部形成内部产业链，开发系列衍生文化产品，或者在文化内容中植入当地特色产品，延长产业链，打造以文化内容为核心的全产业链经济，可以涉足食品、娱乐、教育等多领域。

第四，重视新媒体，搭建线上线下双平台营销。消费者的口碑在新媒体时代可以成为企业免费的广告，帮助企业提高市场知名度。因此，企业应充分重视线下体验式旅游中消费者的口碑效应，游客只要能够获得满意的文化体验，就会在互联网上分享自己的经验，形成网络宣传效果。

第五，聚焦目标消费者，建立垂直营销模式。当前消费市场日益细分化，特别是随着电商平台的崛起，垂直营销模式日益走红。垂直营销模式是针对特定消费者群体的营销方式，往往通过自媒体社交平台、公众号等网络平台锁定、吸引兴趣相似、需求相同的消费者人群，然后进行针对性的产品推广介绍。文化旅游也应充分借鉴垂直营销模式，根据网络平台收集的信息资源，设计推广针对特定消费群体的文化旅游产品，然后对目标消费者进行有针对性的营销，避免过去的撒网式营销方式。根据当前文化旅游市场的消费趋势，有潜力的目标消费者主要有：（1）以家庭为单位的游客，特别是父母与孩子的家庭组合形式，应开发适合家庭共享的娱乐休闲方式，注重开放周末游的旅游形式；（2）青少年游客，主要指中小学生群体，一般是学校组织的形态，应提供寓教于乐的文化体验项目，以中小学生喜闻乐见的现代手段实现教育功能，促成文化旅游企业与学校之间的合作；（3）以大学生为代表的青年消费者，应开发适合青年人的旅游项目，特别要注重旅游体验项目的娱乐性，青年消费者基数大，消费欲旺盛，但同时收入水平一般，因此应针对性地开发性价比较高的旅游产品。

以文化和旅游部成立为节点，中国文化旅游产业的发展进入了成熟化建设的新阶段，文化旅游产业开始逐渐形成自己独特的产业运行方式，文化旅游企业也探索出独有的商业模式。我们相信，在中国经济转型升级的大背景下，文化旅游产业将突破传统文化产业与旅游产业的发展瓶颈，开辟可持续的新发展空间。

（原载《艺术评论》2018 年第 12 期）

数字时代文旅融合新格局的塑造与建构*

戴　斌

自文化和旅游部组建以来，文旅融合渐成高频热词。文化和旅游的融合既有需求端消费升级的迫切需要和坚实基础，也为供给侧改革提供了一条可行路径。当游客需求从欣赏美丽风景转向共享美好生活时，那些以山水景观为代表的传统旅游资源、以非遗文博为代表的文化资源，要么有待焕新激活，要么有待转化为可消费、可体验的产品。科技、教育、资本、时尚等新元素的注入，正如叠加催化剂一般与这些基础资源发生化学反应，为文旅产业从高速增长走向高质量融合发展提供了全新动能。以数字化为代表的科技力量的深度渗透与创新变革始终贯穿于产业发展，数字文旅也自然成为业界热词。

* 本文系国家社会科学基金重点项目“新常态、新方位下旅游经济增长潜力与发展动力研究”（项目编号：17AJY022）阶段性成果。

一、新一轮数字经济方兴未艾，正在重构文化和旅游产业新格局

文化和旅游产业的数字化从未停止，并且正在加速。科技进步与产业升级总是相伴而行，现代科技是现代旅游业产生的重要基础，也是推动产业进步的关键力量。根据第44次《中国互联网络发展状况统计报告》，截至2019年6月，我国网民规模达8.54亿，手机网民规模达8.47亿。随着信息化、网络化、大数据、智慧化、智能化等数字科技的深入发展，人类社会数字化趋势越来越明显，以5G、智能硬件、AR/VR、神经界面、数字媒体、短视频等为代表的新一轮数字经济方兴未艾，正在重构文化和旅游产业新格局。以抖音、快手为代表的短视频，以B站为代表的交互型长视频，以电竞为代表的竞赛游戏等，已经形成高效有感的内容消费市场。这些充满了原生内容的新型平台，既是激发游客旅游需求的新触点，也是旅游产品与服务分发渠道的新出口。相较于传统文化产业，数字文化领域虽然总量不大，但增长迅猛。从上市公司数据来看，2010年以后所有与数字技术相关的文化类上市公司增速基本达到20%—30%。

“数字文化生态系统”是文旅行业的基础设施与底层器件。全国有可移动文物1亿多件，不可移动文物75万处左右，但收藏文物的文博机构的展出率全国平均仅为2.8%，而数字技术正是让这些文物“活起来”的重要支撑。所有的文物、图书、古籍，通过数字化的保护与利用，能够实现与任何人在任何时空中的连接。

文旅行业的数字化发展不仅在国内增长迅速，其对外输出也正以资本出海、产品出海、技术出海和规则出海等多种方式展开。根据行业报告和数据，携程的国际机票出票量已占总量的60%以上，且于2019年将英

文名变更为“Trip.com Group Limited”；网易2018年海外游戏营收占比达10%；2018年中国自主研发网络游戏海外市场实际销售收入达95.9亿美元，同比增长15.8%，远高于国内5.3%的同比增速；抖音海外版Tik Tok收购美国著名短视频平台Musical.ly，并在2018年10月成为美国月度下载量最高的应用。

数字化正与其他要素叠加，成为文旅发展的新动能。数字化技术在文化和旅游行业广泛而深度的应用，潜移默化地改变着游客的需求、行为与体验，解构了传统供应链下各类旅游企业的边界，大幅提升了文化和旅游的智能基础设施建设和公共服务效能。5G、4K、物联网（IOT）等新科学技术将对未来的文化休闲和旅游消费产生革命性影响，重塑文化和旅游产业赖以生存和发展的资源基础。

数字化技术的出现让旅行社、饭店、景区、购物等传统行业的边界趋于消失，全新的旅行服务、旅游住宿、旅游吸引物、旅游交通等产业正在以“主客共享”的名义得以重构。这就要求产业研发者、经营管理者、行业监管者用新思维、新手段应对数字化时代的来临。

遍布城乡各地的4G通信和互联网接入服务，已经成为文化旅游的公共基础设施，为本地和异地消费带来极大便利，城乡居民和外来游客可以即时获得消费场景和服务信息、完成消费和支付，并在第一时间点评和分享。

依托智慧城市、乡村旅游和公共文化的发展，面向散客的“管家式”云服务技术集成，连接乡村旅游供求并促进市场转化、丰富夜间旅游和景区感知的数字化等关键共性技术，将会获得更多的公共投入和商业资源。有理由相信，未来五年，国家将在制度、资金、教育、人才、行业组织等方面，为市场主体的数字化战略提供广阔的发展空间和广泛的政策支持。

二、数字化对文化和旅游行业的变革既表现在需求端，也体现在供给侧，更深刻地影响着公共服务领域

无论是产业发展史还是企业案例，都表明：数字化转型失败往往是因为在技术上有着雄心壮志，而有意无意地忽视了对市场需求和痛点的追踪与剖析。因此，从大数据到全面数字化，唯有始终面向消费，才能真正引领并推动产业的升级迭代。

一要直击痛点，以大数据和数字化洞察需求。对需求的深刻洞察和敏捷反应，是行业供给侧不变的着眼点。从宏观上讲，唯有把握具有统计意义的需求趋势变化，才能使整体供给更加贴合市场；从微观来看，唯有研究具体的细分需求，才能精准研发产品，在竞争中立于不败之地。近年来，在文化和旅游行业的数字化升级过程中，基于数字技术的应用已日渐增多，成功者往往是以成本可控、操作可行的方式解决当时面临的需求痛点。

数字化对产业变革的影响人们有目共睹，并已成为新时期文化和旅游创新发展的一大重要战略，各级政府和各类企业为此投入了大量的人力资源与资金预算。但总体而言，数字化建设的道路还很漫长。一方面，部分企业仍以传统的方式运营，不了解何谓数字化，更缺乏转型意识；另一方面，处于数字化转型过程中的企业，其大数据资源积淀更多地处于数据采集、加工整理和初级辅助决策阶段，真正面向市场的数据生产、深度挖掘、仿真模拟、研发创新、功能预测等才刚刚起步。大数据不能只满足于用通信运营商和 OTA 的存量数据在大屏幕上展示游客从哪里来到哪里去、男女老少各占多少的初级特征分析。如果我们不能对以“新跟团”为代表的旅

游需求、以“新地接”为代表的旅游供给给予有力解释，不能有针对性地开发新项目和新产品以满足不断涌现的细分市场，那么，大数据终将沦为“用来炫耀的技术”而为人们所忘记。数字化在吃、住、行、游、购、娱各个环节仍需探索深度应用场景，从而为游客带来全新且高质量的体验。

二要革新供应链，以大数据和数字化驱动供给。从供给侧看，传统的旅游资源、资本和人力要素边际报酬已然衰减，或者说需要重新激发，而数字化转型中重构的供应链体系正成为决定行业效率和企业竞争力的核心。数字化对于供给侧的初级变革更多地体现为人和线下流程的上网过程，其特征是以人和人设计的流程来驱动系统和业务本身；而当前的数字化战略对于供给侧的改造已进入数据智能阶段，其逻辑是以数据来驱动人和业务。

正如旅行服务业演化路径显示的，从旅行服务商最开始简单地把线下产品放到线上售卖，到如今线上线下打通、构建物理世界与数字世界的反馈联动闭环，已无法分清是线下支撑了线上，还是线上赋能了线下，两者成为不可分割的整体。这既不是简单地从线上走向线下，也不是简单地上云上 5G，而是整个行业从传统的经验驱动进化至科技驱动的现代服务产业。

当前，游客需求复杂多变，游客耐性下降而好奇心上升，游客越来越喜欢边走边订的旅行方式，对需求的响应速度已对传统供应链提出了巨大挑战，而数字化为解决这一难题提供了切实可行的方案。供应链正从传统企业内部的支撑能力演变为一种端到端的能力。过去，消费者很少能感知到企业背后供应链的存在，原因在于供应链对消费者是不触达的，他们只能看到分销的产品与服务。但是现在，上午订购旅行产品下午就能旅行，马上要出发了才想起咨询定制师，这些即时交付服务的能力都来源于新型供应链的支撑。企业如果无法快速满足这些需求就可能面临投诉，甚至是客户流失的风险。

事实上，供应链正从企业内部的一个支撑部门向客户端延伸，衍生出新的价值和服务模式。以定制游为代表的服务模式正是基于更短、更智能的供应链才得以降低成本、走向大众。旅游业细分市场的崛起和大众型产品需求的下降，要求供给侧具备前所未有的服务能力，而数字化新型供应链的发展，正是未来服务细分市场的基础和全新模式。不同细分市场的要求不同，只有基于柔性智能的供应链体系，才可能实现及时交付。

智慧旅游离不开移动通信、互联网、物联网、大数据、人工智能等科技的应用，对包括区块链在内的新概念和新技术不能视而不见，但也不能盲目跟风炒作。科技之上是人文，是游客的现实需求及其潜在需求的合意引导，是工程设计人员对底层器件的精度和效度殚精竭虑的追求。

三要提高效能，以大数据和数字化赋能公共服务与行业监管。从大数据到数字化，文化和旅游行业的监管与公共服务也有了新的路径和抓手。文旅数字化的发展使产业迭代加快，因此在标准研发、创新投入与应用转化方面都需要更有效的激励与监管方式。对于数字文化产品，可利用区块链技术强化正版源头管理，探索数字版权的新型保护模式；对于创新的文旅商业模式，亦可依托数字化技术探讨知识产权的“有效保护”，逐步确立竞争门槛，打破产品同质化和低价竞争的恶性循环。

对于数字文旅时代的行业监管与公共服务，需要构建更加完善的“司法—行政—市场”合作机制，而数据正是连接各方主体的有效工具和渠道。文化和旅游行政主管部门要在专业分析和定期研判的基础上，对微观主体进行政策引导，对产业走向进行逆周期调研。

三、当前，数字文旅活动存在一定程度的过热倾向和非理性成分

文化事业、文化产业和旅游业融合发展，从概念提出、行政机构改革到产业实践，再到人民群众的感知，既不可能一蹴而就，也不可以任其自然演化。需要注意的是，概念是现象的总结和提炼。一方面，它的提出与运用可以促进事业发展和产业进步；但另一方面，也要谨防概念的泛化、跟风炒作和脱实向虚。对此，我们更加需要以高质量发展为导向的顶层设计、战略引领，以及科研院所的扎实研发和市场主体的艰辛探索。当前，文旅融合的数字化进程中仍然存在不少跟风炒作概念者，因此，能够产品化并为市场所接受的项目显得尤为稀缺。未来，应在扎实研究的基础上，通过发展规划、产业政策引导文化和旅游系统，特别是市场主体，要扎实做好人才培养、产品研发和业态培育等基础工作。

自文化和旅游部组建以来，文旅融合始终居于业内的词频榜首，且不时出现“文旅产业”“数字文旅”“区块链文旅”等新概念，一些国有旅游集团和文化投资机构也纷纷更名为“某某文旅集团”。“文旅”概念的广泛使用表明其获得多方认可和积极回应，但同时也要谨防其被泛化、炒作、虚化。

以资本、科技应用、文化创意和创业创新为代表的新动能“势强能弱”，人工智能、大数据、5G+4K、文化创新、遗产活化等仍然处于概念导入阶段，鲜见现象级的产品、服务和企业品牌。2019 年以来的数字文旅活动存在一定程度的过热倾向和非理性成分。媒体、院校、企业普遍失去了深化基础做研究和面向市场做产品的耐心。一些以“人工智能”为噱头的文旅项目浮于表面；有的场景使用的机器人功能单一，甚至是自动化

遥控设备，远远达不到“智能”水平，无法满足用户的相关需求；有的研究机构、商业机构甚至外资机构，在没有取得许可的情况下，擅自向国内企事业单位和个人发放调查问卷，发布统计报告，在一定程度上误导了行业、误导了决策。

在旅游业发展新旧动能转换和数字化战略兴起之际，对一些似是而非的概念正本清源是十分必要的。要区分媒体、学术和政策语言，在政府公信力背书的文件和讲话材料中，对一些新提法要慎重。数据是公器，也是宏观决策和政策导向的基础，为此，对本领域的数据采集、生产和发布过程应有管理规范。

四、数字化战略的市场实现与可持续发展

数字化战略的市场实现和可持续发展，需要依靠国家政策的扶植，需要基础学科的培育与建设，需要市场主体在研发方面发挥主动作用，需要严守数字时代的伦理底线。

第一，政策促进与学科建设。政策支持是行业发展的关键力量。2017年文化部出台《关于推动数字文化产业创新发展的指导意见》，发出了鼓励数字文化产业发展的明确信号。2019 年 8 月，科技部等六部门印发《关于促进文化和科技深度融合的指导意见》，要求促进文化成果网络化、智能化。旅游业中的智慧景区、智慧酒店、智慧城市等数字化建设已有诸多成功案例和广泛的商业实践。未来，仍然可以通过释放政策红利的方式促进文化和旅游业的数字化战略落地。

文旅产业的数字化发展应纳入“十四五”文化和旅游发展规划，建立服务质量和发展水平监测评价体系，为政府的宏观调控和微观监管提供必要的

数据支撑。重点支持数字博物馆、数字美术馆、数字景区、数字民宿项目，构建产业升级的数字化基础。确立一批文化、旅游和科技融合发展的国家基金项目，科研院所要依托团队和梯队，拿出有分量的理论和技术成果。

文旅产业的数字化建设需要先进技术的引领。在数字化转型和产业升级中，需要重视技术生态环境的构建，尤其需要培育原创技术生长的土壤。技术之上是思想，除了科技应用之外，更要鼓励文旅融合发展的商业思想体系和专业人才队伍建设。国家级文旅智库应加大与中国电信、中国银联、携程、马蜂窝等相关企业的合作，推进旅游大数据联合实验室的建设工作，不断优化研发支撑体系的底层器件。在今后的统计制度改革过程中，要有意识地补充一些反映文化、旅游和科技融合的指标，重点发布文化和旅游企业技术创新成果的财务指标。

第二，从概念到产品，加大市场导向的研发投入。从概念导入到产品落地，需要充分激发市场主体的积极性，使其在研发投入方面更加主动作为。面向市场需求的技术应用场景和商业孵化可能，结合市场需求和产业基础对相关技术的应用场景进行市场和技术研判。要通过企业与院校的联合、企业大学的建立等方式，增强企业级研究能力，深入研究数字化战略的概念内涵、外在特征、国际进展，以及其在文化和旅游领域可能的应用场景。

在引导市场主体数字化转型方面，既要发挥大型集团的引领作用，也要关注小微企业的创新力，鼓励小微企业和专业兴趣团队的突破式创新。同时，还需要充分发挥旅游集团、国有文化机构和艺术单位的积极性、主动性和创造性，推出一批有科技含量的项目和产品，从而有效降低生产和运营成本，为游客和观众带来低门槛的分享体验。

第三，以游客为中心，重视数字伦理及游客满意度和获得感。数字网络与设备的普及让各类数据呈现爆炸性增长，云存储、云计算等技术能够帮助我们从海量信息中挖掘有用的信息。然而，当我们实现了数据的自由、开放和共享时，却也被暴露在“第三只眼”的监视之下，每个人的身后都存在一条数据足迹。从数据的采集、使用、所有到取舍，需要各方广泛探讨和摸索，当前的共识是完善数字法律法规、伦理规范体系。无论是生物技术还是人工智能，政府都要负担起对消费者隐私、知识产权和商业机密保护的责任。

文旅融合的数字化战略要主动接受市场的检验，只有游客和观众有了获得感和一定的满意度，企事业单位有了绩效和回报，数字化战略才能说是成功了。技术终究应该以人为本，在文旅领域的技术应用应该以为用户提供更加安全、便利和舒适的品质化服务为方向。例如，2019 年，腾讯将“科技向善”作为公司的新愿景与使命，展示了企业对数字化时代的发展战略与价值观的思考。科技是一种能力，向善是一种选择。携程与联合国开发计划署、中国国际经济技术交流中心、中国旅游研究院共同发起的“安全旅行——负责任的旅行”项目，以及依靠携程的全球网络体系建立的“全球旅行 SOS 服务”“重大灾害旅游体验保障金”，已成为游客旅行过程中紧急情况的重要解决机制，并成为灾害预警和人道主义救援方面政府力量的重要补充。

从工业文明踏入数字社会，数字化变革剧烈，互联网公司扮演着至关重要的角色，拥有巨大的影响力。只有明确企业的使命、责任与选择，才能确保这一轮数字革命真正普惠民众，实现数字社会的最大福祉。

（原载《人民论坛》2020 年第 Z1 期）

虚实之镜：文化体验中的旅游场景建构

闫丽源

从存在属性来看，各地各类旅游景点、名胜古迹、自然风貌等，都是具体且可以被人们感知的，它们犹如空谷幽兰般自在自为，不以人的意志为转移，具有物质结构的唯一性。可是，在面对同一个旅游景点时，人们获取的文化体验却各不相同；而且，同一个人在不同的时间面对同一个旅游景点，也能产生不同层次的文化体验。譬如，大漠砖墙建筑楼兰（Kroraina）遗址历经千年风霜，城郭、楼宇结构稳定，空寂清冷，当人们身临其境时，有人体会到李白《塞下曲》中所描绘的那种“愿将腰下剑，直为斩楼兰”的豪迈，有人体会到王昌龄《从军行》里“黄沙百战穿金甲，不破楼兰终不还”的苍凉，但都是对脱离了物质功能的精神意境的体会。因此，在考古学家、画家、建筑家、历史学家、摄影家或普通游客的眼里，楼兰成为观看者各不相同的内在图景。

虽然旅游景点具有纯物质性的结构，也就是本文所要讨论的“实”；但文化体验是纯精神性的，更重要的是抽象之“虚”。在虚与实的两端，旅游的建设者和消费者是如何展开活动的？是如何将文化元素融入物质实体，又如何将山水之间的个人体验转换成可以公共传播的符号体系？通过对文化与旅游的历史及内在关系的考察，我们能够清晰地看到，旅游场景的建构既是精神活动与物质存在之间的核心枢纽，也是连接虚实两端、主客交融的精神镜像。

一、从旅游场景到文化场域

（一）虚实之镜的场景符号化

在本文中，“场景”概念的第一层意思源自舞台艺术，是指在当下模拟或复原曾经发生过的事件，让今人可以跨越时空获取某种文化体验，包含着历史价值；第二层意思来自大众传媒的云计算以及数字虚拟场景效应，在传播学的意义上，旅游场景以虚拟现实而又超越现实的方式“云”游四方。

“旅游场景”完整包含上述两层意思。换句话说，人们从（1）选择旅游目的地到（2）开始旅行，再到（3）结束旅行，都是在围绕旅游场景展开鉴定、分析、判断、选择、体验和重新建构。如图 1 所示：

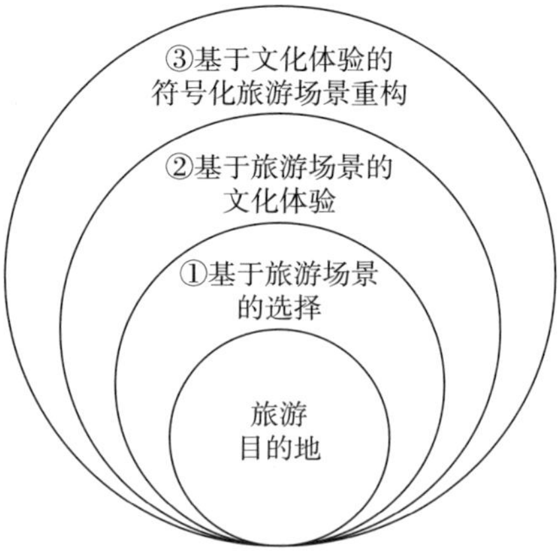

图 1　旅游场景的循环建构模型

如图 1 所示，从阶段①到阶段③，人们都是在文化符号的层面与旅游景点进行互动，也就是说，旅游目的地彰显其文化属性的第一步，就是让自身场景化，让原始的功能都转换成文化象征符号，同时容纳时间的意味，让观众通过物质实物来抚摸历史。需要特别指出，旅游目的地的场景化需要文物、文献等确证的支持，也需要实地考察、调研和体验来佐证。否则，旅游场景的建构往往会失之虚无。犹如从未到过东方的“东方学家”（Orientalist）对东方的虚构性描述一样，他们建构了完整的关于“东方”的文献乃至图像谱系。“（东方国家）因为我们了解它，在某种意义上它正是按照我们所认识的方式而存在的，” 1910 年英国首相贝尔福认为，“埃及本身是否存在无关紧要，英国对埃及的知识就是埃及。”[①] 这类脱离现实与历史实际的场景化方式是我们需要避免的。

前文提及，人们到达旅游景点并不是为了确认现场的物质结构，那么，人们在到达现场后需要确认、辨别和品味哪些内容呢？简而言之，是对旅游景点的文化象征内涵、历史沿革与眼前旅游场景结构对应关系的体验。被符号化的旅游景点，形成整体旅游场景，由文化、历史的符号结构组成新的意指系统，人们从不同的角度观看体验，产生出不同的意蕴审美和价值取向。

（二）文化的场域转换与历史延续

法国社会学家皮埃尔·布迪厄提出的场域理论（field theory）认为：“场域可以被定义为在各种位置之间存在的客观关系的一个网络

① ［美］爱德华 · W. 萨义德：《东方学》，王宇根译，生活 · 读书 · 新知三联书店 1999 年版，第 40 页。

（network），或一个构型（configuration）。”① 对于符号化的旅游场景而言，随着当代旅行者的介入，迅速形成体验和重构交替并置的文化场域。而且，这一场域除了在横向上容纳了文化背景各不相同的体验者之外，还源源不断地在历史脉络上产生衍变，是一个开放交融的意义生成模型。

在历史上，马可·波罗的两次旅行（1271—1295）让他亲历了前所未见的地域风情和人情世故，他为此学会了波斯语，亲眼看到了“丝绸之路自 16 世纪以来有它自己的信徒、使用人、行话、法典、传统、传说”②，依据他的口头转述和文字记载，人们源源不断地构建丝绸之路的旅游场景，交互往返，形成变动不居的文化场域。又如，在 2 世纪末前后，中国人非常仰慕由贵霜王朝或安息王朝的人送给他们的第一批波斯马，为其取名“汗血马”。这个奇怪的名称可能是指其皮毛上的红斑，波斯文术语称之为“玫瑰花瓣”状。并且，波斯英雄鲁达斯塔赫姆（120—155）最著名的坐骑便是如此。③ 可以看到，所有在当年有实际功能的战马、人物、语言、典籍、服饰、建筑、日用品甚至地址等，随着不同领域的人出于不同目的的旅行体验，形成新的描述性、体验性和创造性的符号体系（图像和文字），通过口头转述、手抄传播以及后来的大规模印刷复制传播，让丝绸之路的旅游场景不断地得以重构，文化场域效应延续数千年。

人们抵达异域文化的目的地之后，文化场域的交互作用会改变人们的世界观。罗马征服埃及之后，东方世界让罗马人眼界大开，西塞罗

---

① [法]皮埃尔·布迪厄：《实践与反思》，李猛、李康译，中央编译出版社 2004 年版，第 133 页。

② [法]阿里·玛扎海里：《丝绸之路——中国—波斯文化交流史》，耿昇译，中国藏学出版社 2014 年版，第 13 页。

③ 参见[法]阿里·玛扎海里《丝绸之路——中国—波斯文化交流史》，耿昇译，中国藏学出版社 2014 年版，第 21 页。

（Cicero）记载道："那里（亚洲）的富庶程度难以描述，田野的收获可谓奇迹，商品的数量令人难以置信，成群的牲畜让人目瞪口呆，产品出口量十分巨大。"更重要的是，东方世界的文化场域却成为罗马人"长大成人"的度量衡。诗人塞勒斯特（Sallust）指出："罗马士兵到了东方才能长大成人，这毫不奇怪，因为正是在那里，士兵们学会了做爱，学会了酗酒，学会了欣赏雕塑、绘画和艺术。"[①] 毫无疑问，基于符号化的旅游场景形成的文化场域，实实在在地改变着历史情境中的人类生活方式和价值观念，让诸多文化历史符号在当代复活，焕发出新的生命力。

因此，当习近平主席在2013年提出"一带一路"倡议时，就迅速唤起世界范围内的人们对于繁荣的历史场景的回忆，在新时代构建新的文化场域，开启了新征程。与历史相比，当代显而易见的优势在于速度的提升，包括"我们旅行的速度、大宗贸易的成交速度，以及我们相互交流和学习的速度"[②]。四通八达的交通和便捷流畅的互联网，让旅游场景及其文化场域的力量可以空前凸显。

二、旅游场景中文化场域的力量

（一）巨大的文化旅游需求让旅游场景日常生活化

如前所述，文化场域的历史衍变是基于个体对旅游场景的文化体验，

---

① ［英］彼得·弗兰科潘：《丝绸之路——一部全新的世界史》，邵旭东、孙芳译，浙江大学出版社2016年版，第13页。

② ［英］彼得·弗兰科潘：《丝绸之路——一部全新的世界史》，邵旭东、孙芳译，浙江大学出版社2016年版，"前言"，第Ⅳ页。

在交互网络的重构中形成的。而今天，这种衍变的技术支撑、社会语境和媒介形式都有了翻天覆地的变化，人们可以便利地享用高速互联网服务，并能越来越完美地体验人工智能、个性定制、完备交通等提供的旅行资源。人们从（1）选择旅游目的地到（2）开始旅行，再到（3）结束旅行，都能够随时随地将自己的个人体验符号化，实现旅游场景的持续重构，让个人的文化体验不断补充进旅游场景建构的数据库中去，为后来的旅行者提供鲜活而丰富的参照系。

党的十九大报告明确指出："我国社会主要矛盾已经转化为人民日益增长的美好生活需要和不平衡不充分的发展之间的矛盾。"根据国家统计局、文化和旅游部以及国内外相关刊物等渠道发布的数据显示，文化旅游作为特殊的综合性产业，因其关联度高、涉及面广、辐射力强、带动性大而成为 21 世纪经济社会发展中最具活力的新兴产业。2017 年，国内旅游人数 50.01 亿人次，比上年同期增长 12.8%；入出境旅游总人数 2.7 亿人次，同比增长 3.7%；全年实现旅游总收入 5.40 万亿元，增长 15.1%。2018 年上半年，国内旅游人数 28.26 亿人次，比上年同期增长 11.4%；入出境旅游总人数 1.41 亿人次，同比增长 6.9%。[①] 可见，人们对文化旅游有很大的需求。由于文化旅游需求基数倍增，旅游场景及其文化场域的力量也呈几何级数增长。归纳起来，我国主要形成了六大文化旅游消费热点，如图 2 所示：

① 参见中投顾问《2019—2023 年中国文化旅游业投资分析及前景预测报告》(上、中、下卷)。

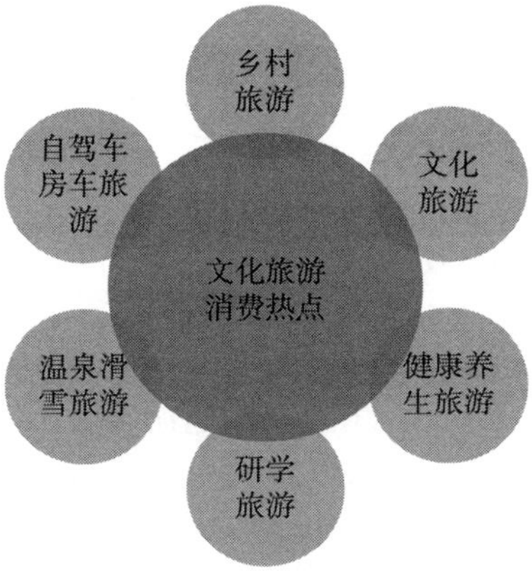

图 2　中国文化旅游消费热点示意图[①]

从结构上看，文化旅游细分为文化旅游、乡村旅游、自驾车房车旅游、温泉滑雪旅游、研学旅游和健康养生旅游六个板块，并且人们普遍关注精神层面的提升，将日常的生活行为与素质养成在文化旅游中密切融合，而非一味追求异域风情、猎奇涉趣。这让文化旅游成为常态化的行为，并使得旅游场景与日常生活的范畴十分接近，保证了旅游状态与生活状态的内在一致性。

(二)“旅游 + 互联网”拓展了文化场域的空间界限

“旅游 +”行动、“互联网 +”行动的出台，整体推动了新型智慧文化旅游生活方式的转变。线上线下旅游场景的有机融合，各类 APP 的上线，互联网和物联网的发展，人工智能、云计算及 VR 虚拟现实技术的广泛应用，以及自媒体平台的传播速度，让文化场域的交互能力拥有了质的

① 参见刘志芳《文化旅游主唱“创新戏”——“丝绸之路旅游”或唱主角》,《文化产业导刊（人大复印资料）》2016 年第 1 期。

提升。

数字网络的日常化运用和旅游场景的日常化搭建，使得原本处于虚实两端的镜像平台变得更为透明，任何个体的文化体验和信息反馈都能被大家一览无余。文化场域的监管、约束和重构力量也因此被极度放大。自 2015 年以来，我国将“丝绸之路旅游”作为中国旅游的主题，计划在五年之内，向“一带一路”沿线国家输送游客 1.5 亿人次，预计旅游消费超过 2000 亿美元，并以“美丽中国”为文化主题，推进“畅游丝绸之路”活动。通过有机融合虚实之镜的文化重构力量，有效调动人们体验文化的主动性，将文化旅游变成文化建构的过程，实现自我文化素养的不断提高，同时也为新时代国家形象的塑造贡献智慧。由于旅游场景的镜像化和透明化，文化场域的力量也随着互联网、物联网及各种移动应用端覆盖到旅游产业链条的神经末梢，让景区管理、游客管理和资源管理都日益精准高效。其中，“厕所革命”成为我国城乡公共服务领域的重大工程，得到了党中央、国务院的充分肯定，取得了重大成绩，实现了全国旅游景区、旅游交通沿线、旅游集散地厕所数量充足、干净无味、使用免费、管理有效的目标。同时，国家旅游局于 2015 年颁布《游客不文明行为记录管理暂行办法》，建立了游客不文明行为记录机制，建立监管网络体系，引导游客加强自我管理，在文化旅游中净化心灵，保证文化场域的现实功能。

三、激活传统文化旅游资源的中国方案

中国传统文化拥有丰厚的旅游资源，涵盖了人类生活的各个方面。在今天，随着我国社会主要矛盾转化为“人民日益增长的美好生活需要和不平衡不充分的发展之间的矛盾”，我们需要系统地梳理和研究丰厚的传统

文化，萃取优秀文化资源，尤其是涉及旅游场景建设的相关资源，依据已经形成和正在形成的文化旅游消费热点，分门别类地推进旅游场景的搭建。在此过程中，尤其需要认真研究国家相关政策导向，充分运用技术支持，建立整体的文化旅游解决方案。

宏观地看，我国文化旅游包含乡土文化旅游、生态文化旅游、非遗文化旅游、影视文化旅游、红色文化旅游和寺庙文化旅游等 6 类。[①] 无疑，这些文化旅游都是人们基于对不同旅游场景的向往和想象。其中，乡土文化旅游的场景建构不仅包含各地不同风格的建筑样式、民俗风情、饮食特色、气候地貌，还蕴含着极具魅力的历史故事、神话传说、人文景观、优秀人物等元素。在考虑各地旅游场景建设方案时，需要综合梳理，立体打造，并充分考虑当代文化接受语境。

例如，世界建筑设计最高奖“普利兹克奖”获得者王澍在设计富阳富春山馆时，就充分融合历史、地域、人文和当代元素，将这座富阳博物馆、美术馆、档案馆三合一的建筑打造成既能与历史对话，又能极好地适用于当代人们生活的地标式建筑。王澍明确选择 600 多年前黄公望在此创作的名画《富春山居图》为基本意境，他希望建筑完成后，能让游客感觉“身在此山中”，在“云深不知处”的状态中一点一点发现不同层次的美。他不仅深入研究画作，还带着学生团队深入富阳的 200 多个村子去考察，最终选定文村。建筑里面的许多细节、手法和材料都来自文村。王澍希望富春山馆建成后可以让当地农民骄傲地说，“那个新成立的美术馆和我们家是一样的”。这是一个典型的案例，在设计旅游场景的时候极尽智慧，但最终的形式又不露痕迹。在浑然天成的状态中实现了天人合一，仿

① 参见孙立杰《“六大主角”火了文化旅游》,《文化产业导刊（人大复印资料）》2016 年第 2 期。

佛从当地的土壤里自然生长出来，凝聚着历史、人文及当代的精华，激活了传统，以旅游地标的样式，迸发出文化场域的惊人能量。

中国传统文化强调阴阳虚实生生不息的转换，正如围棋中的黑白韬略，中国画中的计白当黑，太极中的动静相生，始终注重整体的宇宙观，追求人与世界的和谐及心灵的宁静。唯有宁静方可致远，而诗心恰恰就在远方，需要我们保持一份好奇和憧憬，旅游场景的元素才有望化为己心，在虚实之镜中实现灵魂净化，在文化场域的交互徜徉中推进中华民族的伟大复兴。

（原载《艺术评论》2018年第12期）

下编　案例精选

古村落旅游社会文化影响：居民感知、态度与行为的关系

——以广西龙脊平安寨为例

唐晓云

旅游是社会发展的结果，同时也是诸多社会新现象的起因。随着工业化进程的推进，相较于紧张而喧嚣的现代城市，那些宁静而富有文化遗存的乡村显得弥足珍贵。工业化带来的“现代性乡愁”推动了古村落旅游的高速发展。但是，古村落的旅游开发在慰藉了现代人“乡愁”的同时，也将乡村社会卷入资本、技术和大众文化混杂的现代性漩涡。现代化背景下旅游活动对古村落社会文化的影响应受到更多关注。从国内实践来看，已有的研究更多地呈现了旅游开发给乡村社会带来的环境超载、贫富差距加剧、酗酒和色情、文化冲突及过度商业化，以及旅游移民与原住民置换形成的文化“空城”等现象。[①] 这些现象早期西方学者戴维斯（Davis）、贾

---

① 参见宗晓莲《旅游地空间商品化的形式与影响研究——以云南省丽江古城为例》,《旅游学刊》2005 年第 4 期；李燕琴《旅游扶贫中社区居民态度的分异与主要矛盾——以中俄边境村落室韦为例》,《地理研究》2011 年第 11 期。

法瑞（Jafari）等都有过阐述。[①] 史密斯（Smith）还提出了一个矛盾的“边际人”概念，指出在旅游开发背景下“边际人”接受了外来的生活方式，却生活在自己祖先的文化里。[②] 毋庸置疑，现代旅游活动对社会文化的综合影响需要综合评估。此外，乡村是文化的基因库，要传承文化首先要有传承人。作为传承人的社区居民的介入是有效地保护和传承文化基因的前提。在旅游开发过程中，社区居民不仅频繁接触外来文化，还参与旅游经营、受经济因素影响。因此，考察社区居民个人特性及其对旅游社会文化影响的感知、态度和行为的关系，进而探知社区居民、旅游活动与文化变迁之间的互动机制，据此提出古村落旅游开发的社会文化影响调控方法，对文化保护具有积极意义。

一、理论基础

（一）分析框架

社会文化影响是旅游者与东道主日渐接触产生的各种特定社会关系的结果。[③] 马斯登（Marsden）在分析乡村聚落重构的社会和政治基础时，通

---

① Davis D., Allen J. and Cosenza R. M., “Segmenting Local Residents by Their Attitudes, Interests and Opinions Toward Tourism”, *Journal of Travel Research*, Vol. 27, No. 2, 1988, pp.2–8. Jafari J., “Cultural Tourism and Regional Development”, *Annals of Tourism Research*, Vol. 19, No. 3, 1992, pp.576–577.

② Smith M. D. and Krannich R. S., “Tourism Dependence and Resident Attitude”, *Annals of Tourism Research*, Vol. 25, No. 4, 1998, pp.783–802.

③ 参见 Geoffrey Wall and Alister Mathieson《旅游：变化、影响与机遇》，肖贵蓉译，高等教育出版社 2007 年版，第 170—182 页。

过分析生产消费关系、社会关系和社会行动、机构和权力的社会建设三种因素建构形成了一个有效、科学的研究路径。[①]在古村落旅游地，东道主既是村落经济社会活动主体，也是文化载体和传承人。因此，要研究好旅游对古村落社会文化的影响，就要重点考察旅游活动与东道主的日常生产消费、社会关系和社会行动之间的联系。基于此，我们以古村落居民为中心，构建社区居民与旅游业、社区社会文化之间的关系（见图1）。首先是社区居民与旅游业之间的关系。社区居民参与或接触旅游业，而旅游业则给予他们物质和精神方面的回馈。其次是旅游业与社区社会文化事项之间的关系。社区的社会文化事项是古村落旅游业发展过程中重要的吸引物来源，而社区的社会文化事项势必会因发展旅游而被创新、传播和涵化。最后是社区居民与社会文化事项之间的关系。旅游开发后社区社会文化事项的变化将为社区居民所感知，可能会使他们对社区文化事项进行干预，或者影响他们与旅游业的关系（如支持或抵触旅游业发展）。

根据阿普（Ap）和康普藤（Crompton）的研究，居民对旅游发展的认知、情感与其在旅游发展中的各种行为倾向是协调一致的。[②]本文尝试借鉴阿布勒构建的文化接触态度与行为关系模型[③]来建构社区居民对古村落旅游社会文化影响的态度与行为关系模型，以研究旅游开发中居民主体因素与社会文化影响感知、社区发展满意度及行为之间的关系。图2是结合阿布勒文化接触态度与行为关系模型构造的古村落旅游社会文化影响的居民感知、态

① Terry Marsden, "Rural Geography Trend Report: The Social and Political Bases of Rural Restructuring", *Progress in Human Geography*, Vol.20, No. 2, 1996, pp.246-258.

② Ap J. and Crompton J. L., "Developing and Testing a Tourism Impact Scale", *Journal of Travel Research*, Vol.37, No.2, 1998, pp.130-138.

③ Abler R., Janelle D. and Philbrick A., et al., *Human Geography in a Shrinking World*, North Scituate MA: Duxbury Press, 1975, pp.35-36.

度与行为关系模型。模型主要包括四个部分：居民个人因素、居民感知到的旅游社会文化影响（正面和负面）、居民对影响的态度和居民行为。

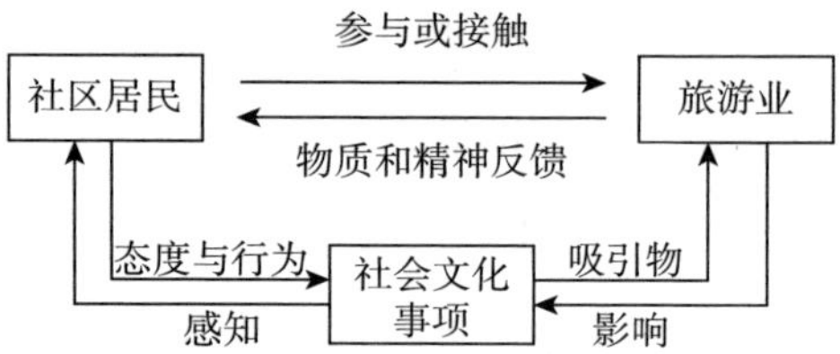

图 1　社区居民、旅游业与社会文化事项的关系

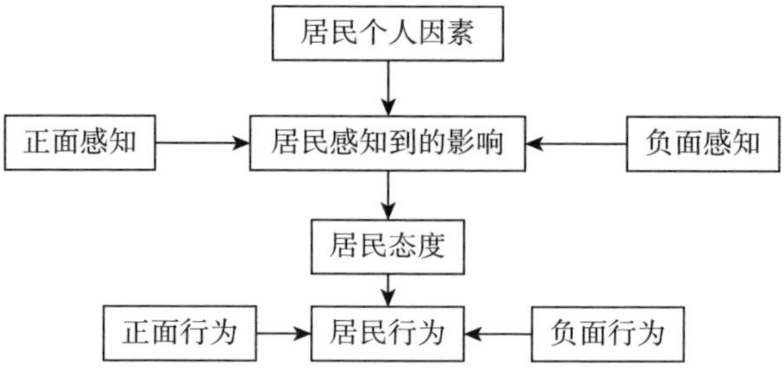

图 2　古村落居民对旅游社会文化影响的感知、态度与行为关系模型

（二）居民个人因素

居民对旅游社会文化影响的感知及态度可能会影响社区旅游开发的前景，而且不同个体的感知和态度是有差异的。卢小丽对相关研究进行了梳理，总结出是否受雇于旅游业、对旅游是否了解、与旅游吸引物的距离、年龄、性别、受教育程度、出生地以及在社区居住的时间等居民人口统计

学因素差异将影响居民感知和态度。[①]但也有不同观点，艾伦（Allen）和麦克库尔（McCool）的研究就不支持上述结论。[②]一些研究中，民族自豪感、文化依恋、社区归属感、旅游地开发阶段、种族、居民对旅游职业的可达性等因素也被考虑在内，但“东道主对社区旅游发展的参与程度”这一因素的支持度最高。[③]从精神和价值层面看，居民个体行为和价值观受文化潜移默化影响，并会反映在物质、生活习俗和精神生活各个层面。因而，在考察居民旅游社会文化影响感知时，我们无法绕过其自身文化属性来讨论其感知的影响因素。研究中，本文将作一个新尝试，将居民文化认同和参与程度两个因素分别作为其文化属性和社会属性特征，来考察居民个人因素与其旅游社会文化影响感知的关系。

1. 参与程度

居民参与旅游发展属于社区参与的范畴，在西方社会是一个对民众进行教育与赋权的过程。它意味着权力从主要决策者转向传统意义上不扮演决策角色的民众[④]，体现了居民对社区发展责任的分担和对社区发展成果的分享[⑤]。旅游发展中的社区参与一般包括：确立发展目标、制定发展政

---

① 参见卢小丽《生态旅游社区居民旅游影响感知与参与行为研究》，博士学位论文，大连理工大学，2006 年。

② Allen L. R., Hafer H. R. and Long P. T., et al., “Rural Residents Attitudes Toward Recreation and Tourism Development”, *Journal of Travel Research*, Vol. 31, No. 4, 1993, pp.27–33; McCool S. F. and Martin S. R., “Community Attachment and Attitudes Toward Tourism Development”, *Journal of Travel Research*, Vol. 32, No. 3, 1994, pp.29–34.

③ Goudy W. J., “Evaluations of Local Attributes and Community Satisfaction in Small Towns”, *Rural Sociology*, Vol. 42, No. 2, 1977, pp.371–372; Cooke K., “Guide Lines for Socially Appropriate Tourism Development in British Columbia”, *Journal of Travel Research*, Vol. 21, No. 1, 1982, pp.2–28.

④ 参见约翰·克莱顿·托马斯《公共决策中的公民参与：公共管理者的新技能与新策略》，孙柏瑛译，中国人民大学出版社 2005 年版，第 153 页。

⑤ 参见徐永祥《社区发展论》，华东理工大学出版社 2000 年版，第 5—34 页。

策、规划和实施发展计划、监测和评估；为发展努力作贡献；分享发展利益。① 从国内的实践看，居民参与主要体现在参与旅游经营和分享旅游收益。大量研究发现，居民参与旅游经营的程度和获得收益的差异会影响其对旅游社会文化影响的感知。② 在实际测量中，研究将居民旅游参与程度细分为“参与旅游决策程度”和“参与旅游经营程度”。其中“参与旅游决策程度”由量表测量得出，“参与旅游经营程度”这一指标是根据调研获得的居民参与旅游经营年限及年旅游收入额度换算而来的。

2. 文化认同

文化认同（cultural identity）是指个人自觉投入并归属于某一文化群体的程度。③ 李蕾蕾研究发现，随着旅游地开发的时间增长，人们对自己与外界所不同的地方性文化会重新有一种认同感和自尊感。④ 要研究文化认同与旅游影响感知的关系，首先要确定文化认同的测量方法。戴赫勒（Dehyle）认为文化认同可分为文化投入、文化归属和文化统合三个维度⑤，刘明峰则将其分为认知、情感、知觉和行为四个维度⑥。王鹏辉认为

---

① 参见蒋艳《对欠发达地区社区参与旅游发展的思考》，《安徽农业大学学报（社会科学版）》2004年第3期。

② 参见杨兴柱、陆林、王群《农户参与旅游决策行为结构模型及其应用》，《地理学报》2005年第6期；冯淑华、沙润《乡村旅游的乡村性测评模型——以江西婺源为例》，《地理研究》2007年第3期。

③ Oetting E. R. and Beauvais F.，“Orthogonal Cultural Identification Theory：The Cultural Identification of Minority Adolescents”，*The International Journal of Addictions*，Vol.25，No.5/6，1990，pp.655-685.

④ 参见李蕾蕾《跨文化传播及其对旅游目的地地方文化认同的影响》，《深圳大学学报（人文社会科学版）》2000年第2期。

⑤ Dehyle D.，“Constructing Failure and Maintaining Cultural Identity：Navajo and Ute School Leavers”，*Journal of American Indian Education*，Vol.31，No.2，1992，pp.25-46.

⑥ 参见刘明峰《文化创意与数位内容产品知识对文化认同及来源国形象的创造效应》，博士学位论文，台湾铭传大学资讯管理学系，2006年。

文化认同表现为物质层面、生活习俗层面和精神活动层面。①考虑到对象的可测量性，研究将居民文化认同分为认识、情感和行为三个维度，在测量中分别以“了解本地文化程度”“对本地文化热爱程度”和“主动维护本地文化”来表征。

3. 旅游社会文化影响及感知

旅游社会文化影响是指旅游活动对目的地社会的价值观和意义体系以及社会生活质量所产生的影响。②20 世纪六七十年代，西方学者开始反思旅游发展给目的地带来的社会问题，从而开辟了这一研究新领域。一般而言，研究者将旅游社会文化影响分为正、负两大类。研究者多站在文化保护和社会公平的视角，更关注其负面影响。本文作者在前期研究中，在综合国内外现有量表的基础上对测量指标进行了分步筛选，最终形成了由 35 个指标构成的旅游社会文化影响测量量表。③在 35 个测量指标中，正向影响感知最显著的指标为“妇女地位提升”“本地人地位提升”“居民自豪感提升”“居民好客程度”和“居民健康状况改善”。负面影响感知中最显著的指标为“家庭矛盾增加”“社区拥挤增加”“物价水平提高”“贫富差距加大”和“赌博色情活动增加”。因此，研究选择上述指标作为旅游文化影响感知的测量变量。

旅游社会文化影响感知是指旅游社会文化影响被旅游地利益相关者（多指居民和游客）所感觉和知晓，是研究者利用社会学、心理学等理论

---

① 参见王鹏辉《新疆民族旅游的社会文化影响研究》，《北京第二外国语学院学报》2006 年第 7 期。

② 参见刘赵平《旅游对目的地社会文化影响研究结构框架》，《桂林旅游高等专科学校学报》1999 年第 1 期。

③ 参见唐晓云《旅游社会文化影响：分析框架、测量量表与评价方法》，《北京第二外国语学院学报》2013 年第 7 期。

开拓的旅游影响研究途径。从 20 世纪 70 年代后半期多克斯（Doxey）的"愤怒指数"开始，研究者开始尝试借鉴心理学关于感知的量表测量方法进行旅游影响测量。兰克福特和霍华德的旅游影响态度尺度模型①、阿普和康普藤的旅游影响评估尺度模型②是其中影响最大的测量量表和模型。本文以此为基础，从居民感知的视角对古村落旅游社会文化影响进行测量。

4. 态度与行为倾向

态度是以某种方式对某个人或某一情境进行反应的倾向性，一般包括认知、情感和行为三个成分。③对态度的测量主要有总分等级量表（即里克特量表）、等间隔呈现量表和积累式量表。其中，里克特量表最为常用，而弗瑞宾的多属性态度测量模型④在消费者及品牌研究中影响最大。在大部分旅游研究中，态度的测量包括旅游影响感知及期望的旅游发展方向两部分。根据研究需要，本研究的态度测量分为旅游社会文化影响感知和居民满意度两部分，均采用里克特量表，并以"对社区社会文化发展满意度""对社区旅游发展的满意度"作为居民对社区发展满意度的观测变量。

行为倾向是一个人所形成的进行或不进行某种未来行为的意识程度。⑤通常，人的行为倾向与认知、情感是相应和协调一致的。如果能够正确地测量相应的行为倾向，那么大部分的社会行为是可以准确预知

① Lankford S. V. and D. R. Howard, "Developing a Tourism Impact Attitude Scale", *Annals of Tourism Research*, Vol.21, No.1, 1994, pp.121-139.

② Ap J. and Crompton J. L., "Developing and Testing a Tourism Impact Scale", *Journal of Travel Research*, Vol.37, No.2, 1998, pp.130-138.

③ 参见刘小平《态度测量偏差研究》,《心理科学》2000 年第 3 期。

④ Fishbein M. and Ajzen I., *Belief, Attitude, Intention, and Behavior: An Introduction to Theory and Research*, Reading: Addison-Wesley, 1975, pp.3-18.

⑤ Warshaw P. R. and Davis F. D., "Disentangling Behavioral Intention and Behavioral Expectation", *Journal of Experimental Social Psychology*, Vol.21, No.2, 1985, pp.213-228

的。在旅游影响研究中，阿布勒的文化接触态度与行为关系模型最为常用。本文也以该模型为基础构造古村落居民旅游社会文化影响感知与行为倾向的关系模型，并预设其正面或负面的行为表现，将“继续参与旅游发展”“继续支持社区发展旅游”作为居民正向行为倾向的观测变量。

二、假设形成

（一）居民文化认同与其旅游社会文化影响感知的关系

文化认同与旅游社会文化影响的关系是双向的、复杂的。[①] 第一，旅游活动能促进主客双方的文化认同，减少负面感知。赵建桥认为，旅游开发有助于改善文化认同，减少隔阂。[②] 第二，旅游活动能增进居民的文化认同感和自豪感。李蕾蕾认为，旅游活动会升华居民对民族文化的自信、认同感和自尊感。[③] 彭蒙惠（Brougham J.）、戴维（Davis D.）的研究也发现，旅游开发可能增强东道主的认同感和文化自尊感，居住时间长、出生于本社区的人对旅游的态度更为积极。[④] 第三，文化认同会强化居民对旅游肯

---

① Esman M.,“Tourism as Ethnic Preservation: The Cajuns of Louisiana”, *Annals of Tourism Research*, Vol.11, No.3, 1984, pp.451-467.

② 参见赵建桥、方旭红《海峡两岸旅游对中国民族文化认同感的影响研究》,《北京第二外国语学院学报》2012 年第 5 期。

③ 参见李蕾蕾《跨文化传播及其对旅游目的地地方文化认同的影响》,《深圳大学学报（人文社会科学版）》2000 年第 2 期。

④ Brougham J. and Butler R., “A Segmentation Analysis of Resident Attitudes to the Social Impact of Tourism”, *Annals of Tourism Research*, Vol.8, No.4, 1981, pp.569-589. Davis D., Allen J. and Cosenza R. M., “Segmenting Local Residents by Their Attitudes, Interests and Opinions Toward Tourism”, *Journal of Travel Research*, Vol.27, No.2, 1988, pp.2-8.

定或否定的态度。麦库尔（McCool S. F.）和马丁（Martin S. R.）认为，社区认同越强，对旅游的肯定或者否定评价越强。[①] 但也有不同的观点，王鹏辉认为旅游活动也可能弱化或摧毁居民的文化认同，使原本根深蒂固的风俗习惯、价值观在不同程度上发生改变。[②] 综上，提出如下假设：

H1：居民文化认同感与其旅游社会文化影响正面感知存在正相关关系。

H2：居民文化认同感与其旅游社会文化影响负面感知存在正相关关系。

（二）居民旅游参与程度与其旅游社会文化影响感知的关系

居民的旅游参与程度影响其对旅游社会文化影响的感知和判断。墨菲指出，主客体交往的类型和程度、个人对旅游的依靠程度，以及社区旅游的总体发展程度等影响主体感知。[③] 库克、高迪指出，一旦居民参与了社区的旅游开发活动，他们会更支持社区变迁及发展。[④] 皮冉（Pizam A.）认为居民与游客接触越多对旅游的评价越消极。[⑤] 大多数学者的研究表明，居民参与旅游并从中获益越多对旅游影响的正面感知越多。而且，忽略

---

① McCool S. F. and Martin S. R., "Community Attachment and Attitudes Toward Tourism Development", *Journal of Travel Research*, Vol.32, No.3, 1994, pp.29-34.

② 参见王鹏辉《新疆民族旅游的社会文化影响研究》,《北京第二外国语学院学报》2006 年第 7 期。

③ Murphy P. E., "Perceptions and Attitudes of Decision Making Groups in Tourist Centers", *Journal of Travel Research*, Vol.21, No.3, 1983, pp.8-12.

④ Cooke K., "Guidelines for Socially Appropriate Tourism Development in British Columbia", *Journal of Travel Research*, Vol. 21, No. l, 1982, pp.22- 28. Goudy W. J., "Evaluations of Local Attributes and Community Satisfaction in Small Towns", *Rural Sociology*, Vol.42, No.2, 1977, pp.371-382.

⑤ Pizam A., "Tourist Impacts: The Social Costs to the Destination Community as Perceived by Its Residents", *Journal of Travel Research*, Vol.16, No.1, 1978, pp.8-12.

或缺乏地方居民参与，会导致居民对旅游发展的反对。[①]综上，提出如下假设：

H3：居民旅游参与程度与其旅游社会文化影响正向感知存在正相关关系。

H4：居民旅游参与程度与其旅游社会文化影响负面感知存在负相关关系。

（三）居民旅游社会文化影响感知与其满意度的关系

居民对旅游社会文化影响的感知将影响其对旅游发展的态度，进而产生正面或者负面行为倾向。众多研究证实旅游影响与居民行为反应之间的关系。[②]戴林琳的研究证实了旅游开发中居民的影响感知与支持度之间存在密切关联。[③]一些学者在研究旅游影响感知与居民行为倾向的关系时在中间增加一个变量"居民态度"。综上，假设如下：

H5：居民对旅游社会文化影响的正向感知与其满意度存在正向相关关系。

H6：居民对旅游社会文化影响的负面感知与其满意度存在负向相关关系。

---

① Rothman R.,"Residents and Transients: Community Reactions to Seasonal Visitors", *Journal of Tourism Research*, Vol.16, No.3, 1978, pp.8-13.

② Gursoy D., Jurowski C. and Uysal M., "Resident Attitudes: A Structural Modeling Approach", *Annals of Tourism Research*, Vol.29, No.l, 2002, pp.79-105; Choong-Ki Lee and Ki-Joon Back, "Per-and Post-Casino Impact of Residents", *Perception Annals of Tourism Research*, Vol. 30, No.4, 2003, pp.568-585.

③ 参见戴林琳、盖世杰《基于结构方程模型的乡村节事及节事旅游影响的居民感知研究——以北京长哨营村为例》,《北京大学学报（自然科学版）》2011 年第 6 期。

（四）居民满意度与其行为倾向的关系

卢小丽构建居民影响感知、居民态度与支持旅游发展三者之间的关系模型进行相关研究，发现居民对生态旅游社会文化正面影响感知越强，越积极参与生态旅游的发展，但对生态旅游负面影响的感知对其对生态旅游发展的态度没有显著影响。[①] 此处主要考察社区居民的旅游社会文化影响感知与社区发展满意度、正向行为倾向之间的关系。综上，提出如下假设（见图 3）：

H7：居民对旅游社会文化影响的正面感知越强，其正向行为倾向越强。

H8：居民对旅游社会文化影响的负面感知越强，其负向行为倾向越强。

H9：居民对旅游开发的满意度越高，其正向行为倾向越强。

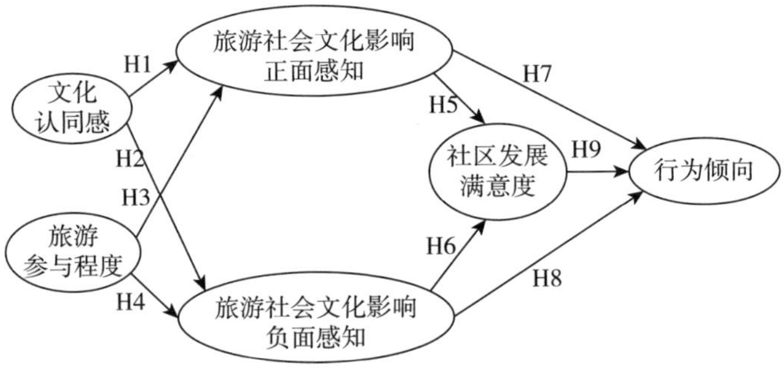

图 3　古村落居民旅游社会文化影响的感知、态度与行为关系的假设模型

① 参见卢小丽《生态旅游社区居民旅游影响感知与参与行为研究》，博士学位论文，大连理工大学，2006 年。

三、研究设计

（一）观测变量选取

根据研究确定的古村落居民旅游社会文化影响的感知、态度与行为关系假设模型，居民文化认同感、旅游参与程度、旅游社会文化影响正面感知、旅游社会文化影响负面感知、社区发展满意度和行为倾向是概念模型的 6 个结构变量。它们不能直接测量，需要设计相应的观测变量。根据前述理论基础，选取 6 组观测变量、19 个测量指标，具体如表 1 所示。

（二）问卷设计与数据采集

问卷设计包括两部分内容：第一部分主要是居民人口统计特征及社会属性，包括性别、年龄、文化程度、家庭年收入及主要收入来源等。第二部分为问卷主体，问题包括旅游社会文化影响结构模型 6 个潜变量的 19 个观测变量经转化后的题项。各题项均采用里克特 5 级量表形式，如“很低、低、一般、较高、很高”和“非常不同意、不同意、一般、同意、非常同意”等，依据感知程度由低到高分别赋值 1—5 分（见表 1）。

表 1　模型观测变量及量表设计

潜变量	观测变量	5 级量表	
文化认同感（CI）	对本民族文化的了解程度（CI1）；对本民族文化的热爱程度（CI2）；主动维护本民族文化的程度（CI3）	很低	很高

（续表）

潜变量	观测变量	5 级量表	
旅游参与程度（PL）	参与旅游决策程度（PLI）；参与旅游投资或经营程度（PL2）①	很低	很高
社区发展满意度（SD）	对社区社会文化发展的满意程度（SD1）；对社区旅游发展的满意度（SD2）	很低	很高
旅游社会文化影响正面感知（PTI）	妇女地位提升（PTI1）；本地人地位提升（PTI2）；居民自豪感提升（PTI3）；居民好客程度增加（PTI4）；居民健康状况改善（PTI5）	非常不同意	非常同意
旅游社会文化影响负面感知（NTI）	家庭矛盾增加（NTI1）；社区拥挤增加（NTI2）；物价水平提高（NTI3）；贫富差距加大（NTI4）；赌博色情活动增加（NTI5）	非常不同意	非常同意
行为倾向（BT）	继续参与旅游发展（BT1 ）；继续支持社区发展旅游（BT2）	非常不同意	非常同意

问卷调查采用现场一对一填答、现场回收的方式进行。2014 年 4 月，课题组在广西桂林龙脊平安寨进行了问卷调查。鉴于旅游社会文化影响感知需要一定的阅历和知识，调查采取对 20 岁以上的成年人分层抽样。调研共抽取样本 300 个，有效问卷 246 份，有效率 82%。运用 SPSS15.0 统计分析软件进行分析得到样本的人口统计因素（见表 2）。

① “居民参与旅游经营程度（PL2）”并非直接用量表对居民询问而得，而是根据“居民参与旅游年限”和“居民年旅游收入”换算而来的。“居民参与旅游年限”题项的五个选项“不参与”“2 年以下”“2—5 年”“5—8 年”和“8 年以上”，与“居民年旅游收入”题项的五个选项“5000 元以下”“5000—10000 元”“10000—30000 元”“30000—50000 元”和“50000 元以上”分别对应量表的“1、2、3、4、5 分”。将“居民参与旅游年限”与“居民年旅游收入”分别对应的两项量表分值相乘即为“居民参与旅游经营程度（PL2）”。

表 2 样本的人口统计特征及社会属性分布

人口及社会特征	百分比（%）	人口及社会特征	百分比（%）
男女比例（C1）	男（47.2）	民族（C2）	壮族（75.6）
	女（52.8）		其他（24.4）
年龄分布（C3）	20—30 岁（25.6）	家庭主要收入来源（C6）	旅游经营（79.7）
	31—40 岁（33.7）		外出打工（10.2）
	41—50 岁（28.0）		其他（10.1）
	51 岁以上（12.7）	参与旅游形式（C7）	餐饮（41.5）
文化程度（C4）	小学及以下（26.4）		住宿（46.3）
	初中（37.4）		歌舞表演（5.7）
	高中或中专技校（28.0）		民族旅游商品（14.2）
	大专及以上（8.2）		其他（22.8）
年家庭旅游经营收入（C5）	1 万元以下（28.0）	从事旅游经营年限（C8）	1 年以下（23.6）
	1 万—3 万元（33.7）		1—3 年（15.9）
	3 万—5 万元（23.6）		3—5 年（23.2）
	5 万元以上（14.7）		5 年以上（37.3）

（三）研究区域

龙脊平安寨位于广西桂林市龙胜各族自治县和平乡东北部的龙脊梯田风景区的核心地带，海拔 1200 多米。平安寨就位于龙脊梯田的山梁上，是一个典型的大型壮寨，已有 800 多年历史。平安寨依三条沟被分为 8 个村民小组，共 191 户，815 人，属于中等规模的集聚型团状山村聚落，以种植业和旅游业为主。调查抽样点平安寨景区核心区有家庭 156 户。整个村落至今保持着浓郁的壮族传统文化，全杉木结构的干栏式木楼、身着白衣黑裤的穿戴习俗、寨老议事制等传统文化得到较好传承。该村寨自20世纪80年代末开始发展旅游，是我国最早一批进行旅游开发的地区之一，属于旅游开发较为成熟的古村落旅游地，旅游影响的各种表现较为典型。截至2013年底，村寨共有农家宾馆116家，超过80%的村民参与旅游经营。2013年，村寨共接待国内外游客34万人次。

四、研究结果

（一）问卷的信度与效度

在对模型进行验证之前，采用克朗巴哈信度系数（Cronbach's α）对模型6个潜变量的观测变量的内部一致性进行检验。一般而言，克朗巴哈信度系数值应该在0.70以上才算具有较高的一致性，越接近1信度越好。经检验，6个潜变量的信度系数均大于0.70，说明问卷具有较高的可靠性和稳定性。对观测变量进行效度检验，结果表明，变量的因子载荷在0.480—0.856之间，均在0.4以上，说明观测变量受潜变量影响的程度较高，效度可靠。结果如表3所示。

表3 模型检验结果

观测变量	均值	因子载荷	误差方差	组合信度（CR）	平均方差提取值（AVE）	克朗巴哈信度系数（Cronbach's α）
文化认同感（CI）				0.843	0.643	0.801
对本民族文化的了解程度（CI1）	3.765	0.846	0.462			

（续表）

观测变量	均值	因子载荷	误差方差	组合信度（CR）	平均方差提取值（AVE）	克朗巴哈信度系数（Cronbach's α）
对本民族文化的热爱程度（CI2）	4.412	0.740	0.260			
主动维护本民族文化的程度（CI3）	3.852	0.781	0.320			
旅游参与程度（PL）				0.704	0.544	0.761
参与旅游决策程度（PLI）	2.987	0.781	0.557			
参与旅游投资或经营程度（PL2）	3.889	0.795	0.485			
旅游社会文化影响正面感知（PTI）				0.838	0.634	0.863
妇女地位提升（PTI1）	3.885	0.817	0.283			
本地人地位提升（PTI2）	3.849	0.721	0.351			
居民自豪感提升（PTI3）	3.952	0.726	0.356			
居民好客程度增加（PTI4）	3.938	0.749	0.225			
居民健康状况改善（PTI5）	3.910	0.653	0.454			
旅游社会文化影响负面感知（NTI）				0.797	0.567	0.815
家庭矛盾增加（NTI1）	3.160	0.817	0.473			
社区拥挤增加（NTI2）	3.628	0.762	0.408			
物价水平提高（NTI3）	3.726	0.707	0.452			
贫富差距加大（NTI4）	3.331	0.730	0.376			
赌博色情活动增加（NTI5）	3.696	0.659	0.445			
社区发展满意度（SD）				0.791	0.655	0.705
对社区文化发展的满意程度（SD1）	3.124	0.749	0.345			
对社区旅游发展的满意程度（SD2）	3.656	0.856	0.337			

（续表）

观测变量	均值	因子载荷	误差方差	组合信度（CR）	平均方差提取值（AVE）	克朗巴哈信度系数（Cronbach's α）
行为倾向（BT）				0.707	0.553	0.705
继续参与旅游发展（BTI）	3.985	0.816	0.402			
继续支持社区发展旅游（BT2）	3.786	0.591	0.419			

（二）测量模型检验

运用 Amos7.0 软件对测量模型进行拟合优度检验。结果显示，绝对拟合度 x^2/df 统计量为 2.285（适配标准 < 3），GFI=0.901（适配标准 > 0.9），RMSEA=0.075（适配标准 < 0.08），RMR=0.048（适配标准 < 0.05），达到或接近适配标准；相对拟合指数 AGFI=0.896，NFI=0.905，CFI=0.925，RFI=0.913（适配标准 > 0.9），达到或接近适配标准；精简拟合指数 PNFI=0.604，PCFI=0.687（适配标准为 0—1），达到适配标准。根据海尔（Hair）等人的建议，在其他指标都达标，AGFI 略小时，模型拟合效果可以接受。①

对测量模型的组合信度、会聚效度和判别效度进行进一步检验。根据富奈尔（Fornell）组合信度（CR）公式②进行计算，结果显示各变量的组合信度均大于临界值 0.7，说明各潜变量与所属的观测变量之间的内

① Hair J. F., Anderson R. E. and Tatham R. L., et al., *Multivariate Data Analysis (5th ed.)*, Upper Saddle River, New Jersey: Prentice Hall, 1998.

② Fornell C. and Larcker D. F., "Evaluating Structural Equation Models with Unobservable Variables and Measurement Error", *Journal of Marketing Research*, Vol. 18, No. 2, 1981, pp.39-45.

在一致性较好。用潜变量的平均变异抽取量（AVE）检验测量模型的会聚效度，以检验各观测变量对该潜变量的平均差异解释力。其计算公式为：因子载荷的平方和 /（因子载荷的平方和 + 误差方差和）。计算结果显示，各潜变量的 AVE 值均在 0.5 以上，说明聚合效度较为理想（结果见表 3）。测量模型的判别效度从潜变量的平均变异抽取量的平方根与该潜变量同其他潜变量的相关系数的比较结果进行判断。结果显示，对角线上的潜变量平均变异抽取量的平方根全部大于该潜变量与其他潜变量的相关系数，模型具有良好的判别效度。

（三）结构模型检验

运用 Amos7.0 软件极大似然法对数据进行参数估计。结果显示，除 AGFI=0.893，略小于 0.90 外，结构模型的其他指标均达到适配标准。其中，绝对拟合度 x^2/df=1.967、GFI=0.900、RMSEA=0.081、RMR=0.047，相对拟合指数 NFI=0.903、CFI=0.912、RFI=0.907，精简拟合指数 PNFI=0.604、PCFI=0.715（见表 4）。说明模型具有较好的对数据的拟合能力。

表 4　模型拟合的主要指标

整体模型拟合度	拟合指标	拟合标准	模型拟合指标结果
绝对拟合度	x^2/df	1.0—3.0	1.967
	GFI	大于 0.9	0.900
	RMSEA	小于 0.1	0.081
	RMR	小于 0.05	0.047
相对拟合指数	AGFI	大于 0.9	0.893
	NFI	大于 0.9	0.903

（续表）

整体模型拟合度	拟合指标	拟合标准	模型拟合指标结果
相对拟合指数	CFI	大于 0.9	0.912
	RFI	大于 0.9	0.907
精简拟合指数	PNFI	0—1.0	0.604
	PCFI	0—1.0	0.715

对结构方程模型进行路径系数分析，以检验各潜变量之间的因果关系和相关程度。结果显示，假设的 9 个路径系数中有 8 个 CR 值大于 1.96，表示其路径系数达到 0.05 以上显著水平（见图 4）。假设验证结果如下：①文化认同与旅游社会文化影响正面感知有显著的正向影响，路径系数为 0.53***（CR=3.890），H1 成立。文化认同与旅游社会文化影响负面感知有显著正向影响，路径系数为 0.68***（CR= 4.295），H2 成立。②居民参与旅游的程度与旅游社会文化影响正面感知有显著的正向关系，路径系数为 0.42**（CR=2.787），H3 成立。居民参与旅游经营的程度与旅游社会文化影响负面感知关系不显著，路径系数为 0.18（CR=1.304），H4 不成立，剔除。③居民对旅游社会文化影响正面感知与其对社区发展满意度有显著正向关系，路径系数为 0.74***（CR=8.395），H5 成立。居民对旅游社会文化影响负面感知与其对社区发展满意度有显著负向关系，路径系数为 –0.35*（CR=2.427），H6 成立。④居民对旅游社会文化影响的正面感知与其正面行为倾向有显著的正向关系，路径系数为 0.56***（CR=5.689），H7 成立。居民对旅游社会文化影响的负面感知与其正面行为倾向有显著的负向关系，路径系数为 –0.25*（CR=2.186），H8 成立。居民对社区发展的满意度与其正面行为倾向有显著的正相关关系，路径系数为 0.45*（CR=3.238），H9 成立。

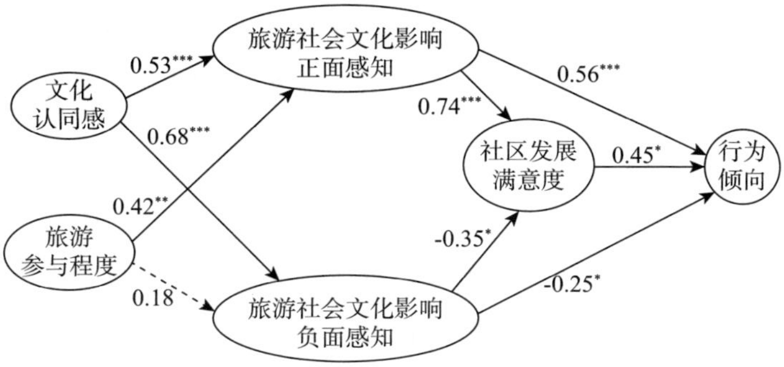

图 4 模型检验结果

注：*** 表示在 0.001 置信水平下显著，** 表示在 0.01 的置信水平下显著，* 表示在 0.05 置信水平下显著，虚线表示不显著。

五、结论与建议

本研究通过构建结构方程模型研究了古村落旅游开发的社会文化影响，考察了居民个人因素与其旅游社会文化影响感知、满意度和行为倾向之间的关系，重点探讨了居民文化认同、旅游参与程度对其旅游社会文化影响感知的影响。得出如下结论：（1）居民文化认同、旅游参与度、旅游社会文化影响的正面或负面感知、社区发展满意度是影响居民正向行为倾向的 5 个前提变量。（2）居民文化认同感越强，对旅游社会文化影响的正面或负面感知越强。这与麦库尔和马丁的研究结论一致。（3）居民的旅游参与程度越高，对旅游社会文化影响的正面感知越强。（4）居民对旅游社会文化影响的正面或负面感知越强烈，对社区发展的肯定或否定评价越强。（5）居民对旅游社会文化影响的正面或负面感知越强烈，其支持或反对旅游开发的行为倾向越明显。（6）居民对旅游开发后的社区发展越满意，其支持旅游开发的行为倾向越明显。

总之，社区居民既是古村落传统社会文化的继承者，又是新文化的主要创造者。他们对文化保护和传承的积极态度将决定古村落传统文化发展的质量和方向。他们在古村落旅游发展和社会文化变迁的选择中存在明显的矛盾心理，受个人文化背景和经济因素制约。在古村落旅游开发过程中：首先，要从思想上充分认识居民对古村落文化传承的重要作用，并落实到社区和旅游发展的各个方面。其次，要构筑旅游开发背景下以居民为主体的古村落社会文化生长空间，使地方文化能一脉相承，避免外来人口和资本侵入形成的文化空城和文化断代。包括建立文化传承人制度，成立古村落文化保护及教育基金，建立地方文化遗产保护奖惩制度等。再次，要在旅游发展过程中不断对居民进行制度、信息和教育增权，使其能有权力、有能力参与古村落旅游发展。同时，要加强游客教育，使游客自觉形成对主人社会的尊重。最后，在旅游开发过程中，一定要让居民受益，这是社区旅游发展的根本目标之所在。

致谢：北京第二外国语学院硕士研究生叶琴在论文的前期研究和数据整理过程中付出了大量辛勤劳动，特致谢忱！

（原载《人文地理》2015 年第 1 期）

基于共生理论的文化和旅游融合发展策略研究

———以大运河文化带建设为例

熊海峰　祁吟墨

一、引言

文化是旅游的灵魂，旅游是文化的载体。文化和旅游相互渗透、融合共生已经成为客观发展趋势。通过发挥文化资源优势、提升旅游品位、丰富旅游业态、拓展旅游空间，可提升旅游魅力；通过发挥旅游产业化、市场化优势，丰富文化产品与服务的供给方式、供给渠道和供给类型，可不断提升文化发展的活力。特别是自 2018 年国家文化和旅游部组建以及各级文化和旅游行政管理机构职能整合以来，融合发展的行政壁垒逐渐被打破，文化和旅游融合进程不断提质增速。

大运河是中国古代人民创造的一项伟大工程，是一条流动的、活着的世界级人类文化遗产。沿线的水工遗存、运河故道、古城古镇等物质文化遗产超过 1 200 项，国家级非物质文化遗产代表性项目 450 余项，国家级历史文化名城 54 座，5A 级景区 93 家，4A 级景区 1 200 多家，沿线 8 省市文化产业年增加值占全国比重超过 50%，旅游产业已经成为国民经济战略性支柱产业。可以说，大运河沿线是我国文化和旅游业发展的战略脊梁带，推动其文化和旅游的融合发展具有重大的示范意义与战略价值。基于此，本文以共生理论为研究视角，以促进文化和旅游融合发展为研究主题，以大运河文化带建设为实证研究对象，梳理了其融合发展的现状与问题，提出了相应的策略建议，以期为更多区域的融合发展提供理论借鉴和实践参考。

二、共生理论及相关应用研究

（一）共生理论概念、内涵与机理

“共生”（Symbiosis）一词来源于希腊语，原是一个生物学概念，最早由德国真菌学家德贝里（Aton de Bray）于 1879 年提出，具体指“不同种属的生物按照某种物质联系有机密切地结合在一起，在共同生活中彼此均获得利益但彼此不能分开生存”。我国学者袁纯清于 1998 年在《共生理论——兼论小型经济》一书中首次引入共生理论，并运用共生理论对我国小型经济问题进行了分析。他认为共生不仅是一种生物现象，也是一种社会现象；共生不仅是一种自然状态，也是一种可塑状态；共生不仅是一种生物识别机制，也是一种社会科学方法。[①]

共生理论聚焦共生单元（U）、共生模式（M）和共生环境（E）这三

---

① 参见袁纯清《共生理论——兼论小型经济》，经济科学出版社 1998 年版，第 5 页。

大基本要素（见图 1），它们之间的相互作用构成共生系统。[①] 其中，共生单元是共生关系中能量生产和交换的基本物质单位。共生模式也即共生关系，指共生单元相互作用或结合的方式，按照行为方式可划分为寄生、偏利共生、非对称互惠共生和对称互惠共生四种模式；按照组织程度可划分为点共生、间歇共生、连续共生和一体化共生四种模式。共生环境是共生关系得以存在的外在条件，是除了共生单元以外的所有因素的总和，依据影响效果可分为正向环境、中性环境和反向环境。此外，将共生单元进行信息交换、能量传输的媒介和通道称为共生界面。从发展目标来看，共同进化、共同发展、共同适应是共生的本质，共生理论倡导的是构建一种彼此作用、互惠共存、稳定正向的共生模式。

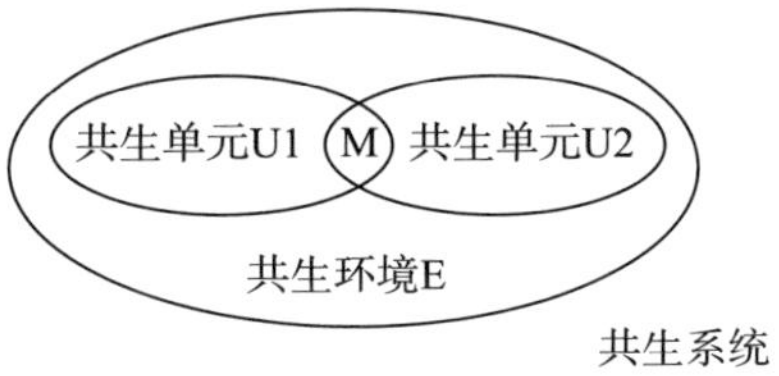

图 1　共生三要素的关系示意图

（二）国内相关领域的应用研究

共生理论不仅在生物学界引起巨大反响并得到深化，而且在 20 世纪 50 年代后，随着学科间的相互渗透和交叉融合，也被逐渐运用于建筑学、经济学、社会学等多个学科，其中在区域经济合作及产业协同发展领域的研究成果尤为突出。旅游业作为一个综合性极强的产业，涉及多个环节和

① 参见袁纯清《共生理论——兼论小型经济》，经济科学出版社 1998 年版，第 8 页。

利益相关者，因此，作为研究主体之间关系的共生理论被应用于旅游学研究是一种历史必然。[①] 从研究内容上看，其主要集中在以下三个方面。

第一，在区域旅游合作方面，钟俊（2001）创造性地对旅游共生的含义、特质、表现形式和措施作出论述，开启了国内关于旅游共生研究之先河。之后，学者们如吴泓和顾朝林、朱德亮和张瑾、陈玉涛、陆相林等主要针对某一特定区域展开实证研究，并结合实际提出该区域的旅游合作共生模式。[②] 第二，在利益相关者方面，纪金雄（2009）首先运用共生理论分析了生态旅游的核心利益相关者，提出应建立利益共享机制、利益协调机制和生态旅游一体化机制来保证生态旅游的最佳可持续发展状态。近年来，共生理论在文化遗产地、古村落保护与旅游开发中的应用研究也不断深化。第三，在旅游与其他领域的异质共生方面，徐虹等对体育旅游共生进行研究，分析体育旅游的共生要素，并探讨体育旅游共生模式。[③] 丁艳平利用共生理论制定主观量化指标评价体系，为生态旅游提供政策工具。[④] 武曼对旅游景区与房地产共生关系进行研究，通过明确四种共生环境，分析六种共生模式，最终得出互利共生模式是最优模型的结论。[⑤]

---

① 参见周慧玲《旅游共生的研究评述》，《资源开发与市场》2014 年第 9 期。

② 参见吴泓、顾朝林《基于共生理论的区域旅游竞合研究—— 以淮海经济区为例》，《经济地理》2004 年第 1 期；朱德亮、张瑾《基于共生理论的桂黔湘边区民族旅游竞合模式研究》，《广西民族研究》2012 年第 4 期；陈玉涛《基于共生理论的黄河三角洲区域旅游合作研究——以滨州与东营两市为例》，《中国石油大学学报（社会科学版）》，2011 年第 5 期；陆相林、孙中伟、马世猛《京津冀区域城市旅游共生关系分析与协同发展对策》，《经济地理》2016 年第 4 期。

③ 参见徐虹、李筱东、吴珊珊《基于共生理论的体育旅游开发及其利益协调机制研究》，《旅游论坛》2008 年第 5 期。

④ 参见丁艳平《基于共生理论的生态旅游可持续发展量化评价研究》，《特区经济》2010 年第 7 期。

⑤ 参见武曼《主题景区和旅游房产共生关系研究—— 以曲江新区为例》，硕士学位论文，华东师范大学，2011 年。

由以上分析可见，国内共生理论相关研究已经取得了一定成果，研究领域从同质共生向异质共生不断拓展。但目前，关于文化和旅游共生的研究还较为匮乏，且多以产业共生为出发点，并未对文化和旅游融合的机制与模式作出明确阐释和分析，也缺少对共生关系界定、共生机制培育路径的深入研究。针对此情况，本研究拟在前人研究的基础上，在国家大力推动文化和旅游融合的背景下，结合大运河文化带沿线城市的文旅融合实践，探索文化和旅游融合发展的共生规律，以期为构建合作共赢的文化和旅游融合发展模式提供方法借鉴。

（三）文化和旅游融合的内涵探讨

近年来，文化与旅游加快融合，二者关系日趋紧密。旅游集物质消费与精神享受于一体，旅游与文化密不可分。旅游是修身养性之道，中华民族自古就把旅游和读书结合在一起，崇尚“读万卷书，行万里路”。旅游业发展与精神文明建设密切相关，相辅相成、互相促进。2009 年 9 月，原文化部和原国家旅游局联合发布了《关于促进文化与旅游结合发展的指导意见》，该《意见》正式提出了“灵魂”和“载体”说，“文化是旅游的灵魂，旅游是文化的载体”成为对二者关系的重要概括。文化和旅游部组建以来，明确了“宜融则融、能融尽融；以文促旅、以旅彰文”的工作思路，统筹推进文化事业、文化产业和旅游业融合发展。

在理论层面上，不同的学者从不同的角度对于文化和旅游融合发展进行了深入探讨，研究成果颇多，但关于文化和旅游融合的内涵尚没有明确统一的界定。学者陆蓓、张海燕、但红燕等将研究视角置于文化产业和旅游产业的融合上。陆蓓提出，文化产业和旅游产业的融合主要采取渗透融合的方式，在这个融合过程中，会经历相融产业原有价值链的解构和融合后新产业价值链的重构两个过程。[①] 张海燕等基于美国学者格林斯坦（Greenstein）和卡纳（Khanna）提出的产业融合概念，指出旅游产业与文化产业的融合是一个产业边界动态变化的过程，经历技术边界、产品边界、市场边界以及产业经济活动的业务和运作边界的模糊或消失，最终导致新型融合产业形态的形成。[②] 但红燕等指出，旅游产业与文化产业融合的动因包括市场需求、企业对经济效益的追求、技术创新和放松管制等几个方面。[③] 范周、祁述裕等学者从更广阔的角度理解文化和旅游融合的内涵。范周指出，文化和旅游融合的内涵包括三个方面：一是以文化提升旅游的深度；二是以旅游为载体，全面展现新时代文化；三是以创意连接文化与旅游，扩大文旅的"乘法效应"。[④] 祁述裕认为，公共文化与旅游产业融合发展需要优势互补、取长补短。要强化公共文化服务市场意识，重视公共文化在促进旅游业发展中的作用。旅游业应更加重视社会效益，更好发挥旅游业在传播国家形象、传承民族文化、承担公共教育、提高公民素质方面的作用。[⑤]

整体而言，旅游的优势体现在市场层面，而文化的优势则体现在精神内涵层面。一方面，文化是旅游的灵魂，以文化提升旅游的内涵，借助独特的文化资源优势塑造个性化、差异化的旅游产品，成为旅游魅力提升的内在支撑。另一方面，旅游可借助消费人群庞大、外界关注度高、影响力

---

① 参见陆蓓《中国旅游产业融合研究》，硕士学位论文，浙江大学，2011 年。

② 参见张海燕、王忠云《旅游产业与文化产业融合发展研究》，《资源开发与市场》2010 年第 4 期。

③ 参见但红燕、徐武明《旅游产业与文化产业融合动因及其效应分析——以四川为例》，《生态经济》2015 年第 7 期。

④ 参见范周《以文化促旅游创新发展》，《经济日报》2018 年 4 月 25 日。

⑤ 参见祁述裕《公共文化与旅游产业融合发展需要优势互补、取长补短》，2018 年 5 月 29 日，http://www. 360doc.com/content/18/0529/20/224530_758051351.shtml。

大等市场优势，成为文化保护传承与先进文化传播的有效载体和重要渠道。同时，文化和旅游融合不仅包括文化产业与旅游产业的融合，还应包括公共文化服务与旅游、非物质文化遗产保护与旅游、文艺创作与旅游，以及文化科技与旅游等多重维度的融合。文化和旅游的融合发展，最终是要形成文化建设与旅游发展相互交叉、相互渗透，并不断形成新业态、新价值、新模式的动态发展格局，进而有效满足人们对美好生活的新需要与新期待。

三、文化和旅游融合发展的共生理论分析

文化和旅游之间存在着“双向赋能”的密切联系，即文化能够作为旅游的核心吸引力提升旅游深度，旅游能够作为文化的载体促进文化传承与创新。共生理论强调互利优化、共同进化的理念，这与文化和旅游融合的内在要求具有良好的契合度与适宜性。

（一）文化和旅游融合发展的共生条件

根据共生理论，构成共生的一般条件如下：其一，潜在的共生单元之间要具有某种时间和空间上的联系，且在给定的时空条件下，它们之间应存在某种确定的共生界面；其二，共生单元之间必须存在必然的物质、信息或能量联系，具体表现为共生单元之间按照某种方式进行物质、信息或能量交流；其三，共生伙伴的选择并非随意，而是按照一定的优先性规律；其四，共生单元之间存在一种临界的规模，以保证其他共生条件的存

在，理想的单元规模往往与共生单元的密度存在对应关系[①]；其五，共生环境必须对共生关系和结构起到正向作用。

基于此，从广义上讲，在特定时空的条件下，即在文化和旅游融合的不同维度下，文化和旅游融合发展的共生条件应该包括以下四方面内容：第一，存在确定的共生界面，如交通基础设施、行政管理组织等多种形式的可供信息、能量传输的媒介通道；第二，具备一定规模的共生单元间应具有可共同利用的资源、资金、市场、科技等要素，并能产生交流和联动；第三，不同类型的文化和旅游共生关系的形成具有动态性，共生对象的选择具有兼容性或互补性；第四，具备有益的内部和外部环境，如政策环境、市场环境和协同组织环境等。

（二）文化和旅游融合发展的共生单元

共生单元只有具备某种内在的联系才可能构成共生关系，这种联系表现为反映共生单元内部性质的质参量的兼容性。文化和旅游融合发展的过程必然存在以资源为基础、以产业为核心、以技术为媒介、以项目为支撑的不同层级的共生系统，因此共生单元的组合也具有多种不同情况。

首先，由于文化产业和旅游产业都具有弱边界、强关联的特征，文化产业的渗透性和旅游业的开放性[②]使得二者无论是在客源共享、资源共享，还是在产品互补等方面，都存在着天然的融合基础。因此，文化产业与旅游产业是文化和旅游共生系统的核心共生单元，其中又包含了构成上下游产业链的所有要素单元，如文旅企业、中介组织、园区机构等。其

① 参见袁纯清《共生理论——兼论小型经济》，经济科学出版社 1998 年版，第 23—25 页。

② 参见赵晶媛《文化产业与管理》，清华大学出版社 2010 年版，第 53 页。

次，由前文分析可知，除了产业共生单元以外，还应包括公共文化服务、非物质文化遗产保护、文艺创作、文化科技与旅游的多维度融合单元，最终在文化和旅游这两大单元下形成以产业共生为核心，以多元共生为扩展的多层级单元体系。在此条件下，文化和旅游才能具有较高的共生密度，产生的共生能量才能越多，形成共生体的物质基础才能越坚实。

（三）文化和旅游融合发展的共生界面

在给定的时空下，共生单元间应存在某种确定的共生界面，这种界面既是共生单元之间交流的载体和媒介，也是共生关系存在和发展的平台。共生界面具有内生性，由共生单元的性质决定，因此主质参量的性质就决定了共生界面的生成，而除共生单元以外的因素如共生环境，也会影响或催生出其他外生性共生界面。

就文化和旅游融合发展而言，二者之间的共生界面是复杂多重的：既包括自然生成或历史遗存下来的、不是由当前文化和旅游开发设计者凭空创造的原生型共生界面[①]，如自然和文化双重遗产旅游地；也包括后天针对市场需求等进行设计并有利于共生关系形成的创造型共生界面，如从区域交流的角度来看，各地之间的铁路、公路、民航等交通设施，以及邮电、通信、网络等通用性基础设施构成的共生界面；从利益相关者的角度来看，政府、项目开发运营主体、在地居民之间的沟通、协调、组织机制共同构成的共生界面；从产业发展主体的角度来看，公共服务平台、人力资源、文化科技等要素构成的共生界面。

---

① 参见武曼《主题景区和旅游房产共生关系研究——以曲江新区为例》，硕士学位论文，华东师范大学，2011 年。

需要指出的是，在文化和旅游融合发展的共生系统里，政府、市场、资源、基础设施等要素不仅可作为能量生产的共生单元，还可能承担着信息传输功能、物质交流功能、能量传导功能和共生序形成功能等中介功能。

（四）文化和旅游融合发展的共生模式

共生模式是共生单元之间相互作用的方式和结合程度，也被称为共生关系。共生模式具有多样性和进化性，任何一种共生关系都是行为方式和组织模式共同作用的结果，具体反映着不同阶段共生程度的变化情况（见图 2）。寄生与点共生状态下，共生单元之间只在某一时刻对某一方面发生作用，且共生关系具有不稳定性；在间歇共生和偏利共生状态下，共生单元间某一方面发生的作用具有间隔性，且仅对一方有利。

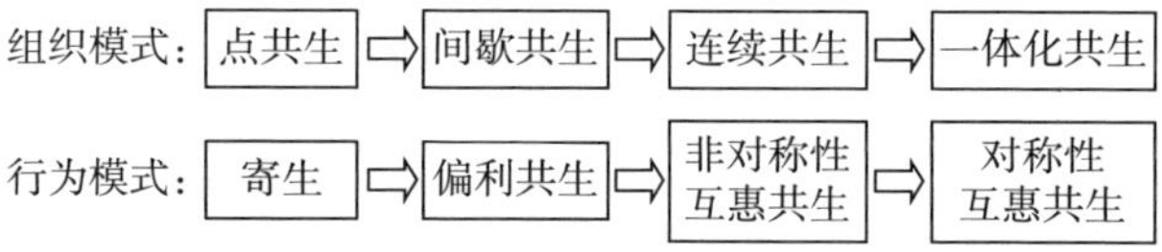

图 2　共生组织模式与行为模式进化过程示意图

从我国文化和旅游融合发展的历程来看，间歇共生和偏利共生等共生状态均不利于文化与旅游的融合发展。例如，20 世纪 80 年代，故宫、兵马俑、慕田峪长城、秦淮河等历史文化资源是旅游发展起步期的核心吸引物，之后，随着人民物质生活水平的提高，旅游业在蓬勃发展的同时也产生了各种涉及文化资源保护与利用间的矛盾。文化与旅游的融合虽然带来了可观的经济效益，但生态破坏、遗迹被人为损坏等问题也频频出现。此种状态我们就可将其归为文化和旅游的非对称性互惠共生，即能量的非对称性分配导致了共生单元的非同步进化现象。

相对而言，一体化共生、对称性互惠共生则是共生模式的理想状态，此时共生单元之间有着持续的多边多向互动，共生关系稳定且存在同步性的广普进化作用。显然，在国内文化和旅游经历了非对称的发展阶段后，正需要推动协同进化，努力构建出一种一体化共生、对称性互惠共生的共生模式。

（五）文化和旅游融合发展的共生环境

共生单元的打造、共生模式的建立、共生界面的运行，以及共生能量的生成与传导，都离不开具体的共生环境。对任一共生体而言，它都将面临正向环境、中性环境和反向环境等三类环境。对文化和旅游共生体而言，自然、政治、经济、文化、技术等要素共同构成了文化和旅游融合的共生环境。例如，在政策环境上，国家及地方出台的相关政策、法规、规划、计划，如2009年原文化部和原国家旅游局联合发布的《关于促进文化与旅游结合发展的指导意见》等文件，为文化和旅游的融合发展提供了正向的引导和支持作用。在产业环境上，2018年，全国规模以上文化及相关产业企业已增至6万家，实现营业收入89 257亿元，同比增长8.2%[①]，不断扩大的产业规模和优化的产业结构一方面为文化和旅游创造条件，另一方面也是促进文化事业与旅游融合的基础保障。从技术环境上看，科技创新步伐不断加快、传播速度与日俱增、媒体融合程度不断加

① 参见国家统计局《2018年全国规模以上文化及相关产业企业营业收入增长8.2%》，2019年1月31日，http://www.stats.gov.cn/tjsj/zxfb/201901/t20190131_1647735.html。

深，为文化和旅游融合发展带来了更大空间。当然，共生环境的这种性质与功能并不是一成不变的，而是在不断地变化与转换，因此需要及时作出动态调整，以保证共生环境起到正向作用。

结合当前文化和旅游融合趋势，综合上述分析可知，文化和旅游融合发展的共生关系是成立的，共生理论的分析框架应用于文化和旅游融合领域具有可行性与合理性。其具体的共生关系包括跨区域融合型的横向共生、产业要素融合型的纵向共生，以及公共文化服务等单元与旅游的混合型共生等类型。

四、大运河文化带的文化和旅游融合发展现状与问题

大运河文化带是指以大运河文化为内核，以保护、传承、利用为主线，以带状地理空间为载体，以区域交通束（航运、高速、高铁等）为基础，以沿线城镇为发展主体，集遗产与生态保护、展示与爱国教育、创意与休闲游憩、经济与社会发展等多种功能于一体的综合型带状功能区。①当前，大运河文化带文化和旅游融合整体处于正向状态，也已经取得了阶段性的发展成果，但从共生视角来看仍旧存在一些问题和不足。

（一）大运河文化带文化和旅游融合发展的现状

1. 市场发展现状

从整体来看，文化产业和旅游产业作为大运河文化带文化和旅游共生系统的核心共生单元，其市场发展速度较快，态势良好。一方面，大运河

① 参见熊海峰《推进大运河文化带建设的对策探析》，《中国国情国力》2017 年第 10 期。

沿线城市文化产业和旅游产业的规模和质量都居于全国前列，文化和旅游融合的产业基础雄厚。2017 年，大运河沿线 8 省市文化产业增加值占比全国超过 50%，占比 8 省市 GDP 超过 5%，高出全国平均水平近 1 个百分点；沿线旅游人数超过 40 亿人次，旅游总收入超过 5 万亿元。另一方面，随着大众旅游时代的到来，居民文化旅游日趋消费水平日益提升，大运河文化和旅游市场需求旺盛。以江苏省为例，2018 年江苏段大运河遗产河道、遗产点和主航道所在区县游客量达 81 823.7 万人次，其中入境游客突破 400 万人次，江苏大运河相关的旅游收入 13 247.3 亿元。[①] 可见，未来大运河文化和旅游市场蕴藏着巨大发展潜力。

2. 资源利用现状

目前对大运河文化和旅游资源的利用形式多表现为点状开发、观光型的文旅项目，为大运河文化带文化和旅游融合发展提供能量和交换的要素共生单元数量较多。具体而言，沿线各省市在保护的基础上，围绕大运河主题积极谋划了一批特色项目和景区（点），如天津市海河下游线性文化遗址旅游航线、杭州市中国京杭大运河博物馆、淮安市里运河文化长廊、安徽泗县运河特色生态文化小镇等。此外，也涌现了一些主题节庆和会展活动，例如，2002 年首次举办至今已成功举办了八届的中国大运河文化节、WCCO 办的世界运河城市论坛、2019 年 5 月在扬州市开幕的首届大运河文化旅游博览会等。

3. 支撑体系现状

有利于大运河文化带文化和旅游融合发展的多介质的共生界面正在布局。在硬件设施方面，大运河沿线城市主要位于我国中东部地区，区位条

---

① 参见《江苏大运河文化旅游消费白皮书》,《新华日报》2019 年 5 月 6 日。

件优越，水陆路网密集，运河城市间交通通达性好。目前大运河江苏段、浙江段通航情况良好，京杭大运河北京城市副中心段也已正式旅游通航，沿线景区外部可进入性较理想。在政策支持方面，2019 年 6 月 14 日印发实施的《大运河文化保护传承利用工作省部际联席会议制度》从国家层面为大运河文化带开展文化和旅游融合相关工作提供政策保障，部分省市也已启动大运河文化旅游专项规划的编制。在协同合作方面，沿线各省市积极创新路径机制，充分发挥"京杭大运河城市旅游推广联盟"和"大运河文旅产业投资联盟"等社会组织的作用，并取得重要进展。在资金投入方面，江苏省率先设立了"江苏省大运河文化旅游发展基金"，为相关产业提供多样性、专业化、强有力的金融保障。

（二）大运河文化带文化和旅游融合发展的问题

1. 共生理念淡薄：对文化和旅游融合发展的认知有待深化

当前，大运河文化带文化和旅游融合发展主体间的共生理念尚未完全建立。其一，文化遗产保护与旅游开发的观念与实践都存在矛盾。从观念上看，本位主义等传统观念仍然对融合发展构成障碍，导致文化遗产资源活化利用程度严重不足。从实践来看，一些城市在开发利用过程中对历史遗存本体或生态环境造成了破坏。其二，较少意识到产业间的"化学反应"可以孕育出新产业与新业态。当前融合发展只是现有业态的简单叠加，未能实现更深层次的、从制度到金融到组织机构的有机融合。另外，文化和旅游与新型城镇建设、乡村振兴、产业升级等领域融合较少，远未实现多方位、全链条的深度融合和业态创新。

2. 共生单元同质：文化内涵挖掘不足，文旅项目品质有待提升

当前，自然景观对旅游者的吸引力已经进入长尾阶段，传统旅游产品

的单一性使其越来越难以满足人们日益增长的旅游需求[①]，开发文化内涵丰富，体验性、互动性、科技感强的文旅产品成为时代要求。但当前大运河沿线城市主要依托自然资源开发观光型旅游产品，缺少去粗取精、去伪存真的文化内涵挖掘，缺少区域文化特色塑造，各城市间项目重复化、同质化建设问题严重，共生单元间差异性、互动性还不足。例如，大运河沿线已经建成和正在规划建设的大运河文化主题博物馆已超过20家，但大多数展示内容相似，展陈方式雷同，尚未形成既相互衔接又各具特色，一条主线、多点分布的大运河博物馆体系。

3. 共生界面滞涩：部分地区基础设施薄弱，协同机制有待创新

由于大运河沿线省市运河实体条件不相同、经济发展不平衡和缺乏多元投入机制等，沿线旅游公路、航道、步道等基础设施，旅游厕所、游客集散中心、智慧旅游平台等配套设施在建设方面仍不完善，尤其是针对运河旅游的服务设施总体上还存在规模偏小、层次偏低等问题，这已经成为掣肘大运河文旅融合发展的重要因素。与此同时，大运河纵跨8省市、35个地级市和150多个区县，涉及发改委、水利、文化、旅游、交通等诸多部门，统筹协调难度极大。但目前运河沿线省市还未建立统一高效的协同合作机制，区域内部存在条块分割、多头管理、政企不分等问题，这是未来文化和旅游融合发展必须破解的重大难题。

4. 共生环境欠佳：政策法规体系不完善，保障能力有待强化

客观而言，大运河文化带文化和旅游融合发展具备较为优越的共生条件，但从现实的共生环境来看，还需进一步优化。当前各地在推进融合发展过程中，还存在着专业人才匮乏、保护利用资金不足、支持政策落实较

---

① 参见冯健《"文旅融合"该从何处着手》，《人民论坛》2018年第32期。

难、法律法规不健全等诸多问题，这成为制约融合发展的重要瓶颈。特别是在法律建设方面，当前的法规条例的立法层级不高、法律约束力不够。有关部门应参考《长城保护条例》等条文，尽快制定《大运河保护条例》，为保护、传承、利用好大运河资源提供基本的规制与遵循，为文化和旅游融合发展奠定法制基石。

五、促进大运河文化带文化和旅游融合发展策略建议

（一）提升共生单元能量：构建统一的资源共享平台，提高区域合作质量

共生能量是共生单元通过共生界面作用所产生的物质成果，是共生体及共生单元质量提高和数量扩张的前提条件。促进大运河文化带文化和旅游融合发展，必须要从共生单元这一基本单位入手，只有不断提升共生单元间的质参量兼容性，才能实现其共生能量在密度和维度上的增容，进而实现经济效益和社会效益的双重提升。由于大运河时空跨度大、地域面积广、区域间要素差异较大，因此在构建融合共生体的过程中，既要加强同类共生单元间的互补性，也要加强异类共生单元间的关联度。具体而言，一是要进一步系统梳理和详细甄别大运河文化和旅游资源，以省为单位进行文化和旅游资源的全面摸底，开展水工遗存、运河附属遗存等物质文化遗产的普查工作；挖掘和整理手工技艺、戏曲文艺、传奇故事等各类大运河非物质遗产；编制文化和旅游资源保护利用名录，形成涵盖国家、省、地市、县（区）四级的资源保护利用名录体系。二是强化共生单元间的资源共建共享，推动区域的强强联合。例如，江南运河段中分布有许多水乡

古镇，其文化和价值有着许多内在联系和共同点，因此，应加强同类古镇间的联动，共塑运河古镇文旅品牌。

（二）优化共生模式生成路径：提升基础设施和配套服务水平，推动协同机制创新与完善

根据共生理论，“一体化对称性互惠共生模式”是共生的理想目标类型，代表着系统动态进化的方向和趋势。在这种模式中，共生单元间的信息交流和要素互动十分密切。因此，要推动大运河文化带文化和旅游融合发展模式的进化，关键就在于打通共生界面，减少共生阻碍作用，使得共生单元间的信息和能量得以畅通传导。一方面，要优化有形共生界面，提升文化和旅游基础设施建设与配套服务水平。加强沿线旅游公路与航道建设，建设“水铁联运”“水陆联运”的交通联运系统；同时协同推进大运河沿线城乡文化和旅游公共服务体系建设，统筹公共服务设施建设、运营和管理，提高共建共享水平。另一方面，要进一步优化无形共生界面，形成涵盖行政推动机制、市场运作机制、监督反馈机制在内的协同发展和能量传导系统，有效地协调和规范系统内部的功能与运作方式。其中，行政推动机制是关键环节，要发挥政府的引导与纽带作用，统筹协调好各地区行政管理部门、事业单位部门、企业以及非营利组织间的关系。

（三）推动共生环境优化：强化政策创新和人才支撑，优化市场和法制发展环境

共生环境具有正反两面性，只有正向环境才能激励共生模式由低级向高级进化。因此，应当采取有力措施优化大运河文化带文化和旅游融合发展的共生环境。具体而言，其一，要推动政策创新。融合发展的过程实际

上也是一个自觉地、主动地开展相关政策创新的过程。[①]沿线区域既要用足、用好当前已有的国家和地方层面的相关政策，也要推动政策创新，尤其是要完善文旅融合资金支持政策，通过设立大运河文化和旅游融合发展基金等方式，优化文旅项目建设的资金筹措环境。其二，要强化人才支撑。一方面要推动沿线城市文化和旅游人才引进和培育合作机制，重点引进一批具有较高文化素养、懂经营会管理的文化和旅游领军型人才；另一方面要依托专业院校、社会组织、市场企业等机构，搭建志愿者服务平台，吸引社会力量广泛参与。其三，要优化市场和法制发展环境。加快行业信用体系建设，积极创新监管方式，加强事中事后监管，强化信用约束和联合惩戒，规范文化和旅游市场秩序；推动《大运河保护条例》出台，完善文化和旅游领域的相关法律法规；探索跨沿线省份联合执法模式，推进文化和旅游市场跨区域联合执法，不断塑造正向的共生环境。

（四）拓展共生领域与网络：推动文旅与其他领域互促提质、与国家战略对接和国际交流互鉴

任何一个共生系统都是异质性和多样性的统一体，存在普遍的异质共生现象。异质共生即异类共生单元之间的共生，由于大运河文化和旅游融合所涉及的共生单元范围广、层次多，此处主要立足宏观视角，将异质共生界定为大运河文化和旅游与其他产业领域的融合共生。而所谓拓展共生网络，即强调与国家战略的对接、与国际单元的深度合作。因此，在具体路径上，主要应从三个方面着力：一是积极推动文化和旅游与地方特色产

① 参见贾凌民、胡象明、解亚红《政府职能现代化视角下当前政策创新的重点及建议》,《中国行政管理》2014 年第 3 期。

业、城镇建设、休闲农业、传统工业、体育健身等业态融合，不断拓展融合发展的范围边界，发挥文化旅游对区域产业和经济的引领带动作用；二是积极对接京津冀协同发展、长江经济带建设、雄安新区建设等国家重大战略，做好规划衔接，探索区域间的文化和旅游业合作，实现互惠共赢；三是积极扩大开放格局，加强与国际城市、跨国企业以及联合国教科文组织、世界银行等主体在文化和旅游发展领域的合作，争取资源、资金、技术的援助，推动国内外高等院校、研究机构间的交流，不断拓展和深化共生网络。

六、结语

融合发展是文化和旅游相互渗透的客观趋势。共生理论建构了以共生单元、共生模式、共生环境为基本要素的共生系统理论架构，不仅有助于深化我们对文化和旅游融合关系及其发展规律的认知，也能为推动文化和旅游融合发展提供一定的方法论指导。以上研究表明，在厘清共生单元层次的基础上，分类优化大运河文化带文化和旅游融合发展的界面和环境，逐步构建出一体化互惠共生的发展模式，有利于加快文化和旅游融合发展步伐，加快实现将大运河打造为“璀璨文化带”和“缤纷旅游带”的目标，使其成为宣传中国形象、展示中华文明、彰显文化自信的亮丽名片。

［原载《同济大学学报（社会科学版）》2020 年第 1 期］

创意旅游与集群型古村落再生：模式与路径研究

赵海荣　于　静　周世菊

一、引言

传统古村落蕴藏着丰富的历史信息和文化景观，是中国文化遗产的重要组成部分，具有极高的游览价值，是乡村振兴中首要关注和研究的对象。从全国范围来看，传统古村落分布具有一定的聚集特征，如山西的黄河流域和汾河流域、长城沿线、太湖流域的古村落群等。这些古村落由于地理位置相近，历史文脉发展相似，村落的自然环境、选址布局、经济发展、生活习俗、文化传承等都具有相似性，并且相互影响，产生紧密的内在联系从而构成了传统村落集群。① 在旅游开发过程中，古村落群作为旅游目的地极易产生市场竞争、千村一面等问题。目前关于古村落群的代表

① 参见段友文、王禾奕《论古村落传统文化资源与创意产业的深度融合——以山西省万荣县阎景村为例》,《山西大学学报（哲学社会科学版）》2014 年第 37 卷第 1 期。

性研究有：古村落群景观保护[①]、空间分析[②]、景观演化和重构研究[③]；旅游相关研究，包括体验旅游 ALEPH 模式[④]、旅游深度开发[⑤]、差异性开发与竞合分析[⑥]、村民旅游感知和态度[⑦]等研究；从经济学角度的研究，有古村落群旅游开发相关者利益冲突[⑧]等研究。综上，对古村落群的旅游利用研究仍停留在旅游的产品设计和开发模式上，对深层次的开发路径缺少研究，古村落群创意旅游研究处于空白状态。

古村落群旅游研究不只是从地理学、景观生态学的视角展开，而是呈现多学科交叉性研究的特点。本研究结合创意旅游理念、集群共生理论、生态学保护理论提出古村落群创意旅游的开发路径和开发模式。重点解决：资源良好型古村落与资源一般型古村落之间关系处理的特殊问题；古村落旅游产品体验单一，与游客期望不符、与市场脱轨的一般问题；古村落旅游扶贫的经济问题，包括农民增收、农业发展、农村稳定的问题。

---

① 参见张玉柱《苏州古村落群吴文化保护与利用研究》，硕士学位论文，苏州科技学院，2014 年。

② 参见方磊《湖南洪江市古村落群空间分析与开发对策》，《地域研究与开发》2014 年第 2 期。

③ 参见黄盛、王伟武《基于结构主义的徽州古村落演化与重构研究——以西溪南古村落为例》，《建筑学报》2009 年第 S1 期。

④ 参见王华、孙根年、龙茂兴《体验视角下的古村落群旅游开发研究——以酉水河流域湖南段的土家村落群为例》，《贵州民族研究》2016 年第 4 期。

⑤ 参见周永广、吴文静《皖南古村落群旅游深度开发研究——以黄山乡村旅游国家示范区为例》，《经济地理》2009 年第 10 期。

⑥ 参见朱桃杏、陆林《徽州古村落群旅游差异性开发的竞合分析》，《人文地理》2006 年第 6 期。

⑦ 参见刘美燕《社区居民旅游影响感知和态度研究——以婺源古村落群为例》，硕士学位论文，江西师范大学，2017 年。

⑧ 参见许瑞莹《基于博弈论的乡村旅游开发中相关者利益冲突的实证研究——以桐庐县深澳古村落群为例》，硕士学位论文，浙江财经大学，2018 年。

二、创意旅游及集群型古村落旅游开发模式

（一）创意旅游特征内涵分析

“搞乡村振兴，不是说都大拆大建，而是要把这些别具风格的传统村落改造好。”[①] 习近平总书记为乡村振兴指明了方向。将创意理念引入古村落群旅游发展，不仅可以避免复建假古董、千村一面的现象，还可以解决无强劲旅游吸引物所引起的市场竞争力弱、产品升级换代慢等多种问题。通过对国内外代表性创意旅游的内涵与外延进行解读，发现创意旅游的核心特征依次为活动参与（互动）、自我发展、学习体验、文化性、创意（创新）性和技术（见表 1）。

表 1　创意旅游内涵分析

内涵来源	自我发展	学习体验	活动参与（互动）	技术	创意（创新）性	文化性
Richard，Raymond（2000）[②]	●	●	●			
UNESCO（2006）[③]		●	●			●
Richard，Wilson（2006）[④]	●	●	●			

---

① 《习近平：把传统村落改造好》，新华社，2019 年 9 月 17 日。

② Richard G. and Raymond C.，“Creative tourism”，*Atlas News*，No.23，2000，pp.16–20.

③ UNESCO，“Towards Sustainable Strategies for Creative Tourism”，*Discussion Report of the Planning Meeting for 2008*，International Conference on Creative Tourism Santa Fe，New Mexico，USA，2006，pp.1–7.

④ Richard G. and Wilson J.，“Developing Creative in Tourist Experiences：A solution to the Serial Reproduction of Culture”，*Tourism Management*，Vol.27，No.6，2006，pp.1209–1223.

（续表）

内涵来源	自我发展	学习体验	活动参与（互动）	技术	创意（创新）性	文化性
赵玉宗等（2010）⑤	●	●	●			●
周钧、冯学钢（2008）⑥		●			●	●
原勃、白凯（2008）⑦	●	●	●		●	
王桂霞（2012）⑧			●			●
张胜男（2016）⑨	●		●		●	●
汪德根、钱佳（2014）⑩	●		●	●	●	●
潘海颖、张莉莉（2019）⑪	●	●	●	●	●	

（二）集群型古村落创意旅游开发模式

传统的古村落旅游的发展初级阶段大部分是农户自发参与的，政府虽然进行规范和引导，但无法形成具有吸引力的旅游产品，因此，地方政府应从更高层次进行战略部署、整合设计。

古村落群从空间上呈现三种类型分布⑫：线状排列式，如沿河、沿道

⑤ 赵玉宗等：《创意转向与创意旅游》，《旅游学刊》2010 年第 3 期。

⑥ 周钧、冯学钢：《创意旅游及其特征研究》，《桂林旅游高等专科学校学报》2008 年第 19 卷第 3 期。

⑦ 原勃、白凯：《创意旅游理论及实践》，《城市问题》2008 年第 11 期。

⑧ 王桂霞：《创意农业旅游内涵及相关概念辨析》，《上海农业学报》2012 年第 1 期。

⑨ 张胜男：《创意旅游发展模式与运行机制研究》，《财经问题研究》2016 年第 2 期。

⑩ 汪德根、钱佳：《“创意旅游”时代的旅游规划体系创新思考》，《旅游学刊》2014 年第 5 期。

⑪ 潘海颖、张莉莉：《创意旅游之内涵特征、构建图谱与发展前瞻》，《旅游学刊》2019 年第 5 期。

⑫ 参见孙军涛等《山西省传统村落空间分布格局及影响因素研究》，《人文地理》2017 年第 3 期；曹象明《山西省明长城沿线军事堡寨的演化及其保护与利用模式》，博士学位论文，西安建筑科技大学，2014 年。

路古村落群；区域聚集式，如沿盆地、沿河谷古村落群；线状与区域混合式，如沿长城古堡古村落群。大多数集群型古村落在乡村振兴、旅游开发中存在各行其是、缺乏统一规划与合作、缺乏优势互补的问题，研究认为对集群型古村落的探讨，应采用集群共生理论中的对称互惠共生一体化关系理论（对称互惠共生下一体化共生模式是共生组织程度不断提高的共生化作用逐步增强的最终结果）[①]，只有古村落与古村落联合起来进行一体化发展，才能做到选准主题、一村一特色、一村一主题、一村一卖点，避免因产品同质化而造成的恶性竞争。结合一体化共生模式，借鉴景观生态学中的板块、廊道和基质的遗产廊道保护理念，本研究从空间维度构建集群型古村落区域（廊道）—节点—要素规划模式。

厉无畏等提出世博主题链、节庆主题链、活动主题链等思想[②]，创意旅游与主题旅游的融合路径必然围绕某一特定文化要素群展开[③]。张新生认为没有强劲旅游资源的地区，可以在旅游概念上进行创新，以一种无中生有的方式创造旅游主体与产品。[④]结合旅游资源与产品开发的经典模式，本研究提出古村落创意旅游可围绕区域（廊道）—节点—要素进行开发，从宏观、中观、微观层面提升整个区域廊道古村落旅游竞争力、助推古村落的乡村扶贫和振兴，如图 1 所示。

---

① 参见饶品样《共生理论视角下的旅游产业集群形成与演进研究》，博士学位论文，西北大学，2010 年。

② 参见厉无畏、王慧敏、孙洁《论创意旅游——兼谈上海都市旅游的创新发展思路》，《经济管理》2008 年第 1 期。

③ 参见宋河有《创意旅游与主题旅游的融合：动因与实现路径——以草原旅游目的地马文化主题创意旅游开发为例》，《地理与地理信息科学》2018 年第 5 期。

④ 参见张新生《旅游推动城镇化建设的典型模式与问题研究》，《四川师范大学学报（社会科学版）》2016 年第 1 期。

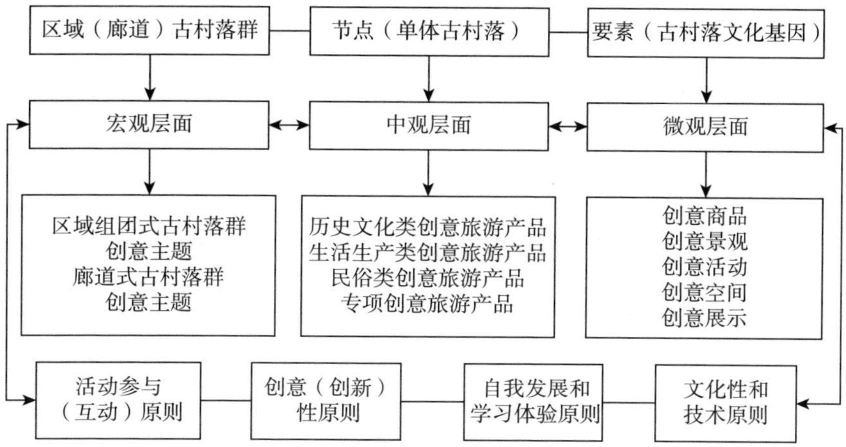

图 1　集群型古村落开发模式

1. 宏观层面创意旅游开发

古村落群整体呈现线性廊道式分布的，可以采用廊道式一体化共生模式；区域内呈现出空间集聚组团式分布的，可以采用组团式一体化共生模式；混合型的可以同时采用组团式共生和廊道式共生模式。根据集群共生理论的共生单元选择条件[①]（即古村落群共生单元空间联系较为紧密、古村落群共生单元旅游资源条件利于共生、古村落群共生单元规模适中）选择共生村落、共生景点。在所有的节点（个体古村落）中存在一个或若干优势个体，确定增长极核（重要古村落）统领全局，带动其他次一级节点（次级古村落）的发展。

创意旅游主题设计一定是特立独行的，具有排他性、代表地方特色的特征，它赋予旅游景区、目的地独特的性格特点。旅游主题可以基于古村落资源自主设计，如杏花小镇、宣纸小镇；可以是自创主题设计，如山西

① 参见袁纯清《共生理论——兼论小型经济》，经济科学出版社 1998 年版，第 23—25 页。

许村的艺术家社区、日本的丰田白川乡自然学校；可以是聚合主题设计，如乌村乡村主题亲子乐园等。赋予主题故事资源，将古村落故事以旅游化的手段展示在游客面前，为游客提供可感知、沉浸、体验故事的情境。

2. 中观层面创意旅游开发

节点指传统古村落群中的各个单体古村落，是区域或廊道中的基本构成元素，节点可认为是旅游活动组织、管理、交通等的中心，是创意旅游开发的中观层面。无论是中观层面还是微观层面，创意旅游开发资源基础都依赖于对古村落群遗产旅游资源的提取。综合考虑古村落群文化的复杂性，将文化基因的概念引入到古村落文化谱系解构中。古村落文化基因是一个古村落文化生态区别于其他文化生态系统所特有的因素[①]，文化基因是由生物学中的基因衍生而来，是用来研究文化传播和进化的一种新思维模式，是人类文化系统的遗产密码，靠人的外力作用加以传承[②]，大致包括居住因子、环境因子、布局形态、图腾标志、生产文化因子、商业文化因子、民俗文化因子、标志性建筑因子[③]等。文化遗产创意旅游产品的开发与设计也越来越注重对旅游者参与的内容与环节的设计。英美国家用一种崭新的创意旅游描述符号"参与式体验旅行"（PET）重新构建并丰富了文化遗产创意旅游的内涵。[④]

---

① 参见侯爱萍、陈新勇《基于基因信息图谱的传统聚落景观研究——以新疆吐鲁番麻扎村维吾尔族聚落为例》，《新疆大学学报（自然科学版）》2016 年第 2 期。

② 参见［英］苏珊 · 布莱克摩尔《谜米机器：文化之社会传递过程的"基因学"》，高申春、吴友军等译，吉林人民出版社 2001 年版，第 43—60 页。

③ 参见张河清、王蕾蕾《传统古村落"文化生态基因信息图谱"初探》，《可持续发展》2017 年第 3 期。

④ Tosun C.，"Limits to Community Participation in the Tourism Development Process in Developing Countries"，*Tourism Management*，Vol.21，No.6，2000，pp.613-633.

围绕古村落的文化基因和创意旅游特征，提出古村落的创意旅游产品体系，包括历史文化类创意旅游产品（创意移动情景剧），生活类创意旅游产品（原生态民宿综合体、网红类民宿综合体、特色类民宿综合体），生产类创意旅游产品（特色作坊、主题性农业节庆、创意农场），民俗类创意旅游产品（节庆演艺、创意主题餐饮、民俗文化创意体验馆），专项类创意旅游产品（艺术类创意旅游产品、体育类创意旅游产品、研学旅游产品）。

在古村落创意产品设计过程中，应通过创意途径实现原产品的升级和新产品的创造。博物馆类产品可通过数字化手段，如 3D 动画、4D 动画、虚拟仿真等让游客更加直接地观赏体验古村落文化。文化知识类创意研学产品可通过游戏化、情景化、PBL 学习方法将知识融入产品设计中。在艺术类创意产品设计中，应将艺术植入古村落景观和场景空间的打造，如绘画墙、街区雕塑小品等。历史故事情景剧类产品可利用古桥、古道、古遗址，通过灯光、舞台设计实现时空穿越，再现主题情景、历史事件、人物故事，使游客完全沉浸其中。生产类创意产品应将第一、二、三产业融合起来，在各个环节予以体现，如种植过程的艺术化、加工中的精品化、参与体验化、包装过程的品牌化，就像台湾品牌——掌声谷粒，其包装用牛皮纸搭配纸藤并配以书法，体现出生活的美学。

3. 微观层面创意旅游开发

微观层面的“承载物”是指集群型古村落旅游产品空间和场所的装饰、氛围营造、体验活动与项目的设计，包括创意活动、创意空间、创意商品、创意景观和创意场景展示。创意活动包括创意民俗、创意农事、创意民俗用品制作；创意空间包括居住空间、公共服务空间、产业空间、商业消费空间、基础设施空间、传统技艺空间；创意商品包括农产品、民俗产品；创意景观包括建筑景观、道路景观、汀步景观、亭台景观、标识景观、景观小品、景观墙面、田园景观、休憩景观、游乐景观；创意场景包括创意节庆、祭祀、习俗、集市场景。通过挖掘、提炼、升华文化基因资源要素，激活文化内生动力，将设计符号元素运用到创意空间、创意景观打造中。基于讲述故事方式，全方位、立体化地对游客视觉、听觉、味觉、触觉、运动体验等进行创意活动、创意场景项目设计，打造能深入旅游消费者内心的旅游产品。

三、集群型古村落创意旅游开发路径

（一）宏观产业发展路径

从宏观发展角度要实现旅游开发理念的创新，在旅游需求提升的前提下，通过延伸、重组、渗透三种方式，完成旅游业与文化产业的融合。古村落的创意旅游产业表现为文创产品的生产，如台湾掌声谷粒品牌；创意情景演出，如《神溪记忆》《只有峨眉山》等；节庆、会展，如越后妻有大地艺术节；影视基地的打造，如右玉威坪堡影视基地；创意餐饮产业生产，如陕西袁家村品牌、台湾翎芳宴等；民宿产业的发展，如“宿集”的民宿集群项目，其中“黄河宿集”品牌成为西夏古村落活化的切入点。

（二）微观创意融入路径

古村落群文化资源为创意旅游开发提供基础素材。从创意融入角度来讲，对历史、文化底蕴的了解和再挖掘非常重要。[①] 文化创意理念往往和

① 参见潘海颖、张莉莉《创意旅游之内涵特征、构建图谱与发展前瞻》,《旅游学刊》2019 年第 5 期。

新技术、新材料、新能源相联系，虚拟技术再现消失了的历史文化，激起感官的刺激与感觉化的消费。无论是新技术、新理念的运用，还是传统文化的现代理念传承，都需要有创意策划、创意管理能力的高素质创意人才。创意旅游除了“无中生有”旅游产品，初级创意旅游产品是创意人才在原有资源的基础上运用创意思维进行的加工与设计。同时，从对中外乡村创意旅游成功案例的分析可以得出，美术、设计、摄影等各种艺术形式，不仅重塑了传统文化，又将现代文化与传统相结合并植入到乡村空间中，使文化得以再生或传播。这些离不开创意阶层以及由创意阶层聚集而成的创意社群。创意社群是创意产业发展中形成的各种“群落”，包括企业、主题活动群落（音乐、电影、摄影、动漫等），如景德镇乐天陶社被冠以“创意聚集”的标签，成为网红打卡旅游地。经济学家佛罗里达提出了创意阶层这一概念[①]，它是创意经济时代催生的产物，包括具有特别创造力的阶层（如大学教授、诗人、艺术家等）和创造性的专门职业人员（如高科技人才等）。佛罗里达认为创意阶层独特的生活方式以及价值取向左右着原住民社区的发展方向，如四川浦江的明月村、台湾竹山县等。无论是创意阶层还是创意社群，他们的创意成果、创意过程，甚至他们的创意生活，构成了旅游目的地的创意旅游产品体系，为体验者创造了更丰富的产品组合集群。除此之外，还有创意旅游运营团队，如“借宿”民宿品牌运营团队，团队专业运作不仅对古村落旅游产生外力推动，而且能激活其内在动力，推动内生式旅游发展，如由奇村文创团队运营的河南大南坡古村落等。原住民是古村落文化基因的活载体，是民俗文化传承的中坚力量，创意

---

① 参见［美］理查德·佛罗里达《创意阶层的崛起》，司徒爱勤译，中信出版社 2010 年版，第 80 页。

阶层、创意社群联合原住民一起创造的创意社区成为创意产业发展的关键力量。要实现古村落的社会转型、经济发展，必须培育和扶持各类创意社群和创意阶层，并为其生存和发展保驾护航。因此，集群型古村落创意旅游开发路径还包括资源整合、技术融合、创意人才培养、政策保障、原住民参与、创意阶层培育、艺术植入、创意社群、创意旅游运营团队引入。综上，集群型古村落的创意旅游发展路径如图 2 所示。

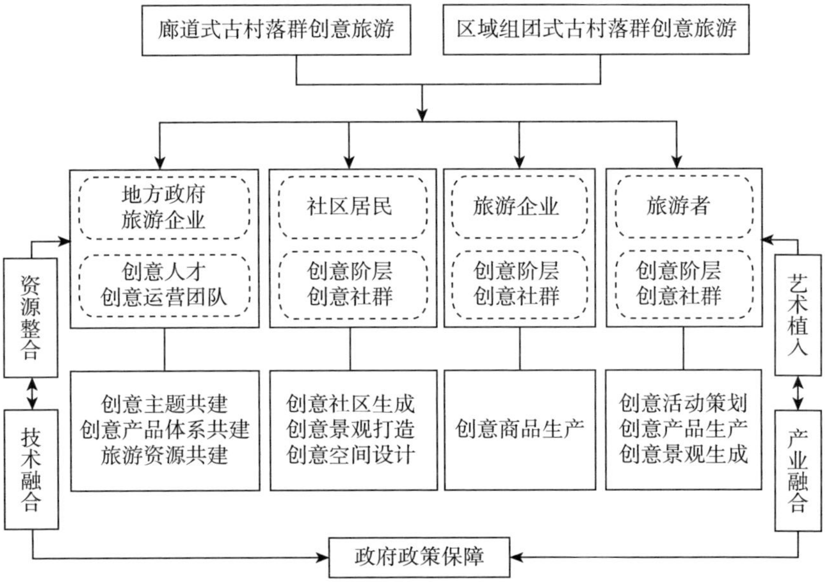

图 2　古村落群的创意旅游发展路径

四、小结

集群型古村落群旅游的利用直接关系到传统文化的保护、传承和“三农”问题的解决。创意理念为古村落群旅游产品开发注入活力。未来的研究方向，应从微观角度研究共生单元中原住民、创意阶层、创意社群、地方政府、旅游企业、旅游者之间的共生关系，以及原住民与创意阶层、社群所创造的新型创意社区在整体创意旅游产业中如何发挥作用、如何影响古村落群传统文化的变迁。

（原载《经济问题》2020 年第 9 期）

社区型文化遗产地的旅游空间生产与形态转向

——基于惠山古镇案例的分析

郭　文

随着改革开放步伐的推进和社会主义市场经济的深入，中国江南地区的社区型文化古镇旅游进入了快速发展阶段。2000—2018 年，本研究案例地惠山古镇在通过一系列前期探测、论证和开发后，逐步形成了以“政府主导”为特色的旅游经济开发模式，古镇原住民全部迁出古镇社区。伴随空间形态的转变，古镇借用传统文化使空间商品化，古镇生活空间置换和空间被开发、设计、使用和生产的实践过程[①]也是夹杂着复杂的社会空间生产、意义和价值体系解构以及新的空间地方性形成的过程。面对古镇旅游开发带来的诸多新现象和新问题，极有必要从一个合理的新视角切入，重新审视和优化古镇旅游开发的空间转向问题。

在理论研究中，通过中国学术期刊全文数据库和 Web of Science 引文数据库，对“社区型古镇”“空间生产”等相关研究进行搜集、鉴别和整

① 参见郭文《旅游空间生产：理论探索与古镇实践》，科学出版社 2015 年版，第 27—31 页。

理，发现国外对古镇方面的传统研究，侧重于建筑保护[①]和文化形态[②]等领域。国内倾向于物理空间形态[③]、规划开发[④]、感知与形态[⑤]、游客重游意愿[⑥]、文化保护[⑦]等方面。在古镇社会空间和遗产开发方面，国外学者较早总结了旅游发展及主客体相互作用对社会文化的影响[⑧]，认为只有充分考虑旅游地传统文化和历史发展过程中的各种社会关系，才能更好地推进文化经济的运作[⑨]。在遗产旅游发展策略研究中，参与性融入地方发展[⑩]、协

---

① Cochrane J.，“Tourism，Partnership and a Bunch of Old Fossils：Management for Tourism at the Jurassic Coast World Heritage Site”，*Journal of Heritage Tourism*，Vol.2，No.3，2008，pp.156–167.

② Brunt P.and Courtney P.，“Host Perceptions of Sociocultural Impacts”，*Annals of Tourism Research*，Vol.26，No.3，1999，pp.493–515.

③ 参见李建伟等《历史古镇空间格局的解读与再生—— 以华阳古镇为例》，《人文地理》2008 年第 1 期；刘俊、袁红《1998—2009 年重庆市磁器口古镇旅游用地空间结构演变》，《地理科学进展》2010 年第 6 期。

④ 参见马秋穗《符号想像与表征：消费理论视阈下的古镇景观生产》，《社会科学家》2010 年第 10 期；孙艺惠、陈田、张萌《乡村景观遗产地保护性旅游开发模式研究——以浙江龙门古镇为例》，《地理科学》2009 年第 6 期。

⑤ 参见朱桃杏、陆林、李占平《传统村镇旅游发展比较——以徽州古村落群与江南六大古镇为例》，《经济地理》2007 年第 5 期；刘炳献、潘夏宁、周永博《旅游地居民对旅游影响的感知—— 广西扬美古镇的个案研究》，《社会科学家》2005 年第 4 期；唐小飞等《中国传统古村镇品牌个性特征对游客重游意愿的影响研究—— 以束河古镇、周庄古镇、阆中古镇和平遥古镇为例》，《旅游学刊》2011 年第 9 期。

⑥ 参见唐小飞等《中国传统古村镇品牌个性特征对游客重游意愿的影响研究—— 以束河古镇、周庄古镇、阆中古镇和平遥古镇为例》，《旅游学刊》2011 年第 9 期。

⑦ 参见刘婷等《古镇非物质文化遗产的搜救保护与活力复兴—— 以山西大阳古镇为例》，《人文地理》2009 年第 3 期。

⑧ Brunt P. and Courtney P.，“Host Perceptions of Sociocultural Impacts”，*Annals of Tourism Research*，Vol.26，No.3，1999，pp.493–515.

⑨ Kneafsey M.，“Rural Cultural Economy：Tourism and Social Relations”，*Annals of Tourism Research*，Vol.28，No.3，2001，pp.762–783.

⑩ Gursoy D.，Jurowski C.and Uysal M.，“Resident Attitudes：A Structural Modeling Approach”，*Annals of Tourism Research*，Vol.29，No.1，2002，pp.79–105.

同管理等被认为是良性发展的重要途径[①]。还有研究表明，在旅游文化商业化对传统文化的影响背景下[②]，旅游发展带来的损益度影响着原住民对旅游发展的支持度[③]，而理解文化遗产旅游社区的历史和结构有助于更好地理解如何参与社区旅游发展[④]。近年来，国内少部分文献结合古镇对社会空间问题进行了探索。例如，文化身份脆弱性的社会建构和旅游影响空间分异得到部分学者关注[⑤]。旅游规划空间生产的本土化[⑥]、新空间转型、空间生产的理论构建[⑦]，以及基于空间生产视角的民族文化旅游理性开发[⑧]也得到了部分重视。但是，无论国内还是国外，对古镇作为文化遗产旅游地的空间实践引发的社会空间问题，还缺少生产内涵挖掘、机制诠释和空间反思等必要的学术跟进，这在一定程度上降低了把古镇空间本身作为一个重要对象进行分析的尝试，也阻碍了对古镇空间生产和形态变迁的深刻认知。

---

① Cochrane J.，“Tourism，Partnership and a Bunch of Old Fossils：Management for Tourism at the Jurassic Coast World Heritage Site”，*Journal of Heritage Tourism*，Vol.2，No.3，2008，pp.156-167.

② Median L. K.，“Commoditizing Culture：Tourism and Maya Identity”，*Annals of Tourism Research*，Vol.30，No.2，2003，pp.353-368.

③ Gursoy D.，Jurowski C. and Uysal M.，“Resident Attitudes：A Structural Modeling Approach”，*Annals of Tourism Research*，Vol.29，No.1，2002，pp.79-105.

④ Horn C. and Simmons D.，“Community Adaptation to Tourism：Comparisons Between Rotorua and Kaikoura，New Zealand”，*Tourism Management*，Vol.23，No.2，2002，pp.133-143.

⑤ 参见姜辽、苏勤《古镇文化身份脆弱性的社会建构及其意义——多元话语分析模式的尝试》，《地理科学》2014 年第 7 期；李东和等《基于旅游地居民感知和态度的旅游影响空间分异研究——以安徽省三河镇为例》，《地理科学》2007 年第 4 期。

⑥ 参见李琮《政治经济学视角下的旅游空间生产——消费模式》，《湖北经济学院学报（人文社会科学版）》2009 年第 1 期。

⑦ 参见郭文、王丽、黄震方《旅游空间生产及社区居民体验研究——江南水乡周庄古镇案例》，《旅游学刊》2012 年第 4 期。

⑧ 参见桂榕、吕宛青《民族文化旅游空间生产刍论》，《人文地理》2013 年第 3 期。

作为特殊类型的文化遗产旅游地，惠山古镇既是社区原住民的生活区，又是旅游开发的具体实践区。面对古镇旅游空间实践与特色消亡和文化重构现象，未来古镇旅游的理性与可持续发展需要深入思考并回答下列问题。其一，惠山古镇传统空间的地方性有何特征？对“地方”的营造意义何在？其二，旅游介入下，哪些因素推动了古镇的空间生产？其机理又是什么？ 其三，新时代背景下，惠山古镇空间生产给我们带来什么启发和反思？从空间视角切入，对惠山古镇旅游空间多维生产状况进行剖析，在理论上将学界传统对古镇“空间中的研究”拓展为“空间本身的研究”，丰富和拓展古镇空间生产理论；在实践上，可为改革开放后我国类似社区型文化遗产地的地方性重塑、合理保护利用及化解现有空间矛盾提供有益探索和借鉴。

一、案例地概况、调研过程及概念界定

（一）案例地及调研过程

惠山古镇地处江苏省无锡市，是国家级重点文物保护单位和世界文化遗产预备名单。惠山古镇最具价值的是汇集了自唐代至民国时期 80 个姓氏和 180 个历史名人，以及 118 处历代祠堂建筑和重要文化遗迹。祠堂文化、孝文化、泥人文化、农耕文化是其引起外界关注和文化旅游资本化的重要介质。在大规模旅游开发前，惠山古镇是聚集上百户原住民的传统社区，社区关系以血缘、文化和地缘特征结成联系纽带。20 世纪 90 年代以来，惠山古镇旅游产业逐步介入，21 世纪后旅游经济加速发展，古镇空间因此经历了从相对“封闭空间”“流动空间”再到“社会空间”的多维

形态转向。

针对本次惠山古镇社会空间生产和形态转向，笔者进行了为期7个月的案例地调研。第一次为2017年4月，主要为观察、记录、收集信息；第二次在2018年2—6月，地点为惠山古镇横街、直街和原住民搬迁区。

2017年4月和2018年2月，主要任务是通过访谈和话语分析，了解古镇开发模式和外迁原住民生活生产变化，分析古镇物理、文化空间变迁情况。在相关访谈中，首先选择古镇原住民，在轻松、平等的气氛中进行访谈。其中，18位属于“探索性/饱和”人员（20分钟/人），22位作为“验证性/认同”人员（18分钟/人），访谈后进行编码，再根据访谈文本出现认同概率低于平均概率的临界点，进行二次编码，以此确立“编码本”，建立正式分析的“文本库”。在此基础上，寻找码号类型和码号之间的联系，对浓缩后具有意义分布和相互关系的资料进行研究，再依据“类属分析”和“情境分析”法抽取信息。最后正式采用的访谈编号规则如下：FT—访谈资料；01—被访谈者序号；A/B/C—访谈次数，两者之间的大写字母表示被访谈者代号。如“FT01-MTR-A”表示该资料来自第一位访谈者MTR的第一次访谈记录。

第三次在2018年7月，对前期获得的第一手资料进行补充调研。第四次在2018年10月，对古镇地方性特征和空间生产再次进行调研。

（二）相关概念界定

“社区”最初由德国社会学家斐迪南·滕尼斯提出。[①] 在滕尼斯那里，

---

① 参见斐迪南·滕尼斯《共同体与社会：纯粹社会学的基本概念》，林荣远译，北京大学出版社2010年版，第48—76页。

社区是以熟悉、同情、信任、相互依赖和社会黏着为特征的社会共同体组织，成员之间属于“关系的组合”，具有强烈的“我们感”。本研究中，“社区型”提法主要是凸显案例地的“社区性质”，指聚集在一定的时空范围内，成员之间具有共同归属感和结合感的社会生活共同体。20 世纪 20 年代后，人们对遗产内涵的理解经历了从“特殊的”遗产走向“一般的”遗产的过程，含义与“继承”相连，意指“从祖先那里继承下来的东西”。“文化遗产地”则强调“从祖先那里继承的具有文化遗产性质的案例地”。因此，从纵向角度分析，本研究提出的“社区型文化遗产地”概念具有“历时发展性”，强调“空间形态”，侧重因原住民聚集而生成古镇聚落并形成古镇共同体空间形态的过程；从横向角度分析，强调古镇“空间形态的类型”，主要用来指区别于现代一些因资本利润驱动或因其他目的构造而形成的主题公园型古镇社区。

二、空间研究的社会性浮现及空间生产内涵

20 世纪之前被普遍认为是空间观念相对湮没的历史时期。[①]20 世纪后半叶，空间转向思潮兴起，主旨是更加突出空间的社会属性。受后现代主义思潮影响，后现代地理学认为社会存在、社会关系的空间形态与特定社会价值、社会符号和社会意义相对应，许多被压制、排斥的地理空间景观成为人们竞相谈论的话题。21 世纪以来，地理学社会空间观得到了比以往

---

① 参见 Hartshorne R.，“The Concept of Geography as a Science of Space，from Kant and Humboldt to Hettner”，*Annals of the Association of American Geographers*，Vol.48，No.2，1958，pp.97–108；[美] 理查德 · 哈特向《地理学性质的透视》，黎樵译，商务印书馆 1963 年版，第 16 页；冯雷《理解空间：现代空间观念的批判与重构》，中央编译出版社 2008 年版，第 29—33 页。

任何时期更高的重视，空间的社会性也由此成为广泛关注的焦点。

在这场“空间转向”中，列斐伏尔认为社会生产无处不在，空间是带有意图和目的、被策略性和政治性地生产出来的。之后，研究者对空间的生产机理进行了各种解析。哈维等直接将资本主义经济发展和空间改造联系起来，认为新自由主义致使地理不均衡造成资本累积出现社会问题。①福柯提出空间会创造出独特个体或新的主体类型，权力在其中起了很大作用。②苏贾认为是政治权力和意识形态对空间生产产生了影响，资本在此背景下会将空间当作社会生产力运行的材料，消费和控制的商品。③在具体逻辑上，哈维的“资本积累三回路之间结构性关系”是最具有解释性的工具④，即资本投资于一般生产资料和消费资料的初级循环，投资于建成环境的第二级循环和投资于科教和社会领域的第三级循环。三次循环实质上论述了空间社会性矛盾的出现其实是因为空间的“使用价值”让位于“交换价值”的结果。

在空间生产效应方面，资本空间化把一切要素纳入其生产运作体系，促进了生产力的极大发展；从生产关系的角度看，空间的资本化必然促使

---

① Harvey D., *The Limits to Capital*, Oxford: Blackwell, 1982, pp.1–39; Harvey D., *A Brief History of Neoliberalism*, London: Oxford Press, 2005, pp.120–151; Smith N., *Uneven Development: Nature, Capital and the Production of Space*, Oxford: Blackwell, 1984, p.90; Brenner N.and Theodore N., “Cities and the Geographies of ‘Actually Existing Neoliberalism’ ”, *Antipode*, Vol.3, No.34, 2001, pp.349–379.

② 参见汪民安《身体、空间与后现代性》，江苏人民出版社 2006 年版，第 104 页。

③ 参见［美］爱德华 · W. 苏贾《后现代地理学——重申批判社会理论中的空间》，王文斌译，商务印书馆 2004 年版，第 56 页；Luxemburg, *The Accumulation of Capital Theory*, Shanghai: SDX Joint Publishing Company, 1959, pp.364–365.

④ 参见郭文《“空间的生产”内涵、逻辑体系及对中国新型城镇化实践的思考》，《经济地理》2014 年第 6 期。

空间产生广泛的社会交往，进而造就日益丰富的社会关系。此外，资本的狭隘性也会导致空间生产异化。资本过度生产背离人的需求，以致日常生活出现“去生活化”景象。这正是列斐伏尔三元理论中“空间再现”的一个侧面，也契合了苏贾“第三空间”概念的内涵。

通过上述分析可知，空间化既不同于传统物理空间，也不是静态的社会结构，而是以从物质生产到社会关系生产为核心的一个基本视野。在对“空间的生产”机理及影响因素研究方面，可以将上述零零碎碎的论述概括如下，即资本、权力和阶层等政治、经济社会要素对具体空间的塑造过程，并形成空间的社会化结构和社会的空间性关系过程。

三、旅游与惠山古镇的空间生产

（一）惠山古镇的原生空间形态

在历史上，惠山古镇由于受自然环境、政治、经济、文化等要素制约，物质空间布局是一个集集体活动、邻里互动和特殊合作于一体的共同生活体。从小尺度来讲，古镇生活空间基于社区型物理空间建构，原住民和商店作坊比邻而建，依靠历史积淀和人文传承的街道和河流构成古镇空间基本脉络，以古镇原住民行为活动为主线的“私人空间—灰空间—公共空间”层次递进格局，属于最易识别且最具生存性的空间形态。

传统物理空间造就了古镇文化空间性质的自然生产。例如，无论在古镇建筑，还是民俗节庆方面，“宗法礼制”“天人合一”“修生克己”和“环境生态观”的表征，都凸显了文化空间的特质以及对人际关系的规制；在古镇原生空间自组织体系下，由传统文化主体组成的古镇精神空间形成了自洽性的空间关系。

> 传统古镇属于宗族聚落，无论在居住形态、景观特点还是文化构成方面，都有着丰富的特性和内涵。这些可以从宗祠的文化空间看出来，不同层面的文化思想具有内在循环性。
>
> ——FT01–MTR–A（男，社区文化精英）

可以看出，对社区精英 MTR 的访谈证实了古镇文化空间具有自洽性。相对于物理和文化空间，惠山古镇的社会空间属于特定地域中由原住民生活连接而成的社会经济空间网络。从经济活动域来讲，虽然无锡自古就是全国重要的“米市”和“布码头”，但传统古镇内部的主要社会经济活动，仍然是以小农为主体的高度分散的自然经济，顺应自然的小农经济致使古镇经济活动空间的地域性相对明显。从社会活动域来讲，原住民日常生活中基本强调以族群及宗族孝悌关系为本，追求人与环境、人与人之间和睦相处，古镇社会结合的纽带、方式及其功能，以地缘或血缘为主，社会经济活动对外关系交往总体有限。直到 20 世纪 80 年代，惠山古镇原住民依然将惠山泥人和紫砂茶壶收入作为重要经济来源之一，这些社会经济活动也与惠山祠堂、地方文化等高度融合在一起。

> 传统经济生活主要有渔业、惠山泥人和紫砂壶纪念品出售等，基本上是以家庭为单位进行生产。原住民日常生活交往很注重传统文化（的遗存），对外交往不如现在（旅游开发后）多。
>
> ——FT07–KUY–B（男，古镇原住民）

总体来看，历史视域中惠山古镇空间形态的地域性根植于地方物质空间和文化空间。传统古镇空间是适合自身内在运作逻辑的内在性结构形态，表现为物质空间的自然性、文化空间的自洽性和社会空间的地域性。

（二）旅游背景下惠山古镇的空间生产

1. 基于地方性的空间凝视

英国学者厄里（Urry J.）提出的“旅游凝视”理论为我们提供了揭示空间被重构的切入点，该理论本质上是现代性背景下一种重要的“发现形式”和权力关系。[①]2000 年以来，惠山古镇作为一种“被观看的方式”，主要表现为古镇爱好者通过照片和摄影等将其空间有形化（摄影表达、图片展示等），进行绘画展示（如文化博览会画家对惠山空间的专业写生）、文学书刊描述（如名人诗词展），以及口耳相传（如民间对孝文化和传说的演绎）等。

> 我很早就关注惠山古镇，泥人文化和祠堂文化在全国具有代表性，这次来主要是对祠堂文化的调研，每次结束后都会在媒体向朋友分享照片和体会。
>
> ——FT09–GRT–A（女，湖北游客）
>
> 惠山古镇素材多，具有江南建筑的典型特征，也有自身文化优势，进行绘画创作，是较好的案例地。
>
> ——FT012–KYE–A（男，北京游客，画家）

---

① Urry J., *The Tourist Gaze: Leisure and Travel in Contemporary Societies*, London: SAGE Publications Ltd., 1990, pp.156–157.

以上充分说明，以地方文化为基底的旅游凝视作为一种力量，促进了惠山古镇作为旅游消费地的建构与传播，并且推动了古镇空间消费的现代性。

2. 以政府为主导模式的社区改造与资本介入

2000 年，无锡市将惠山古镇上报国家建设部，申报“全国 100 个著名古镇（历史文化街区）”称号。2004 年前，政府完成景区保护性修建工程，将整个惠山文物古迹区申报“国家级重要文物保护单位”。2006 年,《惠山古镇历史文化街区保护规划》通过。在我国城市历史文化空间逐渐成为人们的消费需求以及无锡向区域性中心城市转型发展的大背景下，地方政府意识到文化资源作为不动产的动产化运作为城市发展带来的潜在价值，充分利用古镇历史文化资源优势将是旅游带动传统文化复兴并推动城市内涵发展的新路径之一。

> 传统文化保护不是静态保护，要走入现代生活中。传统文化需要时尚符号来传承，如各类博物馆、遗址等，都可以成为地方发展和推动现代城市建设的核心资源。
>
> ——FT016-DTY-C（男，古镇管理工作人员）

2000—2018 年，在“政府主导”开发模式下，惠山古镇空间生产利用土地级差原理重新配置空间用地，向原住民征地并集中安置，再进行补偿分配的方式，完成了古镇社区的空间置换，实现了旧空间的再生和新空间的生产，这一阶段是古镇旧空间开始出现实质分化的阶段。改造后的古镇主要以政府招租形式进行旅游商业活动，旅游成为获取经济利益的空间生产和商品化过程。古镇社区在形态上变为以旅游为主体的市场经济交易场所，空间功能由以往以生活为主转变为以“经济增值”为目的的商品活动。

3. 资本与异质文化对新空间的跟进

从2006年开始，地方政府不断加快对古镇社区空间的改造。近几年，惠山古镇同质化的商业空间不断涌现，地方传统非物质文化如全国著名的泥人文化等开始出现“舞台化”倾向，地方传统物质文化也按照指定区域“集中化再现”。

> 以前很多原住民从事传统文化产品的制作和销售，泥人文化内涵都是经过精心设计的，原住民是文化的传承人；现在都集中统一生产，个体传承看不见了。
>
> ——FT05-HIU-C（女，当地原住民）

与此同时，一种有别于传统古镇的外部异质文化逐步进入核心空间，如时尚生活馆、现代饮食坊、旅游服务企业，以旅游为主的商业文化与市井文化和城市文化有意识地杂糅共处。原有社区性文化空间中的传统物质、制度和精神文化形态，不断改变着传统古镇存在的方式；在利益驱使下，新的空间形态也在不断重塑着古镇传统空间形态。

> 从游客消费角度来说，现代性的消费空间可能更方便些，但是传统的气息看不到了，也没有地方特色了，感受不到地方性的文化。
>
> ——FT011-SWE-A（男，广州游客）
>
> 对本地人来说，旅游文化就是商业文化，变化一定会发生。我是搬迁者，搬迁后人们的交往方式和关系也在不断变化，什么都在这个不大的空间发生着。

——FT19-LOU-C（女，古镇原住民）

不难看出，新空间主导者主要是政府、商户和游客。以政府为代表的权力与以商户为代表的资本等政治、经济要素和力量的联结对惠山旅游空间进行了重新塑造。政府对旧空间的改造以古镇社区为载体，既实现了面貌的改观，又实现了经济的增长。商户是古镇空间生产的资本提供者和文化符号商品化的推动者。游客成为新空间文化符号消费的享用者。作为古镇主人的原住民成为新空间参与开发权利的主要让渡者，原先具有主体性的社区主人则变为空间的边缘者。

（三）惠山古镇旅游空间生产的机理

作为重要的社区型文化遗产地，惠山古镇从相对“封闭空间”到“流动空间”的转变，经历了“被发现”“被开发”“被挤占”和“被分化”四重作用。其中，资本、权力等政治、经济要素对空间的塑造具有决定作用。旅游凝视与“地方”被关注是惠山古镇被发现的先在力量，产业优化与文化彰显是惠山古镇被开发的转型介质，资本循环周期中的“自利性”是古镇空间被挤占的资本因素，旅游开发背后的政治力量博弈是古镇空间被分化的权力因素。（见图 1）

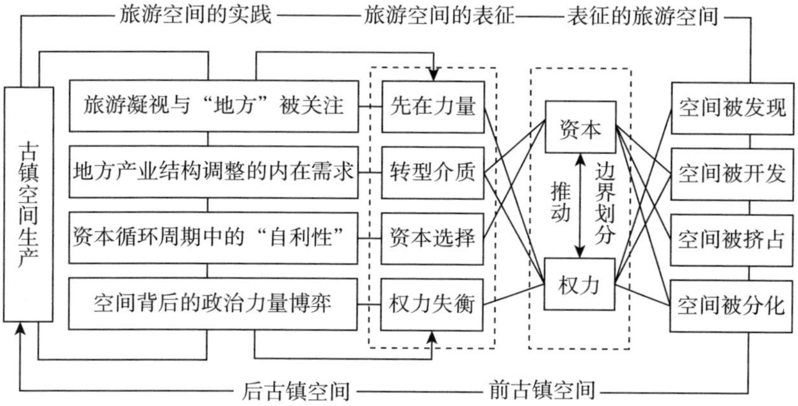

图1 惠山古镇旅游空间生产机理

1. 旅游凝视与"空间"被发现

从深层机理分析，"凝视"首先确立了我们周围的世界，个体的"观看"往往会成为"集体凝视"（游客驱动、官方打造、舆论造势等）"地方"的前置条件。旅游欲求、动机和行为相融合，以获得愉悦、怀旧等体验并抽象化的结果，本质是旅游者施加于旅游地的一种凝视力。20世纪90年代，惠山古镇作为具有不同于城市景观基因的地方消费空间，契合了游客发现和凝视"地方"的先在基础条件，在"反向的生活性"驱使和旅游凝视力的作用下，古镇最初爱好者如"驴友"、摄影家、探奇者、文化爱好者等，通过对原生文化符号的选取、抽离、改造等不同建构方式，推动了古镇从"地方"向大众凝视地的转向。

2. 产业优化、文化彰显与"空间"被开发

2000年后，旅游业逐步介入惠山古镇，古镇不断在物理、文化和社会等方面被融入以城市大尺度产业优化和城市文化彰显为大背景的空间生产范畴中。之后加速期主要集中在2010年前后，资本投资主要以古镇周

边土地整理和工厂企业建设为主，镇内主要以原住民利用宅基地经营传统手工艺（油酥、泥人、字画）、非物质文化遗产为主；2010 年开发旅游后，原住民迁出社区，古镇主要以政府招租方式进行商业活动，内容更为丰富，传统手工艺生成方式大多消失。旅游空间生产作为一个特殊的经济部门，被看作新的经济发展方式，这正是利用了旅游具有空间消费特性以及产业关联度高、带动系数强、综合效益好的特点。旅游综合功能是政府在地方产业结构调整和扩大内需中考量的重要因素，这是惠山古镇得以实现生产和空间形态转型并从传统社区转向现代社会空间的时代因素。

3. 资本循环周期中的“自利性”与“空间”被挤占

在惠山古镇被开发过程中，另一大特色是旅游空间生产改变了古镇空间主体间的社会关系。政府不断借用资本，从流通领域进入古镇空间生产过程，再进入古镇商品流通领域，以实现空间的价值增值。在此过程中，资本循环一是采用“时间转移”，投资基于社区性的众多项目或原住民本身，以最终在下一轮循环中服务于资本自身；二是采用“空间转移”，投资旅游资源配套项目。与资本急速聚集的天性相比，这两种转移具有一定的局限性。旅游空间生产中偏向于古镇社区的公共福利性行为的削弱和限制原住民资本进入的原因正是基于上述原理产生。这是惠山古镇在深层次上造成空间关系和利益格局非均衡性，并使原住民处于边缘性的经济原因。

4. 空间权力的博弈与“空间”被分化

惠山古镇空间生产造就了空间的地理差异。如前所述，政府、商户和游客是新空间的受益者，原住民被排斥在外围空间，成为新空间的让渡者。也正是这种空间生产背后的政治力量博弈，在空间生产的辩证性过程中，更使空间生产主导者有力量携带优势资本，更有力量将空间本身而非空间中的事物作为生产工具，主宰空间主导权，形成了新的空间生产关系，并以此支配着惠山社区空间变迁的方向。

综上可见，惠山古镇旅游空间生产是资本、权力等诸多要素和力量对古镇旅游空间重新塑造和社会化的过程。基于地方性的空间凝视、以政府为主导模式的社区改造与资本介入，资本循环周期中的“自利性”，以及空间权力的博弈，是古镇旅游空间生产的综合动因，相互之间辩证性地呈现出了惠山古镇旅游空间实践、旅游空间表征和表征的旅游空间形态之间的复杂关系。

四、旅游空间生产背景下惠山古镇传统空间形态和特色的消亡

（一）古镇物理空间的产品化和商品化使其难以响应传统空间文化

在惠山古镇旅游开发过程中，旅游经济推动下古镇外形（建筑、街区等）的修旧如旧并非完全根植于传统。诚然，一定程度的地方重构越来越认为具有接受性和合理性，但许多基于商业特征的空间外观，则体现了刻意生产、拼贴的痕迹，甚至有些“不合时宜”。例如，古镇部分祠堂建筑外观属于复古，内部神圣空间则完全屈从于现代旅游发展之需，这本质上是一种商业的、流行的和大众文化对传统神圣文化的侵占。此外，在商业驱使下，一些光鲜炫耀的、具有现代连锁品牌的“标志”符号，也可以正当出现在古镇街区，一些传统文化馆如民间泥人作坊、地方餐饮建筑却受到挤压，古镇部分空间和建筑沦为新贵养生和炫耀身份的“名片”，这

使古镇肌理从特殊（地方性）滑向了普遍（大众化）。

（二）文化空间的异质化致使传统空间转为真实与现象的“第三空间”

2010年以来，惠山古镇在资本选择性投资下，新的娱乐设施、风雅陶笛、田玉会馆、写意生活馆、丝绸工艺、古月琴坊、中药养生坊、旅游中介企业、流行音乐等逐步进入核心空间，古镇原本承载的历史文化空间容器被打破，这些融合了前现代、现代和后现代主义的空间特质，既不同于一般大众文化，也有别于古镇社区传统文化，而是一种“自我”与“他者”的互动杂糅。旅游介入古镇在消解传统空间文化边界的同时，又生成了一个“嵌入”大于传统特色的第三文化空间形态。①

（三）社会空间的契约化割裂了传统社区人际关系空间调节的感性模式

如前所述，历史视域中的惠山古镇是一种具有栖居特征的社区型文化遗产地。旅游背景下，原住民的外迁割裂了传统社区人际关系调节的感性模式，取而代之的是以流动性和网络社会空间为形态的人际交往的契约化，传统以熟悉、同情、信任、相互依赖和社会黏着为特征，以及基于社区最具价值，也是现代社会倡导的情感、温暖、亲密、共性、参与和聚集等，被旅游经济背景下的“契约、对等和分裂性”所替代。这给我们暗示，新的地方性的空间形态是多元利益分化和异常复杂的差异性关系主体

---

① 参见胡田《旅游“第三空间”的审美意蕴—— 基于哲学和美学的视角》,《四川师范大学学报（社会科学版）》2013 年第 2 期；阳宁东、杨振之《第三空间：旅游凝视下文化表演的意义重解——以九寨沟藏羌歌舞表演〈高原红〉为例》,《四川师范大学学报（社会科学版）》2014 年第 1 期。

所建构的文化、制度共同促使和形成的空间再现与地方表征。

五、结论、反思与讨论

传统惠山古镇空间形态表现为物质空间的自然性、文化空间的自洽性和社会空间的地域性。惠山古镇从相对“封闭空间”到“流动空间”再到“社会空间”，经历了基于地方性的旅游凝视、以政府为主导模式的社区改造与资本介入以及资本与异质文化对新空间跟进三重不同性质的旅游空间生产过程，背后潜藏的逻辑是经济和权力渗透到地方生活世界的过程。

惠山古镇旅游空间生产隐含着复杂且具有联结性的网络推动结构。旅游凝视与“地方”被发现是惠山古镇被构建的原生力量，产业结构调整的内在需求是其被生产的转型介质，资本循环周期中的“自利性”是空间被挤占的资本因素，政治力量博弈是空间被分化的权力因素。上述因素的共同作用，致使古镇空间呈现多元化空间状态，这在本质上是资本、权力和利益等政治经济要素和力量对古镇旅游空间重新塑造，并形成空间的社会化结构和社会的空间性关系过程。

惠山古镇旅游开发是地方政府借古镇复兴传统文化，实现文化经济化的过程。政府主导旅游开发模式，因具有资本、权力优势以及极强的社会资源整合能力，有利于古镇旅游开发和经济有效增长。但其旅游空间生产使物理空间的商品化难以响应地方文化，文化空间的异质化致使地方转为暂不确定的第三空间，社会空间的契约化割裂了传统人际关系调节的感性存在。惠山古镇案例说明，社区型文化遗产地应该是一个结构性的存在，经济、政治、文化和社会是复杂而有机的统一体。

惠山古镇旅游空间生产引发了人们如何合理利用古镇社区的反思。旅游背景下，资本、权力政治要素的推动，使惠山古镇重新组织进入类似形象拼贴的功能网络里，这说明消费主义与工具理性接管的旅游空间生产，使古镇异化为符号性的存在。与此同时，弱势原住民的空间权益被挤占，出现不同于以往空间的“区隔现象”和“中心—边缘”问题，形成了新的社区社会关系纽带，随之而来的是地方传统价值观、文化基因、地方感以及地方性在与现代中西价值观混杂中失去了自身优势。在旅游开发过程中，谁是空间的主体，谁是空间的客体，关系着传统社区文化景观和符号意义的调适方向。如何更加充分而有效地发挥传统资源的文化价值，正确处理传统文化的资本化和资本异化，如何形成包括原住民在内的主体间良性互动及社区治理创新，这使我们认识到外来文化如何与地方秩序有机相连，如何保持地方性与地方感的存在，融入而非被替代是空间自我的前提，空间均衡而非失衡是空间实现正义的根本，这也是社区型文化古镇旅游空间生产最应提倡的基本逻辑。

新时代背景下，惠山古镇旅游空间生产也带来了进一步的学术讨论。作为我国不折不扣的社区型文化遗产地，惠山古镇旅游开发使古镇的旧空间不断消解，新空间不断生产与重构，需要注意的是，这一过程始终与古镇空间原住民日常生活紧密联系在一起。马克思主义地理学认为，人类的一切诉求是随人类由自我意识向意识自我的演进，以及生产方式的进步。社区型文化古镇之内涵，不在于基于文化景观价值之上的达尔文主义的空间竞争[①]，而在于其文化基因、优秀制度传承和社区的包容性发展。也就是说，古镇生存发展逻辑和与空间生产的历史逻辑具有内在统一性，古镇空间如何自洽不取决于消费主义文化，而是要看旅游作为古镇日常生活是

---

① Lefebver H., *The Production of Space*, Oxford: Blackwell, 1991, pp.30-31.

否包含社会、经济、文化和政治等多维因素，以及能否将其内嵌于古镇空间生产过程之中。基于此，未来古镇空间实践应基于社区发展，或有效兼顾社区发展，这不仅是一个涉及旅游空间实践中工具理性和价值理性统一的问题，也是关涉旅游空间生产的伦理性问题。① 事实上，惠山古镇案例在我国并非孤案，在中国改革开放和社会主义现代化建设进入新的历史时期，反思和讨论社区型文化遗产地的旅游开发具有一定历史意义和现实意义，旅游空间生产方式决定着社区空间实践模式及其“空间再现”的形态，旅游空间生产的终极指向应该强调空间正义与生态弥合，在空间资源、空间产品、空间占有和空间分配方面，需要创新利用和合理协调，这是社区型文化遗产地旅游开发应该引起的关注点。

［原载《四川师范大学学报（社会科学版）》2019 年第 2 期］

---

① Foucault M., *The Essential Foucault: Selections from the Essential Works of (3) Foucault 1954-1984*, New York: The New Press, 2003, p.116.

我国“一带一路”沿线省份旅游业与文化产业的耦合协调发展

徐翠蓉　张广海　卢　飞

2013年，中国首倡“一带一路”，该倡议是中国为“加强不同文明的交流与互鉴，促进世界和平发展、推进沿线各国经济繁荣与区域合作”而提出的战略构想。该倡议不仅有利于发展中国与沿线各国的经济合作关系，也有利于促进沿线国家之间文化的互动和共融。截至2016年，丝绸之路汇集了80%的世界文化遗产[①]，涉及60多个国家的44亿人口。“丝绸之路旅游线”是全球最具潜力的黄金旅游线路之一。“一带一路”的建设提升了旅游的通达性，沿线各国开展各种形式的旅游合作，简化签证手续，极大地促进了出入境旅游。我国境内“一带一路”沿线省份有18个，这些省份丝路文化源远流长。凭借“一带一路”的发展机遇，将沿线丝路文化做成品牌，以文化促进旅游、以旅游带动文化，这无论是对西部省份通过“丝路之旅”实现旅游扶贫，还是对东部省份通过“一带一路”的带动实现旅游产业升级，都具有重要的战略意义。

---

① 参见张睿、金磊、丁培毅《“一带一路”背景下的丝路文化软实力建设——国际旅游发展新动力》，《旅游学刊》2017年第6期。

一、研究综述

文化与旅游有着天然的联系，二者的相互关系研究是学术研究的热点问题之一。国内外学者对旅游业和文化产业发展关系的研究多集中在旅游活动与文化的互动关系方面。如乔纳森·韦杰（Jonathan Wager）认为旅游开发应同时保护文化遗产，分区制和完备的法律体系有利于实现旅游发展和文化遗产保护的双赢。[①] 泰勒·J.（Taylor J.）研究认为旅游发展与民族工艺文化能够实现互动发展，二者之间存在积极的相互作用。[②] 莱因哈德·巴赫莱特纳（Reinhard Bachleitner）等研究了社区文化与旅游业发展之间的相互影响关系，认为旅游越发达，对社区文化的影响越大，旅游发展与其对社区文化的影响成正比。[③] 佐尔坦·卜德索（Zoltán Bujdosó）等分析了文化、遗产、地理、旅游和体验经济之间的复杂关系，明确了文化产业和旅游体验经济互动发展的最新形式和发展趋势。[④] 世界旅游组织指出，近几十年来，教育的发展以及人们生活水平的提高使文化动机成为旅游活动的重要拉动力。[⑤] 弗洛伦蒂娜·丹妮拉·马泰（Florentina Daniela Matei）研究了乡村旅游中文化建筑与文化遗产对旅游发展的影响，认为乡村文化产业可以

① Jonathan Wager，“Developing a Strategy for the Angkor World Heritage Site”，*Tourism Management*，Vol.16，No. 7，1995，p.515.

② Taylor J. “Authenticity and Sincerity in Tourism”，*Annals of Tourism Research*，Vol.28，No.1，2001，pp. 7-26.

③ Reinhard Bachleitner and Andreas H. Zins，“Cultural Tourism in Rural Communities”，*Journal of Business Research*，Vol.44，No. 3，1999，pp.199-209.

④ Zoltán Bujdosó，Lóránt Dávid and Anett Tözsér，et al.，“Basis of Heritagization and Cultural Tourism Development”，*Procedia-Social and Behavioral Sciences*，No.188，2015，pp.307-315.

⑤ UNWTO，*Tourism and Culture Synergie*，2018-03-14（2019-06-25），http://publications.Unwto.org/publication/tourism-and-culture-synergies.

成为旅游业发展的重要支撑。[①] 张朝枝从身份认同的视角探讨了旅游与文化的关系，认为旅游者个体或者民族与国家集体寻找文化身份认同是旅游与文化关系的起源，而文化变成旅游者的身份符号则是旅游与文化关系的进一步强化。[②] 马勇等从区域和场域角度探讨了旅游与文化的关系，认为旅游的流动性是文化互动变迁的重要渠道。[③] 随着旅游业与文化产业的发展，两产业的结合日益紧密，对两产业发展关系的定量研究也逐渐增多。在两产业发展关系量化研究方面，耦合协调度是常用的方法。如周叶以江西为例，用耦合度评测模型对江西旅游业与文化产业耦合发展的情况进行了实证研究。[④] 侯兵等构建了评价指标体系，借鉴耦合协调度模型对长江三角洲 16 个城市旅游业和文化产业的融合情况进行了分析测度和评价。[⑤] 翁钢民等构建指标体系，对我国 31 个省份的旅游业与文化产业的耦合协调度进行了评价，认为我国 31 个省份文化与旅游业发展耦合协调度不高。[⑥]

“一带一路”汇集了丰富的文化资源，也是我国的黄金旅游线。倡议提出以来，“一带一路”沿线地区旅游业与文化产业发展逐渐成为学术研究的热点。如林炜铃等从地理位置、旅游资源、历史文化互通等方面阐述了“一带一路”沿线区域旅游合作的基础，指出“一带一路”沿线区域应在旅游政策、旅游基础设施、旅游投资等领域加强旅游合作。[⑦] 张睿等认

① Florentina Daniela Matei,“Cultural Tourism Potential, as Part of Rural Tourism Development in the Northeast of Romania”, *Procedia-Economics and Finance*, No.23, 2015, pp.453-460.

② 参见张朝枝《文化与旅游何以融合：基于身份认同的视角》,《南京社会科学》2018 年第 12 期。

③ 参见马勇、童昀《从区域到场域：文化和旅游关系的再认识》,《旅游学刊》2019 年第 4 期。

④ 参见周叶《基于灰色系统理论的江西文化产业与旅游产业耦合发展》,《江西社会科学》2014 年第 3 期。

⑤ 参见侯兵、周晓倩《长三角地区文化产业与旅游产业融合态势测度与评价》,《经济地理》2015 年第 11 期。

⑥ 参见翁钢民、李凌雁《中国旅游与文化产业融合发展的耦合协调度及空间相关分析》,《经济地理》2016 年第 1 期。

⑦ 参见林炜铃、邹永广《“一带一路”沿线旅游合作空间格局与合作机制》,《南亚研究季刊》2016 年第 2 期。

为丝路文化软实力建设已成为国际旅游业发展的新动力，新一轮的旅游业国际化合作发展将成为丝路文化软实力提升的保障。[①]李康化提出了发展“一带一路”沿线文化产业的具体路径，包括培育特色文化产业、完善文化产品体系、构建圈层文化贸易等。[②]花建指出，我国文化产业的发展要把握国家“一带一路”的发展机遇，构建新的空间布局，要针对东西部地区文化产业发展不平衡的情况，构建文化产业服务平台体系。[③]“一带一路”倡议的提出对沿线文化产业和旅游业发展都是重大的机遇，二者的互促共进、耦合协调发展对两大产业将会起到积极的推动作用。

通过对已有文献的梳理发现，虽然关于旅游业与文化产业研究的相关成果较多，但对“一带一路”沿线省份旅游业与文化产业互动协调发展的研究尚显不足。基于此，本文结合“一带一路”倡议中促进相关产业互动融合发展、促进文化交流与共融的有关要求，构建指标体系，对我国“一带一路”沿线省份旅游业与文化产业综合发展情况进行客观评价，并在此基础上，对我国“一带一路”沿线省份旅游业与文化产业耦合协调发展状况进行测度和评价，以期能为沿线省份旅游业与文化产业协调发展提供参考和借鉴。

二、“一带一路”沿线旅游业与文化产业发展现状

我国陆上丝绸之路和海上丝绸之路共圈定重点省份 18 个，具体为：

---

① 参见张睿、金磊、丁培毅《“一带一路”背景下的丝路文化软实力建设——国际旅游发展新动力》，《旅游学刊》2017 年第 6 期。

② 参见李康化《“一带一路”战略与中国文化产业发展》，《青海社会科学》2016 年第 5 期。

③ 参见花建《“一带一路”战略与我国文化产业的空间新布局》，《福建论坛（人文社会科学版）》2015 年第 6 期。

新疆、陕西、甘肃、宁夏、青海、内蒙古等西北6省份；黑龙江、吉林、辽宁等东北3省份；广西、云南、西藏等西南3省份；上海、福建、广东、浙江、海南等沿海5省份；内陆地区则是重庆。这些省份既有我国经济欠发达的西部省份，也有处在改革开放前沿的沿海省份。

沿线省份旅游业发展水平各异，旅游资源是旅游业发展的基础条件。从资源分布来看，丝路沿线18个省份，横跨我国东北、西北、东部沿海等地区，各省份自然风光各异，既有广袤的大漠、辽阔的草原，也有茫茫的林海、旖旎的海滨。从文化资源来看，沿线文化遗产众多、文物藏品丰富、遗迹遗址遍布、民族文化多样，丰富的旅游资源为旅游业的发展奠定了良好的基础。18省份中，陆上丝绸之路途经的西部沿线省份宁夏、青海、西藏、甘肃、新疆等自然资源和丝路历史文化资源丰富，但旅游产业基础较为薄弱，旅游接待能力有待进一步提高，旅游经济总量较小。广东、浙江、上海、福建、陕西等经济发达、旅游业发展基础好，旅游业总收入高，旅游接待能力较强。

从文化产业发展来看，丝绸之路的陆路起点西安是中华文明的摇篮和发源地，是著名的古都，秦始皇兵马俑展现了古代中国的强盛国力。除此之外，在丝绸之路上，还可以看到中国影响深远的汉文化。汉代开拓了汉王朝到古罗马的文化交流先河，从天府之国的四川成都到境外的缅甸和印度，中国文化对东南亚影响深远。此外，还有辉煌的隋唐文化、鼎盛的宋朝文化。考察“一带一路”的旅游路线，通过历史遗迹和名胜景点可以重新认识中国古建筑的特征、中国古代高超的手工技艺和繁荣的诗歌文化。“一带一路”沿线文化旅游景点众多，如著名的敦煌莫高窟，其艺术集绘画、书法、乐舞于一体，有极高的研究及考察价值。陆上丝绸之路沿线途经的省份如陕西、甘肃、云南、重庆等文化遗产丰富，新疆、青海、宁夏等文化形态多样，是我国文化资源和文化遗产富集的地区。海上丝绸之路途经的上海、福建、浙江、广东等是我国经济发达的沿海省份，文化经营市场活跃、文创产业发达。[①]总体来看，18省份文化资源丰富、文化形态多样，为文化产业发展和文化资源的进一步开发利用提供了有利条件。

三、研究方法

（一）产业发展评价指标体系的构建

各省份旅游业与文化产业发展情况各异，为了全面客观反映“一带一路”沿线省份旅游业及文化产业发展的实际水平，应构建指标体系对“一带一路”沿线旅游业与文化产业发展水平进行综合测度和评价。旅游业和文化产业同属第三产业，产业收入是产业发展总体水平的反映，市场需求反映了产业的市场规模和未来发展潜力，产业中各重要部门的发展状况是产业发展的基础要素，资本投入水平是产业发展的资金保障，人力资源是产业发展的重要保障。参照前人的研究，本文从产业收入、市场需求、要素供给、资本投入、人力资源5个方面构建“一带一路”沿线区域旅游业与文化产业发展相关指标体系，用国内旅游收入、国内旅游接待人次等23个指标来测度旅游业发展总体水平（见表1）；用艺术表演团体收入、文化馆数量等29个指标来测度文化产业发展总体水平（见表2）。

① 参见薛飚《区域经济增长的文化产业驱动效应研究——基于省级面板数据分析》，《人文地理》2016年第5期。

表 1 旅游业综合发展评价指标体系

目标层	系统层	指标层	权重
旅游业发展指数	产业收入	T1 国内旅游收入	0.032328
		T2 旅游收入占 GDP 比重	0.020489
		T3 星级饭店营业收入	0.062889
		T4 旅行社营业收入	0.100688
		T5A 级景区营业收入	0.058751
	市场需求	T6 国内旅游接待人次	0.030944
		T7 入境过夜游客人次	0.054148
		T8 旅游接待人次年均增长率	0.007187
		T9 国内旅游人次与总人口比	0.027792
		T10 入境过夜游客人均日花费	0.036383
		T11 国内旅游人均消费	0.031035
	要素供给	T12 星级饭店数	0.031282
		T13 旅行社总数	0.031831
		T14 A 级景区总数	0.035409
		T15 旅游院校数	0.030364
		T16 饭店客房数	0.033371
	资本投入	T17 饭店固定资产原价	0.061475
		T18 旅行社固定资产原价	0.074802
		T19 旅游景区固定资产原价	0.054491
	人力资源	T20 星级饭店就业人数	0.040127
		T21 旅行社就业人数	0.058292
		T22 A 级景区就业人数	0.052209
		T23 旅游院校学生数	0.033715

为了消除因量纲、数量级不同属性对各省份两产业评价结果的影响，保证数据的可比性，本文采用极值法对相关数据做标准化处理。本文的数据指标均为正向指标，正向指标数值越高越好，这里仅说明正向指标的标准化处理过程。x_{ij} 代表第 i 个地区第 j 项指标的值，此指标最大值和最小值分别用 max（x_{ij}）和 min（x_{ij}）表示，u_{ij} 代表第 i 个地区第 j 项指标处理后的值。为避免极值化处理个别指标无意义的情况，本文统一对标准化数据加 0.01，最后得到标准化值为 x'_{ij}。

表 2　文化产业综合发展评价指标体系

目标层	系统层	指标层	权重
文化产业发展指数	产业收入	C1 艺术表演团体收入	0.019974
		C2 艺术表演场馆收入	0.043120
		C3 群众文化收入	0.030003
		C4 文物保护管理机构收入	0.061798
		C5 博物馆收入	0.028729
	市场需求	C6 艺术表演团体观众人次	0.056949
		C7 博物馆参观人次	0.033672
		C8 文物机构参观人次	0.027969
		C9 艺术表演场馆观众人次	0.032714
		C10 图书馆总流通人次	0.043022
	要素供给	C11 文化馆数量	0.023233
		C12 博物馆数量	0.026409
		C13 艺术表演团体数量	0.046867
		C14 艺术表演场馆数量	0.035657
		C15 文物业藏品数量	0.037358

（续表）

目标层	系统层	指标层	权重
文化产业发展指数	要素供给	C16 人均图书馆藏书数量	0.046991
		C17 万人拥有群众文化设施面积	0.025278
	资本投入	C18 人均文化事业费	0.035419
		C19 文化建设实际完成投资	0.053003
		C20 艺术表演财政拨款	0.020295
		C21 群众文化拨款	0.028734
		C22 文化保护机构拨款	0.056251
		C23 博物馆拨款	0.028883
	人力资源	C24 公共图书馆从业人数	0.019038
		C25 文化馆从业人数	0.014540
		C26 文化站从业人数	0.021586
		C27 博物馆从业人数	0.030392
		C28 艺术表演团体从业人数	0.036913
		C29 艺术表演场馆从业人数	0.035204

数据标准化处理公式如下：

$u_{ij}=x_{ij}-\min(x_{ij})/[\max(x_{ij})-\min(x_{ij})]$ （1）

$x'_{ij}=u_{ij}+0.01$ （2）

用熵值法计算旅游业与文化产业的综合发展指数，方法如下：

1. 计算第 j 项指标下第 i 个地区占该指标的比重 p

$$p_{ij}=x'_{ij}\Big/\sum_{i=1}^{n}x'_{ij}$$

$(i=1,2,\cdots,n;\ j=1,2,\cdots,m)$ （3）

其中，n 为地区个数，m 为指标个数。

2. 计算第 j 项指标的信息熵值 E

$$E_j = -k\sum_{i=1}^{n} p_{ij} \ln p_{ij} \qquad \left(0 \leqslant E_j \leqslant 1\right) \tag{4}$$

其中，k ＞ 0，ln 为自然对数，k = 1/ln（n）。

3. 计算第 j 项指标的信息效用值 G

$$G_j=1-E_j \tag{5}$$

4. 计算第 j 项指标的权重 W

$$W_j = G_j \Big/ \sum_{i=1}^{m} G_{ij} \quad \left(0 \leqslant j \leqslant m\right) \\ \left(W_1 + W_2 + W_3 + \cdots + W_j = 1\right) \tag{6}$$

5. 计算各省份综合得分 S

$$S_i = \sum_{j=1}^{m} W_j p_{ij} \quad \left(i=1,2,\cdots,n\right) \tag{7}$$

2015 年是国内“一带一路”沿线省份建设开局之年，因此本研究采用的是 2015 年“一带一路”沿线各省份文化产业及旅游业发展的相关数据和指标。数据来源于 2016 年《中国文化及相关产业统计年鉴》《中国文化文物统计年鉴》《中国旅游统计年鉴》。

（二）耦合度模型及耦合协调度模型

耦合度为物理学概念，可以用来测度两个或两个以上的系统之间相互影响、相互作用的关系。本文借鉴相关研究成果，构建能够反映旅游业与文化产业两个子系统协调发展的耦合度模型，见公式（8）：

$$D = \sqrt{u_1 u_2 \big/ \left(u_1 + u_2\right)^2} \tag{8}$$

公式（8）中：D 为旅游业与文化产业的耦合度；u_1、u_2 分别代表文化产业与旅游业发展水平。u_1、u_2 的数据来源于运用上述熵值法计算的各省份文化产业发展指数和旅游业发展指数。D 的取值区间为 $D \in [0, 1]$。当 $D=1$ 时，耦合度达到最大值，说明两系统之间达到最佳协调状态，两者相互作用最强；当 $D=0$ 时，耦合值最小，说明两系统处于无关状态。

由于旅游业与文化产业属于两个子系统，二者各自发展水平存在差异，运用耦合度模型可能出现二者发展水平较低而耦合度较高的结果。两系统可能是在较高水平上互相促进，也可能是在较低水平上紧密相关。为了更客观地考察两系统的具体协调发展状况，本文引入耦合协调度模型。

耦合协调度计算公式为：

$$R=\sqrt{DT} \quad \left(T=\alpha u_1+\beta u_2\right) \tag{9}$$

公式（9）中：R 为耦合协调度；T 为系统间综合协调指数；α、β 为待定系数，且 $\alpha+\beta=1$，在旅游业与文化产业融合发展中，二者作用相当，地位等同，故取 $\alpha=\beta=0.5$。

为了更好地揭示旅游业与文化产业发展中旅游业与文化产业的相对发展状况，进而发现两子系统融合发展中旅游业与文化产业存在的问题和不足，本文在对耦合协调度划分中引入相对发展度模型，求取文化产业与旅游业相对发展系数。

$$\vartheta=u_1/u_2 \tag{10}$$

公式（10）中：ϑ 为相对发展度；u_1 代表文化产业发展水平；u_2 代表旅游业发展水平。

为了更直接地反映旅游业和文化产业耦合协调发展状况，本文参考毕国华等的相关研究成果来划分耦合协调度的区间和等级①（见表 3）。

表 3 耦合协调度等级划分及其标准

<table>
<tr><th></th><th>阈值范围</th><th>所处阶段</th><th></th><th>阈值范围</th><th>发展特征</th></tr>
<tr><td rowspan="6">耦合协调度 ϑ</td><td>$0<R \leqslant 0.2$</td><td>严重失调</td><td rowspan="6">相对发展度 ϑ</td><td rowspan="2">$0 \leqslant \vartheta \leqslant 0.8$</td><td rowspan="2">文化产业滞后于旅游业，系统衰退</td></tr>
<tr><td>$0.2<R \leqslant 0.3$</td><td>中度失调</td></tr>
<tr><td>$03<R \leqslant 0.4$</td><td>轻度失调</td><td rowspan="2">$0.8 < \vartheta \leqslant 1.2$</td><td rowspan="2">文化产业同步于旅游业，系统优化</td></tr>
<tr><td>$0.4<R \leqslant 0.5$</td><td>勉强协调</td></tr>
<tr><td>$0.5<R \leqslant 0.7$</td><td>初步协调</td><td rowspan="2">$\vartheta > 0.8$</td><td rowspan="2">文化产业领先于旅游业，系统衰退</td></tr>
<tr><td>$0.7<R \leqslant 1$</td><td>优质协调</td></tr>
</table>

四、“一带一路”沿线省份旅游业与文化产业综合发展评价

（一）沿线旅游业综合发展水平分析

以 2015 年旅游业相关统计数据为基础，运用熵值法建立的评价指标体系，从产业收入、市场需求、要素供给、资本投入、人力资源 5 个方面综合计算，得到“一带一路”沿线 18 省份旅游业综合发展指数（见表 4）。从计算结果来看，18 省份中旅游业发展指数最高的是广东，最低的是宁夏。依据旅游业综合发展指数把我国“一带一路”沿线 18 省份旅游业发展状况分为 4 类。其中，新疆、青海、西藏、甘肃、宁夏、吉林、黑

① 参见毕国华、杨庆媛、刘苏《中国省域生态文明建设与城市化的耦合协调发展》,《经济地理》2017 年第 1 期。

龙江、海南旅游业综合发展得分较低。内蒙古、广西、陕西、重庆旅游业综合发展得分处于中等水平。辽宁、福建、云南旅游业综合发展得分较高。上海、浙江、广东旅游业综合发展得分最高。进一步分析发现，旅游业综合发展得分较低的新疆、青海、西藏、甘肃、宁夏地处我国西北地区，西北地区人文和自然旅游资源丰富、特色鲜明，两种资源组合状况较好。但长期以来，由于交通落后，地区经济基础较差，资本投入水平不足，当地旅游市场需求没有得到有效激发。外部市场需求因为可进入性较差导致游客实际到访量有限，人力资源投入不足，尤其是高层次旅游人才的缺乏阻碍了这些省份旅游业的进一步发展。黑龙江、吉林、辽宁地处我国东北地区，旅游景观和地区经济基础具有较多的相似性，但黑龙江和吉林相对于辽宁省，区位条件上处于不利地位，酒店、旅行社、A 级景区等旅游产业要素发展水平不高，资本投入不足导致旅游经济发展水平较低。海南作为东部沿海省份，旅游业发展条件得天独厚，但其旅游业发展总体规模较小，旅游综合发展指数与其他省份相比较低。近年来，内蒙古、广西、陕西、重庆的旅游业获得了较快发展，旅游营销卓有成效，旅游接待量大幅攀升，产业收入稳步提高，旅游产业要素进一步发展。辽宁、福建旅游综合发展指数较高，得益于沿海省份的对外开放以及良好的资源条件和较为完善的产业要素配套。云南旅游资源丰富多彩，民族风情浓郁，具有较强的旅游吸引力，旅游业发展走在了很多西部省份的前列。上海、浙江、广东都是我国经济发达的沿海省份，其城市经济高度发达，对外联系广泛，旅游市场十分广阔。这些地区产业要素发育良好、资本投入水平高、人力资源丰富，是我国旅游业发展水平最高的地区。从空间格局来看，我国“一带一路”沿线省份旅游业发展空间格局为东南高、西北和东北低，中间省份为过渡地区，旅游业高水平发展省份在空间上较为集中，并且发展水平从东南沿海向西北内陆逐渐递减。

表 4 “一带一路”沿线省份旅游业与文化产业综合发展指数

各省份	综合发展指数		各省份	综合发展指数	
	旅游业	文化产业		旅游业	文化产业
内蒙古	0.1853	0.2362	海南	0.1186	0.0454
辽宁	0.2832	0.2318	重庆	0.2500	0.1814
吉林	0.1307	0.1544	云南	0.3066	0.2263
黑龙江	0.1369	0.1835	西藏	0.0603	0.0737
上海	0.4736	0.4379	陕西	0.2390	0.4149
浙江	0.5702	0.6674	甘肃	0.1089	0.2046
福建	0.2924	0.2527	青海	0.0464	0.0758
广东	0.7730	0.4922	宁夏	0.0300	0.0781
广西	0.2176	0.2212	新疆	0.1380	0.2103

（二）沿线文化产业综合发展水平分析

以 2015 年文化产业相关统计数据为基础，运用熵值法建立的评价指标体系，从产业收入、市场需求、要素供给、资本投入、人力资源 5 个方面综合计算可得我国“一带一路”沿线 18 省份文化产业综合发展指数（见表 4）。从计算结果来看，18 省份中文化产业发展指数最高的是浙江，最低的是海南。依据文化产业综合发展指数把我国“一带一路”沿线省份文化产业发展水平分为 4 类。分析可知，“一带一路”沿线各省份文化产业发展水平总体差异较大，西藏、青海、宁夏、海南为文化产业综合发展指数低值区域。吉林、黑龙江、重庆文化产业发展处于中等水平。内蒙古、甘肃、新疆、广西、云南、辽宁、福建为文化产业综合发展指数较高区域。陕西、上海、广东、浙江为文化产业综合发展指数最高的省份。这与张美英关于中国文化产业空间布局研究中的结论较为一致。[①] 分析发现，文化产业发展综合指数最低的 4 个省份中，西藏、青海为我国西北地区经济欠发达省份，文化产业要素发育不完善、资本投入不足、本地文化消费水平不高是这些地区文化产业发展水平低的重要影响因素。宁夏产业收入、市场需求、资本投入等指标得分较低，海南在产业要素、人力资源等方面得分较低，这说明这些因素是导致两个地区文化产业发展滞后的重要原因。吉林、黑龙江文物开发和文化经营市场效益较差，这是导致两省文化产业发展滞后的重要原因，而重庆文化产业要素发育较好，文化经营市场较为活跃、文化产业收入水平也较高，但资本投入不足是近年来制约其进一步发展的重要原因。甘肃、新疆、广西、云南、辽宁等省文化资源丰富，文物业经营状况得到较大提升，加上旅游开发对文化产业化的推动，使这些区域文化产业综合发展指数较高。陕西、上海、广东、浙江为文化产业综合发展指数最高的地区。其中，上海、广东、浙江均处于我国东部沿海，文化消费水平高，市场需求旺盛，文化产业的资本投入充分，有良好的人力资源保障，这些为 3 省份文化产业发展提供了重要支撑。在文化产业发展最好的 4 个省份中，陕西是唯一的西部省份。陕西拥有十分丰富的文化资源，产业要素发育较好，市场需求旺盛。陕西的传统文化资源得到深度挖掘，产业化发展水平高，旅游业对文化产业的助推作用显著。综合来看，“一带一路”沿线省份文化产业发展水平差异较大，我国东南

① 参见张美英《中国文化产业空间布局态势及其合理度评价》，《中国石油大学学报（社会科学版）》2018 年第 5 期。

部沿海省份文化产业发展水平最高，西北、东北地区文化产业发展水平较低。

五、“一带一路”沿线省份旅游业与文化产业耦合协调度及相对发展状态分析

（一）“一带一路”沿线省份旅游业与文化产业耦合度及耦合协调度

用耦合度计算公式计算可得，“一带一路”沿线各省份旅游业与文化产业耦合度介于0.44—0.50之间（见表5），整体耦合度差别不大，其中，海南、宁夏旅游业与文化产业耦合度在18省份中得分最低，分别为0. 4473和0. 4478，其余省份介于0. 47—0. 5之间。这说明，“一带一路”沿线省份旅游业与文化产业存在明显的相互影响和作用关系。但耦合度在0.5以下，说明二者的相互影响、相互带动作用还没有得到充分的发挥，还有较大的提升空间。

表5 “一带一路”沿线省份旅游业和文化产业耦合度、耦合协调度及相对发展度

沿线各省份	耦合度 D	T 值	耦合协调度 R	相对发展度 ϑ
内蒙古	0.4963	0.2108	0.3234	1.2746
辽宁	0.4975	0.2575	0.3579	0.8183
吉林	0.4983	0.1426	0.2665	1.1813
黑龙江	0.4947	0.1602	0.2815	1.3402
上海	0.4996	0.4558	0.4772	0.9246

（续表）

沿线各省份	耦合度 D	T 值	耦合协调度 R	相对发展度 ϑ
浙江	0.4985	0.6188	0.5554	1.1705
福建	0.4987	0.2725	0.3687	0.8642
广东	0.4875	0.6326	0.5553	0.6367
广西	0.5000	0.2194	0.3312	1.0164
海南	0.4473	0.0820	0.1915	0.3822
重庆	0.4936	0.2157	0.3263	0.7256
云南	0.4943	0.2665	0.3629	0.7380
西藏	0.4975	0.0670	0.1826	1.2222
陕西	0.4816	0.3269	0.3968	1.7362
甘肃	0.4761	0.1568	0.2732	1.8791
青海	0.4853	0.0611	0.1722	1.6339
宁夏	0.4478	0.0540	0.1555	2.6034
新疆	0.4891	0.1742	0.2919	1.5239

从“一带一路”沿线省份旅游业与文化产业的耦合协调度来看（见表5），宁夏、青海、西藏3个西部省份和海南的旅游业与文化产业严重失调。吉林、黑龙江、甘肃、新疆旅游业与文化产业中度失调。内蒙古、重庆、广西、辽宁、云南、福建、陕西旅游业与文化产业发展轻度失调。上海旅游业与文化产业发展勉强协调。广东、浙江旅游业与文化产业初步协调。进一步分析发现，旅游业与文化产业耦合协调度较低的省份多集中在我国的西北和东北地区。原因可能是这些地区长期以来经济基础薄弱，交通条件得不到有效改善，经济发展缺乏活力，文化设施落后，产业化发展水平较低，同时，旅游开发受投资限制较大，可进入性较差，文化旅游资源的

开发利用不足。海南由于旅游业与文化产业发展综合指数都较低，旅游业与文化产业耦合协调度也较低。这些地区旅游业与文化产业发展水平都不高，相互推动、互促共进的发展态势尚未形成。在轻度失调的省份中，广西、云南、内蒙古、陕西文化资源丰富、文化底蕴深厚，地方政府对旅游业发展高度重视，对文化资源的旅游开发给予多种政策的支持，因此，这些省份旅游业和文化产业耦合协调度较其他西部省份要好。轻度失调的福建、辽宁、重庆对外开放度高，城市经济发达，文化产业化水平较高。这些省份旅游资源丰富、旅游业产业基础好，旅游开发与文化产业发展相互促进、互相借力的局面正在形成。“一带一路”沿线旅游业与文化产业发展达到勉强协调和初步协调的是上海、广东和浙江，它们都是我国海上丝绸之路的重要节点，同属于东部沿海开放地区，其旅游业与文化产业综合发展指数高，产业基础好，因此产业间的协调度也较高。

总体来看，“一带一路”沿线省份旅游业与文化产业耦合协调度不高，省份之间差别较大。比较而言，陆上丝绸之路途经省份旅游业与文化产业耦合协调度整体偏低；海上丝绸之路途经省份旅游业和文化产业都较为发达，两产业耦合协调度在“一带一路”沿线省份中相对较高。

（二）“一带一路”沿线省份旅游业与文化产业相对发展状态

“一带一路”沿线省份文化产业相对于旅游业发展的状态可以分为文化产业超前于旅游业、文化产业同步于旅游业、文化产业滞后于旅游业三种状态。由表5可知，海南、重庆、云南、广东4省份文化产业滞后于旅游业发展。吉林、广西、辽宁、福建、上海、浙江6省份文化产业同步于旅游业发展。宁夏、青海、西藏、甘肃、黑龙江、新疆、内蒙古、陕西8省份文化产业领先于旅游业发展。分析发现，文化产业领先于旅游业发展的8省份多处于我国西部、西北部和东北部，这些省份传统文化资源丰富、历史文化价值较高，丝路文化源远流长，但这些省份由于区位的原因，客观上限制了旅游者的流入，制约了这些省份旅游业的发展。从经济发展水平来看，这些省份多属于我国经济欠发达省份，经济基础薄弱，当地旅游消费得不到有效激发，旅游基础设施不足，旅游开发资金制约明显，限制了旅游业的发展。而文化产业滞后于旅游业发展的海南、重庆、云南、广东4省份，良好的经济发展基础、便捷的交通为旅游业发展提供了良好的条件。云南省虽属于我国西部省份，但其旅游资源丰富，少数民族文化和自然风光相得益彰，旅游业起步早，地方政府对旅游业发展高度重视，交通条件得到极大的改善，所以其旅游业发展水平显著好于文化产业。吉林、广西、辽宁、福建、上海、浙江6省份文化产业同步于旅游业发展，为旅游业与文化产业进一步融合发展奠定了良好的基础。

六、结论及启示

（一）结论

“一带一路”倡议既是国家的经济发展大计，也是提高中国文化软实力的重要抓手。在新的历史时期，“一带一路”将中国与世界、历史与未来连接起来，也为沿线各省份文化产业、旅游业的发展提供了新的历史机遇，对中国文化走出去具有重要的推动作用。[①] 本文借鉴已有的研究成果，

---

① 参见姚战琪、张玉静《文化旅游产业融合发展的进程、战略目标及重点领域探讨》，《学习与探索》2016年第7期。

运用熵值法构建了产业发展评价指标体系，对“一带一路”沿线省份文化产业和旅游业发展状况进行了综合评价，在此基础上，运用耦合协调度模型实证检验了“一带一路”沿线省份旅游业与文化产业之间的耦合协调关系，主要得出以下结论：

第一，沿线各省份旅游业与文化产业发展水平存在显著差异。我国“一带一路”沿线旅游业高水平发展省份在空间上较为集中，并且发展水平从东南沿海向西北内陆逐渐递减，省份之间旅游业发展水平差异明显。西部省份新疆、青海、西藏、甘肃、宁夏，东北省份吉林、黑龙江，以及沿海省份海南旅游业综合发展得分较低。上海、浙江、广东 3 个沿海省份旅游业综合发展得分最高。沿线各省份文化产业发展水平总体差异较大，东南部沿海省份文化产业发展水平最高，西北、东北地区各省文化产业水平较低。西藏、青海、宁夏、海南为文化产业综合发展指数低值区域；陕西、上海、广东、浙江为文化产业综合发展指数最高的省份。

第二，沿线各省份旅游业与文化产业耦合协调度整体偏低。从两产业的耦合发展来看，“一带一路”沿线省份旅游业与文化产业耦合关系明显，两产业存在显著的相互影响和作用关系。但沿线各省份旅游业与文化产业耦合协调度不高，省份之间差别较大。陆上丝绸之路途经省份旅游业与文化产业耦合协调度较低；海上丝绸之路途经省份旅游业和文化产业都较为发达，两产业耦合协调度在“一带一路”沿线各省份中相对较高。进一步分析发现“一带一路”沿线省份文化产业和旅游业发展不平衡是导致二者耦合协调度低的重要原因。

（二）启示

第一，“一带一路”沿线文化资源丰富多彩，文化与旅游的互动融合发展有利于拓展文化产业发展的新领域，推动中华文化走向世界。“一带一路”沿线各省份应积极培育文化产业和旅游业的产业要素，加大市场开放力度，对相关企业发展给予政策引导和扶植；应加大对基础设施的投资力度，积极引进民间资本对文化产业和旅游业的投资①，尤其要改变西北、东北一些省份产业发展资金投入不足的局面；还应加强对文化产品和旅游产品消费的引导，积极拓展外部市场，深度挖掘本地市场需求，不断提高产业收入水平，提升两大产业发展质量。

第二，沿线各省份应根据本省文化产业和旅游业发展的实际，发挥政府在促进产业新业态发展中的产业规划和政策引导的功能，积极推动文化与旅游业的深度融合。一方面，应根据本区域文化产业的发展特点和文化资源的优势，积极引导文化消费，培育文化消费热点，充分发挥旅游消费在文化产品消费中的引领作用；另一方面，应加强对文化资源、文化产业的深度调研，创新旅游发展观，主动将文化资源的开发融入旅游供给侧改革，推动旅游业的转型升级。要立足长远，统筹布局，将文化和旅游置于同一框架下发展，以文化软实力提升旅游经济实力，以文化资源丰富旅游产品类型，以文化内涵提升旅游产品的层次，从制度层面推进两大产业的深度融合和协调发展。

第三，沿线各省份旅游业与文化产业发展情况各异，应因地制宜地推进沿线省份旅游业与文化产业的协调发展。具体而言，“一带一路”沿线传统文化资源丰富的宁夏、青海、西藏、甘肃、新疆、内蒙古、陕西等西北部省份，应以文化产业为主导，加强对传统文化资源的开发，以旅游发

---

① 参见徐翠蓉、张广海、汪立新《一般消费函数理论可否解释中国城乡居民旅游消费？——对我国城乡居民旅游消费函数的实证分析》，《商业研究》2017 年第 10 期。

展为突破口，以旅游需求为动力，加强对丝路文化资源、地方传统文化资源的开发和挖掘，加强对文化资源的产业化运作，通过旅游产品开发、旅游演艺展示等形式，延长文化产业价值链。海南、浙江、广州、上海等旅游业发达的沿海省份，应根据旅游业发展的实际情况，以旅游文化需求为导向，积极寻找旅游业与现代文化、新兴文化创意产业的结合点，以文化旅游主题公园、文化旅游综合体、创意文化旅游产品开发等形式，不断整合文化与旅游资源，以旅游业为主动力，延伸文化旅游价值链。

[原载《中国石油大学学报（社会科学版）》2019 年第 4 期]

编后记

《新时代文化艺术思想研究文库》分为“文艺高峰与中华民族新史诗研究”“中国艺术学‘三大体系’研究”“中华优秀传统文化创造性转化、创新性发展研究”等主题，收录著述近200篇，展现了学术界对国家文化艺术发展的思考。同时，编选以研究报告的形式对各主题的学术研究近况做了梳理和阐释，合编为一部“研究报告集”。

文库得以顺利出版，要感谢各个主题的编选者鲁太光、陈越、杨娟、李修建、孙晓霞、金宁、李松睿、任慧、李彦平、张敬华、汪骁、宋蒙（排名不分前后）等的辛勤付出。感谢中国艺术研究院基本科研业务费项目对文库编辑出版的资助和支持。感谢文化艺术出版社，特别是杨斌社长、王红总编辑以及各位责任编辑，他们一丝不苟的工作态度令人感佩。更要感谢来自全国各大高校和科研机构的诸位学界同仁，他们不吝赐稿，让这套文库具备了应有的学术分量。

希望这套文库能够为新时代中国特色社会主义建设略尽绵薄之力，能够为新时代文化艺术研究和实践提供有益的学术参考和理论资源。

2021年8月